2008년 3월, 찬드라 박사(맨 오른쪽)에게 받은 숄을 두른 이케다 SGI 회장(오른쪽에서 두 번째).

동양철학을 말한다

동양철학을
말한다

이케다 다이사쿠 · 로케시 찬드라

A Dialogue on Philosophies of the Orient

중앙 **books**
JoongAng Ilbo

21세기를 평화와 공생의 세계로 만들기 위한 새로운 지표는 어디에서 찾아야 하는가. '철학의 부재'라고 일컫는 현대, 나는 정신의 대국 인도를 대표하는 지성 로케시 찬드라 박사와 함께 동양의 지혜를 탐색하는 '정신의 여행'을 떠났습니다.

수천 년 동안 형성된 동양철학이라는 웅대한 산맥은 장엄한 대우주의 빛을 받으며 인류사에 우뚝 서 있습니다. 그리고 그 당당한 봉우리들에서 용솟음친 맑고 산뜻한 물의 흐름은 시대의 변전(變轉) 속에서 도도한 대하를 형성해왔습니다. 그곳에는 광대하고 기름진 들판이 펼쳐지고, 풍요로운 생명의 창조와 만물의 평화와 공생을 향한 활동이 어우러졌습니다.

사람들의 생명을 윤택하게 하고 한없는 활력을 불어넣는, 삶의 지표가 된 심원한 정신의 수맥이야말로 '인간주의 사상'입니다.

내가 진심으로 존경해 마지않는 로케시 찬드라 박사는 우리의 대담을 '인간적 가치의 영원성'에 대해 이야기 나누는 여행이라고 표현하셨습니다.

박사의 예리한 안목대로 영원한 '인간적 가치'는 동양역사의 격동기에 '종교개혁', '사상운동', '새로운 철학의 형성', '권력과의 투쟁', '평화 창조'의 원동력으로서 그 진가를 발휘했습니다.

이 책에는 인간주의를 내건 '평화와 비폭력의 전사'로서, 고대 인도 우파니샤드의 철인(哲人)을 시작으로 21세기에 활약하는 세계시민들이 등장합니다.

인류의 교사로서 인간의 종교를 창시한 석존(釋尊), 불교와 그리스 사상을 놓고 '문명 간의 대화'를 한 밀린다왕과 나가세나 그리고 불교사상을 정치에 반영한 '왕 중의 왕' 아소카 등 고대 인도의 정신사(精神史)는 인류의 보석으로서 빛을 발하고 있습니다.

인도에서 불교가 출현한 후, 변혁과 통합을 기치로 삼은 민중에 의해 대승불교, 그중에서도 법화경(法華經)이 실크로드를 통해 널리 퍼졌습니다. 그 과정에서 위대한 번역가 구마라습(鳩摩羅什)도 등장했습니다.

불교는 서쪽으로는 그리스 사상과 초기 기독교에 영향을 주었다고 알려져 있습니다. 또한 동쪽으로는 유구한 중국문명과 대화하는 가운데 중국불교를 형성했습니다. 유교, 도교와 진지하게 교류함으로써 확립된 천태(天台)의 '일념삼천론(一念三千論)'은 세계 철학사에 찬연히 빛을 발합니다.

그리고 일본에서는 13세기에 법화경과 천태철학을 바탕으로 '민중의 행복과 세계평화'를 내건 니치렌불법(日蓮佛法)이 인류사에 그 웅장한 모습을 드러냅니다.

그 뒤 제국주의와 군국주의의 폭풍우가 거칠게 불어닥친 20세기에 마키구치 쓰네사부로(牧口常三郎), 도다 조세이(戶田城聖)가 그 철리와 사상을 그대로 실천해 창가학회를 창립했습니다. 그리고 오늘날 민중운동으로서 보살도(菩薩道)를 실천하는 SGI운동으로 전개되고 있습니다.

인도에서는 20세기 초반에 마하트마 간디가 민중을 이끌고 반식민지운동을 전개했습니다. 마키구치와 도다가 일본의 국가주의와 맞서 싸운 때와 같은 시기입니다.

간디의 비폭력 투쟁에는 석존의 인간주의, 평화주의 사상이 뚜렷이 반영되어 있다고 할 수 있습니다.

간디와 법화경 그리고 니치렌불법을 하나로 이으신 분이 로케시 찬드라 박사의 부친인 라구비라 박사입니다.

라구비라 박사는 문자 그대로 세계적인 지성으로서, 일본어를 포함해 20여 개 언어를 자유자재로 구사한 언어학자였습니다. 법화경에도 조예가 깊은 불교학자이자 동양문화에 정통한 동양학 권위자였습니다. 그리고 무엇보다도 라구비라 부부는 마하트마 간디와 함께 끝까지 투쟁한 '평화와 비폭력의 전사'였습니다.

간디에게 법화경의 정수인 남묘호렌게쿄(南無妙法蓮華經)의 깊은 뜻과 니치렌불법이 말하는 '입정안국(立正安國)'의 권력 투쟁을 소개한 분도 바로 라구비라 박사였습니다.

라구비라 박사는 동양의 정신적 유산을 미래에 전하고자 '인도문화국제아카데미'를 창립했습니다. 이 아카데미의 후계자이며 현재 이사장을 맡고 있는 분이 로케시 찬드라 박사입니다.

박사는 부친과 마찬가지로 산스크리트어와 베다어의 세계적인 권위자이고, 어릴 적부터 법화경 등의 불전과 가까이 지낸 불교학자입니다. 지금 박사는 부친이 남긴 방대한 '동양 지혜의 보석'을 《샤타피타카[백장百藏]》로 출판해, 부친으로부터 물려받은 사업을 계속 세상에 발현하고 있습니다.

박사의 마음속에는 동양의 정신적 유산이 고스란히 담겨 있습니다. 그래서인지 어떤 주제로 대화하더라도 곧바로 박식하면서도 시정(詩情) 풍부한 '언어'를 표출하십니다. 그 언어에는 영원한 것에서 나오는 '영지(英智)', 평화를 사랑하는 뜨거운 '정열', 사악(邪惡)과 맞서 싸우는 '인류애'가 담겨 있습니다.

2001년의 9·11 테러가 상징하듯, 21세기 들어서도 인류는 폭력과 분단의 힘에 끊임없이 농락당하고 있습니다.

세계화라는 빛 뒤에는 깊은 그림자가 숨어 있고, 분단의 힘이 아직도 인간과 자연, 인간과 사회 그리고 인간정신 그 자체를 갈라놓고 있습니다.

박사와 나는 동양철학사에 등장하는 혼(魂)의 거인들이 격투했던 내용을 주축으로 '분단'을 '융합'으로, '전쟁'을 '평화'로 이끄는 정신적 지표를 찾아 사색을 거듭했습니다.

그러한 사색의 과정이라고도 할 수 있는 '정신의 여행'을 하나로 모은 것이 바로 이 책입니다.

박사와 논의한 새로운 지표가 독자 여러분의 환희에 찬 인생과 평화 사회를 비추는 하나의 광원(光源)이 된다면 이보다 더 큰 기쁨은 없을 것 같습니다.

인도의 위대한 시인 타고르는 이렇게 노래했습니다.

"우리는 다시 여행을 계속해야 하리라. (…) 아무리 머나먼 여정이라 해도 오직 정의만을 따르는 확고한 신념으로."

최고의 벗 로케시 찬드라 박사와 함께한 '정신의 여행'에 많은 청년이 뒤따르기를 진심으로 기원합니다.

이케다 다이사쿠

1998년 11월의 어느 날 오후 우리는 대담을 시작했습니다. 차가운 공기 속의 그날, 아내와 나는 이케다 선생님 그리고 몇몇 분들과 함께 고타쓰(일본식 난방 탁자)가 있는 다다미방에 앉았습니다. 그 자리에서 이케다 선생님과 인간적 가치의 영원성에 대한 이야기를 나누었습니다.

인간적 가치는 불꽃처럼 밝게 빛나고 또 아이 같은 순수성을 품고 있습니다. 인간은 유정(有情)이든 무정(無情)이든 이 우주의 모든 존재를 예찬하고 지켜야 합니다. 그리고 물질주의라는 탐욕스러운 업화(業火)를 막는 옷을 걸쳐야 합니다.

우리는 대담을 하면서 하늘을 자유로이 날아다니는 지성과 사상의 마차를 찾아냈습니다. 그리고 운명이라는 보물을 갖춘 '때'의 심원함에 대해, 또 미래를 풍요롭게 꽃피게 하는 묘한 에너지에 대해 깊이 생각했습니다.

그때 나는 이케다 선생님이라는, 드높이 우뚝 선 인물 앞에 있었습니다. 선생님은 다양한 것을 통합하는 길을 탐구하고자 여러 나라를 차례로 방문하셨습니다. 선생님이 쌓아올리신 업적은 언제나 새롭고, 언제나 번영하고, '나'와 '우리'와 '살아 있는 모든 존재'를 통합합니다.

이 대담에는 맑고 산뜻한 '때의 격류'가 만들어낸 조약돌이 새겨져 있습니다. 이 조약돌들은 인도, 그리스, 중국, 일본을 비롯한 각 나라의 고전적 문화 전통에 맞게 다듬어졌습니다.

인도의 순례자들은 눈이 녹고 봄에서 여름으로 계절이 바뀔 때쯤, 얼음장처럼 차가운 간다크강의 급류를 타고 굴러오는 검은 옥석을 찾아 히말라야의 고지로 향합니다. 그리고 그곳에서 주운 조약돌을 가정이나 사찰에 모십니다. 이처럼 이 대담집에는 우주를 꿰뚫는, 눈에는 보이지 않는 의식(意識)을 탐구하는 우리의 조약돌이 존재합니다.

인간은 각 개인 안에 잠들어 있는 '휴머니티적 감각'이 얼마나 존귀한지를 재인식해야 합니다. 이를 통해 인간은 생명을 기르는 많은 하천, 곡물, 과일, 구름, 비, 가축 등 세상 모든 존재에 의해 성장할 수 있습니다. 이 우주는 이음매 없는 그물처럼 엮여 있기 때문입니다.

이제 우리는 하나가 되어 여러 문제와 맞서야 합니다. 모든 생명은 개인적 도덕이나 사회적 윤리라는 공정한 규범으로 조화를 유지해야 합니다. 미래의 인류는 마하트마 간디처럼 드높이 선언해야 합니다. "내가 살아온 인생이 나의 메시지입니다"라고.

이 대담집의 중심 과제는 사상이 역사 속에서 이룬 역할, 자연과 문화, 인류의 유산과 정신성, 환경과 인간의 행복 등입니다. 이런 것들은 각 시대마다 비석, 경전, 언어를 통해 사람들의 마음에 영원히 각인되었습니다. 이러한 유산에서 얼마나 가치를 습득할 수 있는지는 우리에게 달렸습니다.

인간의 본질은 정신의 내면에서 작용합니다. 정신의 내면적 확장이 없으면, 또 이기심을 초월한 잠재적 생명에 대한 의식이 없으면 외면적 문명은 정기(精氣)를 잃고 맙니다.

마하트마 간디는 "자신의 내면을 제어하는 힘을 깨닫지 못하면 참된 자립은 불가능하다"라고 강하게 주장했습니다. 가장 꾸밈없고 진실한 인생이야말로 가장 심오한 인생입니다.

인도에서는 "옴, 샨티, 샨티, 샨티(정적靜寂하여라, 정적하여라, 정적하여라)"라고 외칩니다. 첫번째 샨티는 자연과의 평화로운 관계를, 두번째 샨티는 인간·사회·민족 간의 평화를, 마지막 샨티는 자기 내면의 평화를 나타냅니다. 이 세 가지가 창조적 관계로 맺어져 숭고하게 받아들여지면 환경의 평화, 사회의 평화, 정신의 평화를 실현할 수 있습니다.

이케다 선생님은 '평화의 왕'입니다. 선생님이 연주하는 평화의 찬가는 또렷하고 분명하게 사람들의 눈을 끌고, 사람들의 꿈을 끌어당기고, 사람들의 생각 속을 드나듭니다. 그 찬가는 선생님이 생각하는 이상(理想)의 한가운데에서 메아리가 되어 흘러나옵니다.

이 대담집은 여러 세기에 걸친 '때의 은혜'에서 뽑아낸 무한한 '기억의 회랑(回廊)'에 둘러싸여 있습니다. 위대한 스승이신 이케다 선생님은 한정된 시간을 살아가는 인간에게 활기를 주면서, 시대의 제약을 뛰어넘은 인간의 근원을 일깨워주십니다.

또 세계화와 소비지상주의라는 생명의 강탈자에게 빼앗길

지도 모를 '생명, 가이아(지구생명권), 평화'라는 인류의 유산을 지키려고 하십니다. 선생님의 사상은 실체적인 평화를 말하고, 선생님의 말씀은 사상의 동굴 속에서 '맨발로 걷는 평화의 순례자'가 됩니다.

전인미답(前人未踏)의 경지는 대화의 눈이 되고, 판단하는 말이 됩니다. 선생님이야말로 우리에게 '미답'의 경지가 어떤 이미지인지를 새겨주신, 미증유(未曾有)의 인물입니다. 그이미지는 인간의 내면에 존재하는 존엄성, 상호조화, '생명의 근원'과의 융합에 대한 깊은 존경을 나타냅니다.

이케다 선생님은 인간의 내적 존재와 외적 존재가 분열된 그곳에 다리를 놓아, 사물과 가치를 일체화하려고 하십니다. 인간의 존재를 해명하고 표현함으로써 영원히 변치 않는 지표를 나타내려고 하십니다.

로케시 찬드라

차례

제 1 장

신세기의 문화와 철학

새로운 천년기(千年紀)에 확실한 지침을

이케다 SGI 회장(이하 이케다)　21세기 새로운 천년기를 맞아 인류는 새 시대를 비출 철학과 확실한 지침을 구하고 있습니다. 그 중에서도 생명을 넓고 깊게 탐구한 동양의 뛰어난 지혜에 큰 기대를 보내고 있습니다. 정신의 대국 인도의 위대한 철학자이신 박사님과 함께 저는 영원한 미래를 위한 지혜를 탐구하고자 합니다.

로케시 찬드라 박사(이하 찬드라)　참으로 영광스러운 일입니다.

이케다　인류를 연결하고 생명의 존엄을 확립하는 '21세기의 철학'을 구축할 수 있도록 '세계의 철학'에 대해 거리낌 없이 대화합시다. 또한 인도와 일본에서 '신세기의 지표'를 전 세계로 발신합시다!

찬드라　대단히 훌륭하고 중요한 일입니다. 이케다 선생님과 함께하는 '신세기의 지표'에 대한 대화는 역사를 창조하는 일입니다. 선생님은 역사적인 존재이시기 때문입니다.

저는 이케다 선생님이 21세기에 특별한 사명을 지닌 분이라고 생각합니다. 이케다 선생님의 마음은 끝없이 펼쳐진 하늘과도 같습니다. 또 21세기는 광대한 지평선과 같습니다.

이케다 선생님은 민중과 함께 전진하면서 지금의 사회와 세계를 새롭게 이끌어가고 계십니다. 그 새로운 세계는 '국경 없는 세계', 인류가 함께 걷는 '열린 세계'입니다. 이케다 선생님은 21세기 소프트파워를 상징하는 인물입니다.

이케다 황송합니다.

'사제(師弟)의 길'에 인간성이 꽃핀다

찬드라 선생님은 2000년에 산스크리트교육대학교로부터 명예박사학위를 받으셨습니다. 진심으로 축하드립니다. 산스크리트교육대학교는 선생님을 '지식과 지혜의 대해'에 비유하며 현창했습니다. 저도 그 정당한 평가에 동의합니다.

이케다 고맙습니다. 수여식에는 산스크리트교육대학교의 무커지 총장 부부, 미트라 부총장 부부, 부르드완대학교 비르붐 칼리지의 무코파디야 학장 부부가 먼 길을 마다하지 않고 일본까지 달려와주셔서 매우 황송했습니다. 또 일본인 최초의 영예라는 점을 영광스럽게 생각합니다. 그리고 무커지 총장, 미트라 부총장이 스승 옴카라나트의 사상을 실현하기 위해

온 힘을 다해 노력하시는 모습을 보고 깊이 감명했습니다.

찬드라 스승 옴카라나트의 이상과 이를 계승하는 무커지 총장, 미트라 부총장의 헌신적인 노력은 인도에서 유명합니다.

스승의 이상을, 다시 말해 산스크리트어(Sanskrit)[1]의 가치를 다음 세대에 전하려는 그분들의 노력 덕분에 스승의 구상에 새롭고 뛰어난 특질이 더해졌습니다.

이케다 잘 알고 있습니다. 사제(師弟)의 길이 없으면 어떤 일도 성취할 수 없습니다. 여기에 인간성의 극치가 있습니다.

동물에게는 부모자식은 있어도 사제는 없습니다. 사제는 인간에게만 있는 관계입니다. 사제가 있기 때문에 인간성을 꽃피울 수 있고, 인간으로서 앞으로 나아갈 수도 있습니다.

천태대사(天台大師)[2]의 《마하지관摩訶止觀》[3]에 '종람이청(從藍而靑)'이라는 말이 있습니다. '청색은 남색에서 나왔지만 남색보다 더욱 푸르다'는 뜻으로, 제자가 스승보다 훌륭해야 한다는 말입니다.

저도 도다 선생님을 섬긴 이래 '세계평화', '인류의 행복'이라는 스승의 구상을 실현하겠다는 마음만으로 오늘날까지 투쟁했습니다. 앞으로도 지금의 열 배, 백 배의 힘을 쥐어 짠다는 마음으로 투쟁을 결의합니다.

세계종교로서의 니치렌불법

찬드라　우리가 경애하는 이케다 선생님은 인간적인 분위기로 가득한 빛과 아름다움을 간직하신 분입니다. 그 인간적인 매력의 원천은 '스승에게 보은하려는 진심'에 있다는 사실을 잘 알고 있습니다.

이케다　제게는 사제밖에 없습니다. 그것 말고 다른 삶은 없습니다.

　한편 무커지 총장은 "스승 옴카라나트는 산스크리트어 학문으로 인도문화를 세계로 넓혀, 보편적인 관용과 완전한 조화를 가져올 굳건한 인간주의 시대를 열기를 열망했다"라고 말씀하셨습니다. 이처럼 산스크리트어는 특수한 지위에 있는 언어입니다.

　불교에서 산스크리트어를 '범어(梵語)', 다시 말해 '범천(梵天)[4]이 만든 언어'라고 부르는 까닭은 산스크리트어로 쓰인 작품이 갖는 심원한 철학성 때문입니다.

찬드라　산스크리트어를 '범어', 즉 '범천(브라흐마)의 언어'라고 표현한 것은 적절합니다. 왜냐하면 브라흐마는 '증가하다', '빛나다'라는 의미를 가진 말에서 파생되었기 때문입니다. 브라흐마는 선한 가치의 창조이고, 생성(生成)의 에너지이며, 다르마(dharma: 법, 질서)입니다.

이케다 실은 니치렌 대성인도 산스크리트어를 배우셨습니다. 《니치렌 대성인 어서전집》(니치코 상인 편찬, 창가학회 발행. 이하 《어서》라고 줄인다)에 "산스크리트어 법화경을 대략 훑어보았다"(《어서》, 1584쪽, 취의)라고 쓰여 있습니다.

또 대성인은 "산스크리트어와 한어(漢語)를 동시에 써서 남묘호렌게쿄(南無妙法蓮華經)라고 하느니라"(《어서》, 708쪽, 취의)라고도 말씀하셨는데, 인도의 산스크리트어와 중국의 한어를 쓰셨다는 사실에서 세계종교로서 갖는 니치렌불법의 본질이 상징적으로 나타난다고 할 수 있습니다.

찬드라 태양의 눈부신 빛(日)과 연꽃의 청정함(蓮)을 체현(體現)한 이름을 가진 니치렌 대성인이 산스크리트어로 된 책의 중요성을 언급하신 점은 굉장한 일입니다.

니치렌 대성인은 정신을 꽃피우는 데 없어서는 안 될 법화경의 산스크리트어 원전(原典)에 틀림없이 감동을 받으셨겠지요. 니치렌 대성인은 인간의 내적 변혁을 위한 최고의 법으로서 남묘호렌게쿄라는 제목(題目)을 설하셨습니다. 이 제목은 산스크리트어의 '나마스(南無의 원어)'에서 시작되어, 인간성의 고결함과 환희 속에서 한어인 묘법연화경(妙法蓮華經)으로 이어집니다.

'이 제목 속에서 동양과 서양이 융합하고, 인도와 유럽 그리고 동아시아의 언어가 조화를 이룬다'는 이케다 선생님의 지적은 올바르다고 생각합니다. '제목'은 우리 인류가 본질적으로 갖춘 인간성의 아름다움을 나타내는 근원적인 언어입니다.

선생님은 세계 곳곳을 종횡으로 누비면서, 멀리 떨어진 곳까지 그 의의 깊은 소리를 보내셨습니다. 니치렌 대성인의 꿈을 모든 대륙의 사람들에게 나누어주셨습니다.

《베다Veda》[5]에 이런 말이 있습니다.

"여기저기 돌아다니며 수행하는 자의 발은 꽃과 같다. 지칠 줄 모르고 뜨고 지기를 반복하는 태양, 그 애쓰는 모습을 보라."

선생님은 인류의 성스러운 상징을 소생시키고, 여기에 새로운 관점을 더해 현실세계로 환류(還流)시키고 계십니다. 선생님의 메시지는 모든 문화에 새로운 생명을 불어넣으려는 진심에서 우러나온 것입니다.

이케다 니치렌 대성인의 꿈, 다시 말해 세계평화와 인류의 행복을 실현하는 일은 스승 도다 선생님의 꿈이자 서원(誓願)이

브라질 상파울루주 산호세도스캄포스시에 있는 '도다 조세이 공원'의 전경(1999년 12월).

었습니다. 그래서 저도 세계를 뛰어다녔고, 저와 뜻을 함께하는 많은 벗들이 헌신적으로 노력해주었습니다.

그 결과 세계 192개국(2016년 현재)에서 제목을 부르는 동지가 탄생했습니다. 땅에서 솟은 것처럼, 세계평화를 위해 헌신하는 사람들이 출현했습니다.

찬드라 "인류가 계승해온 생물권(生物圈)과 인류가 만들어낸 과학기술 사이에 생긴 불균형을 개선하고, 인류가 꿈꾸는 조화로운 공간을 창조해야 한다"라는 SGI의 메시지는 반드시 실현해야 할 과제입니다. 수많은 작은 파도가 모여 '인류의 마음'이라는 하나의 큰 파도가 될 것입니다.

이케다 선생님이 추진하시는 '혼(魂)의 혁명'은 이미 인류를 활성화하는 힘이 되었습니다. 선생님은 아름답고 유익한 것들을 지키기 위해, 빛나는 미래로 한 걸음 더 내딛기 위해 인류를 사랑의 유대로 묶고 계십니다.

쇼토쿠 태자⁶는 일본문화의 원형(原型)을 만들었지만, 선생님은 '인간의 문화'를 실현하기 위해 온 힘을 다하셨습니다. 선생님의 행동은 타고르⁷의 말을 빌리자면 "꽃은 시들지만 달콤한 열매를 남긴다"와 같습니다.

'인간혁명'에서 '인류의 숙명전환'

이케다 깊이 이해해주셔서 감사합니다.

찬드라 박사야말로 세계적으로 큰 사명을 지니신 분으로, 많은 지성과 대화하며 혁명을 촉발하셨습니다. 그러한 분께 과분한 칭찬을 받으니 몸 둘 바를 모르겠습니다. 그 기대에 어긋나지 않도록 투쟁할 생각입니다.

20세기는 전쟁의 세기였습니다. 21세기는 '평화의 세기',

'생명의 세기', '인권의 세기'로 만들어야 합니다. 그 근본은 '혼의 혁명', 다시 말해 '인간혁명(人間革命)'입니다. '인간혁명' 없이 '인류의 숙명전환(宿命轉換)'은 없습니다.

한 사람에서 또 한 사람으로 파동을 일으켜 천파만파로 넓혀야 합니다. 이는 결국 한 사람과의 대화에서 시작됩니다. 그래서 저는 날마다 대화하고 있습니다. 불전에 "성불사(聲佛事)를 함"[8]이라는 말씀이 있는데, 말하는 것 외에 인간의 마음을 바꿀 수 있는 방법은 없습니다. 평화를 창출할 수 있는 길은 없습니다.

그래서 저는 박사님에게 '동양철학을 말한다'라는 주제의 대담을 제안했습니다. 박사님도 그 자리에서 흔쾌히 받아들여주셨습니다. 지금 이 주제를 논하는 의의를 박사님께서는 어떻게 생각하십니까?

서양이 동양에서 지표를 구하는 시대

찬드라 20세기는 타고르와 오카쿠라 덴신의 대담으로 막이 열렸습니다. 당시는 인도와 일본 모두 서양문화가 유입되는 새로운 시대 변화에 직면하던 때라, 두 사람은 동양과 서양문화의 융합에 대해 이야기를 나누었습니다.

이케다 이제 우리도 그 두 사람과 마찬가지로 인도와 일본이라는 동양의 마음에서 세계의 철학을 응시하고, 신세기를 여는 새로운 정신문화의 가능성을 탐구했으면 합니다.

찬드라 20세기는 동양이 서양의 기술을 받아들인 시대였습니다. 그중에서도 일본은 메이지유신으로 기술이 서양의 독점물이 아니라는 사실을 보여주었습니다.

그에 비해 21세기는 서양이 동양에서 지표를 구하는 시대가 되리라고 생각합니다. 동양의 전통은 다양성을 수용하는 것입니다. 그 전통은 종교뿐 아니라 사람들의 생활에도 뿌리를 내리고 있습니다. 그런 의미에서 앞으로 인도에서 일어날 일, 일본이 경험하게 될 일이 세계에 큰 의미와 영향을 주게 되겠지요.

이케다 동양에 살아 숨 쉬는 '다양성의 존중', '적극적 관용성'은 21세기를 향한 확실한 지표입니다.

이 대담의 주제를 '동양철학을 말한다'로 정한 이유도 인류가 내놓은 '다양성'의 철학을 깊이 살피고, 그 깊숙한 곳에 흐르는 인간의 기반을 주시하고 싶다는 생각 때문이었습니다.

20세기는 단일 철학, 이데올로기의 피상적인 면에 지나치게 사로잡힌 나머지 문화의 다양성을 부정했습니다. 예를 들면, 서양의 물질문명을 절대적인 가치로 삼아버린 폐해는 수많은 모순을 만들었습니다.

찬드라 그렇습니다. 유럽문명은 근대화에 공헌했지만, 반대로 환경오염 등의 문제를 초래했습니다. 그리고 이러한 문제들에 대해 지금까지 정신 내면에서의 근본적인 해결책을 내놓지 못하고 있습니다. 이를테면 정치적인 접근에 머물고 있습니다.

이케다 저도 여러 문제를 해결하려면 정치적인 차원에 머물지 말고, 문화와 인간의 마음을 서로 나누고 교류하는 식으로 다양하게 접근해야 한다고 생각합니다. 그래서 SGI도 '평화·문화·교육' 운동을 전개하고 있습니다.

2000년에 저는 SGI 발족 25주년(1월 26일)을 기념해 '평화제언(平和提言)'9을 발표했습니다. 이 제언에서도 서양의 근대화가 군사적, 정치적 침략에 그치지 않고, 문화제국주의에 바탕을 둔 '문화침략'이라는 폐해를 낳게 된 점을 고찰했습니다.

그러한 문화의 충돌이 아직까지도 많은 민족분쟁을 일으

키고 있습니다. 이를 극복하려면 '국가의 얼굴'이 아닌, 다종 다양한 '인간의 얼굴'을 한 문화교류, 다시 말해 '문화민제주의(文化民際主義)'를 21세기의 조류(潮流)로 만들어야 한다고 주장했습니다.

찬드라 선생님은 보편적인 접근을 하고 계십니다. '모든 인간은 가치가 있고, 자기 역할이 있다'는 인간관을 가지셨기 때문입니다.

이케다 '모든 인간은 가치가 있다'는 정신은 대부분의 철학과 종교에 흐르고 있지만, 대승불교가 그 정신을 가장 선명하게 나타낸다고 생각합니다.

법화경은 '활(活)의 법문(法門)'

찬드라 이케다 선생님은 유럽문명뿐 아니라 그 밖의 정신성이나 가치관을 한데 모으셨습니다.

동서(東西)는 다른 사상을 가지고 있습니다. 하지만 '다름'은 '대립'이 아닌 '채움'입니다. '채움'은 인간정신을 꽃피우는 일입니다. 여러 면에서 벽에 부딪힌 현대에 선생님과 이렇게 대담을 나누면서 새로운 '무엇'을 찾아내고 싶습니다.

선생님은 과거의 모든 사상을 간직하고 계십니다.

20세기의 소란은 사라지고, 새로운 천년의 여명이 열리고 있습니다. 지금은 잡음마저도 마음의 음악과 조화를 이룹니다. 그 까닭은 이케다 선생님이 법화경의 한없는 지평으로 우리를 계몽해주셨기 때문입니다.

이데올로기라는 얼어붙은 감옥에 인류를 가둔 '사상의 미개척지'가 이제는 인간이라는 씨앗을 위대한 희망으로 비추는 '빛나는 지평'으로 바뀌었습니다.

'열린 경전'인 법화경의 정신을 체현한 이케다 선생님이 지혜와 자애의 눈으로 포착한 '인류의 정신유산'에 대한 대담에 저를 선택해주셔서 대단히 영광스럽습니다.

이케다 법화경의 중요한 특징 가운데 하나가 '소생(蘇生)'입니다. 모든 것을 살리는 '활(活)의 법문(法門)'[10]인 것이지요. '인류의 행복을 위한다'는 바람이야말로 석존의 마음이고, 니치렌 대성인의 마음입니다.

부처의 지혜와 자비의 마음을 거울삼아, 꾸준히 쌓아올린 인류의 예지(叡智)를 새로운 시대에 소생시키고 싶습니다!

찬드라 이케다 선생님은 인간의 지성(知性)이 성장하는 데 위대한 공헌을 하고 계십니다.

지성을 영어로 '마인드(mind)'라고 하지요. 이 단어는 산스크리트어로 '생각하다'라는 뜻을 가진 '만(man)'과 어원이 같습니다.

산스크리트어에서는 그 '만'에서 '인간'이라는 뜻의 '마누샤(manusha)'[11]라는 말이 생겼습니다. 요컨대 '인간은 생각하는 동물'이라는 말입니다. 인간과 동물의 차이는 '생각한다'는 점에 있습니다. 이것은 매우 중요한 사실입니다. '생각한다'는 인류의 진보를 상징합니다. 그것을 대표하는 분이 이케다 선생님입니다.

이케다 거듭 황송합니다. 불교에서도 산스크리트어의 '마누샤'라는 말을 자주 씁니다.

동쪽에서 서쪽으로 향하는 법화경의 여행

찬드라 인도에서 발상된 불교는 몇 세기에 걸쳐 중국과 한반도, 일본에 전해졌습니다. 그리고 지금 이케다 선생님이 세계로 널리 알린 불교는 인류를 계몽하고 있습니다.

선생님은 법화경을 일본에서 세계로 널리 알리셨습니다. 이보다 더 큰 기쁨은 없습니다. 마치 태양이 동쪽에서 서쪽으로 이동하듯이, 법화경도 동쪽에서 서쪽으로 퍼지면서 세계 각국을 여행하고 있습니다. 대단한 일입니다.

1998년 가을 도쿄 도다기념국제회관에서 열린 '법화경과 실크로드전'에서 공개된 귀중한 법화경 사본도 러시아 상트페테르부르크에서 여행을 떠나왔습니다. 서쪽에서 동쪽으로 온 것이지요.

선생님이 힘써주신 덕에 일본에서 세계로 법화경의 정신의 숨결을 발신할 수 있었습니다. 선생님이야말로 '새로운 세기'를 체현하시는 분입니다.

이케다 저야말로 박사님의 심원한 학식에 감명을 받았습니다. '법화경과 실크로드전'에서도 박사님께서 보내주신 수많은 유물이 전시회를 장엄하게 장식했습니다. 그 감사의 마음을 담아 '법화경과 실크로드전'에 박사님을 초대했었지요. 그때의 감상을 말씀해주셨으면 합니다.

찬드라 훌륭한 전시회였습니다. 저도 모르게 눈물을 쏟을 만큼 진심으로 감동했습니다. 전시품 모두가 참으로 귀중한 문물이었습니다. 소장기관인 러시아동양학연구소에서도 특별

이케다 SGI 회장이 '법화경과 실크로드전'을 꼼꼼히 감상하며, '인류의 정신유산'을 앞에 두고 대화하고 있다(1998년 11월).

히 허가받은 사람만 볼 수 있는 유물들이었지요.

그리고 저는 전시를 보러 오는 수많은 인파에 더욱 감동했습니다. 꼭 영상으로 남겨서 더 많은 사람에게 알려주셨으면 합니다.

영상으로 만들 때에는 경전을 설명하는 내용이 물론 들어가겠지만, 그와 더불어 이 전시를 실현하신 이케다 선생님과 선생님의 뜨거운 마음을 이해하고 방문해주신 수많은 분들에 대해서도 꼭 기록으로 남겨주셨으면 합니다.

이케다 이러한 학술적 전시회를 많은 분이 보셨다는 점에 참으로 깊은 의의가 있습니다. 이 전시회를 통해 법화경이 결코 일부 사람들만이 아닌, 민중을 위해 설한 경전이라는 사실을 증명했다고 생각합니다.

저는 사본 앞에서 이렇게 말했습니다.

"경전이 기뻐하고 있습니다. 빛나고 있습니다. 경문은 문자이기 이전에 '혼'입니다. 또한 우주의 근원에서 소용돌이치고 파도치는 위대한 생명력의 리듬을 묘사한 표현입니다."

찬드라 관람객은 그저 단순히 법화경을 본 것이 아니라, 이케다 선생님과 전시 관계자의 마음과 정열을 느꼈다고 생각합니다. 전시회를 보러 온 사람들의 마음이 경전에 기쁨을 주었습니다.

팔리어[12] 경전에 "석존은 '어서 오십시오. 당신을 환영합니다'라고 말하는 사람이면서, '어서 오십시오. 그리고 법(法)을 보십시오'라고 순수한 수정처럼 빛 속에서 말하는 사람"이라는 표현이 있는데, '법화경과 실크로드전'은 참으로 이 말을 떠올리게 했습니다.

법화경을 한역(漢譯)한 구마라습(鳩摩羅什)[13]은 살아생전 일본을 방문하지는 못했지만, 이 전시를 보았더라면 참으로 기뻐했을 것입니다.

왜 불교는 인도에서 멸망했는가

이케다 과연 박사님은 '법화경과 실크로드전'이 민중을 위한 전시라는 점을 주목하셨군요. 제가 바라던 일입니다.

법화경 그 자체가 말하듯이 이 경전은 일체중생, 즉 모든 민중에게 열린 경전입니다. 모든 인간을 위한 경전이고, 그 '자립'을 위한 경전입니다. 그래서 저는 이 전시를 그 누구보다도 법화경을 실천하고, 가장 깊은 생명의 차원에서 이해하는 학회원 한 사람 한 사람에게 보여주고 싶었습니다. 그 마음을 박사님께서 이해해주셨습니다. 법화경의 의의에 대한 핵심을 정확히 파악하고 계십니다. 참으로 기쁘게 생각합니다.

그런데 유감스럽게도 인도에서는 불교가 쇠퇴하고 맙니다. 불교가 관념적인 종교로 받아들여져 민중에게서 멀어졌기 때문이라는 설이 있는데, 박사님께서는 어떻게 생각하십니까?

찬드라 인도에서 불교는 주로 철학적인 기능에 머물렀습니다. 인도에서 사찰은 학문을 배우는 곳으로, 당시 대학의 기능을 했습니다. 불교 자체가 일부 상류계급의 전유물처럼 되고 말았습니다.

인도에서는 이슬람의 침입으로 불교가 멸망했는데, 사찰이 왕궁보다 물질적으로 풍족하다는 사실을 알고 있던 침입자(이슬람)가 파괴했기 때문입니다. 당시 인도불교는 사찰불교였기 때문에, 사찰의 파괴는 곧 불교의 파괴를 뜻했습니다.

이케다 많은 것을 생각하게 하는 이야기입니다. 만약 불교가 민중의 마음속에 자리 잡고 있었다면, 설령 건물이 무너졌어도 불교는 멸망하지 않았겠지요. 종교가 반드시 갖추어야 할 요건은 '형태가 아닌 정신성으로서 사람들의 마음에 흐르고 있는가'라는 점입니다.

인도의 네루[14] 초대 총리는 '석존의 신격화'를 불교가 멸망한 이유로 꼽았습니다. "인간으로서의 삶의 자세를 몸소 설한 석존을 마치 인간을 초월한 '신'처럼 권위화했기 때문에 불교가 멸망한 것이다"라고 말씀하셨습니다. 말하자면 부처는 존경의 대상이었지만, '그 삶의 자세를 따르는' 존재로서는 사람들에게서 점차 멀어졌습니다. 그에 비해 니치렌 대성인은 인간의 실생활에서 멀어진 불교를 인간에게 되찾아주는 길을 가르치셨습니다.

우리가 펼치는 불교운동은 석존과 대성인이 걸어간 '인간의 길'을 이어받은 운동이기 때문에, 부처를 권위화하고 인간을 수단으로 삼는 행위와 철저히 맞서 싸워야 합니다.

　석존도, 니치렌 대성인도 인간을 예속하려는 악(惡)의 권위와 맞서 싸웠습니다. 그것이 '인간의 길'입니다. 인간을 인간답게 하는 길입니다. 그것 외에 부처의 마음은 없습니다.

1 산스크리트어 '완성된 언어'라는 뜻으로 고대 인도의 문장어.《베다》를 기록한 베다어의 문법을 체계적으로 정리해 기원전 2세기 무렵에 '완성된 언어'로 확립되었다. 이후 인도문화는 산스크리트어로 전해졌다. 언어학적으로는 인도 · 유럽어족에 속한다.

2 천태대사(538~597년) 중국 천태종의 개조(開祖). 법명은 지의(智顗). 법화경을 의경(依經)으로 삼아 오시팔교(五時八敎)의 교판(敎判)을 세웠다. 천태삼대부라고 하는《마하지관摩訶止觀》,《법화문구法華文句》,《법화현의法華玄義》는 천태대사가 강설하고 제자인 장안(章安)이 정리한 책이다.

3 《마하지관》 천태삼대부 중 하나. 법화경의 근본의(根本義)인 일심삼관(一心三觀), 일념삼천(一念三千)의 법문(法門)을 밝히고, 그것을 기심(己心)에 증득(證得)하는 수행의 방궤(方軌)를 나타낸 책. 일념삼천의 법문은《법화경》방편품에 나오는 '제법실상(諸法實相)'의 글을 전개한 것이다.

4 범천 바라문교에서 설하는 우주의 최고 원리인 브라만(梵)을 신격화한 존재로, 최고의 신으로 여긴다. 불교에서는 대범천왕(大梵天王)이라고 부르며, 사바세계(娑婆世界)의 왕을 말한다. 제석천왕(帝釋天王)과 함께 불법(佛法)을 수호하는 선신(善神)이다.

5 《베다》 바라문교의 경전. 인도 최고(最古)의 종교문헌. 여러 신을 찬미하고 제사를 지내기 위한 설명 등이 쓰여 있다. '베다'는 '지식'을 뜻하며,《리그베다》,《야주르베다》,《사마베다》,《아타르바베다》등 네 가지 베다가 있다.

6 쇼토쿠 태자(574?~622년) 일본 최초의 여제 스이코 천왕 슬하에서 황태자

가 되어 섭정(攝政)을 맡았다. 관위십이계(冠位十二階)와 17조 헌법을 제정하고, 견수사(遣隋使)를 파견했다. 또 불교를 깊이 신앙해 정치, 문화 등에 큰 발자취를 남겼다.

7 **타고르**(1861~1941년) 인도의 시인, 사상가, 교육가. 동서 문화의 융합을 위해 힘썼으며, 1913년에 노벨문학상을 수상했다. 일본도 세 번 방문했는데, 일본문화를 높이 평가하면서도 일본 군국주의의 만행에는 엄중한 경고를 보냈다.

8 **성불사를 함** 부처가 소리로써 중생을 설법교화한 일. 장안대사(章安大師)가 쓴《법화현의》의 '사서왕(私序王)'에 "소리가 불사(佛事)를 이룬다. 이것을 이름하여 '쿄(經)'라고 한다"라고 쓰여 있다.

9 **평화제언** 이케다 SGI 회장은 1983년 1월 26일 'SGI의 날'을 맞이해 '평화와 군축을 위한 새로운 제언'을 발표했고, 이를 시작으로 '세계 부전(不戰)을 위한 광대한 흐름을'(1984년), '세계에, 세기에 평화의 파동을'(1985년), '항구평화를 위한 대화의 대도(大道)를'(1986년), '민중의 세기에 평화의 광채를'(1987년) 등 해마다 세계평화를 위한 제언을 발표하고 있다.

10 **활의 법문** 니치칸 상인(日寛上人)의《삼중비전초三重秘傳抄》에 "고덕(高德)이 가로되 '화엄(華嚴)은 사(死)의 법문이며 법화(法華)는 활(活)의 법문이다'라고 하였다. 그 경(經)에 당분(當分)은 유명무실(有名無實)인 고로 사(死)의 법문이라 하였다. (…) 이제 회입(會入)의 후(後)는 마치 소생(蘇生)과 같은 고로 활(活)의 법문이라 하느니라"라고 쓰여 있다. 요컨대 '방편으로서 설한 임시적인 가르침이라 해도 법화경을 근본으로 함으로써 모든 것을 되살릴 수 있다'는 뜻이다.

11 **마누샤** 한역불전에서는 마노사(摩奴沙), 마누사(摩㝹沙), 마노사(摩努沙) 등

으로 음사(音寫)한다. '중허마하제경(衆許摩訶帝經)', '입세아비담론(立世阿毘曇論)' 등에 "인간은 지혜가 있고, 세심하게 생각할 수 있고, 옳고 그름, 거짓과 참됨을 분별할 수 있기 때문에 마노사(摩努沙)라고 이름한다"라고 쓰여 있다.

12 **팔리어** 현재 태국, 스리랑카, 캄보디아 등의 남방불교에서 쓰고 있는 언어. 팔리는 '성전(聖典)'이라는 뜻으로, 남방불교의 성전어를 말한다. 팔리어(성전어)로 많은 불전이 기록·보존되어 왔다.

13 **구마라습**(344~413년) 줄여서 나습(羅什)이라고도 한다. 생몰년에 대해서는 350~409년이라는 설도 있다. 중앙아시아의 구자국(龜玆國)에서 태어났다. 일곱 살 때 어머니와 함께 출가해 여러 나라를 돌면서 불법을 배우고, 중국 장안(長安)에서《묘법연화경妙法蓮華經》등 많은 경전을 한역했다.

14 **네루**(1889~1964년) 인도의 정치가. 간디와 함께 인도 독립운동에 참여했다. 1947년 인도 독립 후 초대 총리에 취임해, 동서 냉전 상황에서 독자적인 노선을 취하고 비동맹외교를 추진했다. 또 중국 저우언라이 총리와 공동성명을 발표하고 평화 5원칙을 선언했으며, 제1회 아시아·아프리카 회의에서 중심적 역할을 담당하는 등 세계평화에 공헌했다.

제 2 장

동양사상과 근대화

불교미술에서 불교로

이케다 이제 독자들에게 박사님이 어떤 분인지 소개하기 위해 박사님의 성장과정 등을 여쭙고자 합니다. 박사님의 부친은 인도에서 자유독립운동을 하신 투사이자 세계적인 언어학자인 라구비라[1] 박사입니다. 산스크리트어는 물론 불교문화에도 대단히 조예가 깊은 훌륭한 분이셨습니다.

찬드라 저도 아버지의 영향을 받아 어릴 적부터 불교에 관심을 가졌습니다.

이케다 불교의 어떤 점에 마음이 끌리셨는지요?

찬드라 제가 살던 라호르에서 스무 살 때쯤 박물관에서 간다라 불교미술[2]을 보았는데 매우 매력적이었습니다. 선정(禪定)에 들어간 불상의 표정은 매우 성스럽고 아름답고 훌륭했습니다. 또 간다라 불교미술, 특히 서양인의 용모를 한 불상과 보살상은 현대적으로 보였습니다. 그리고 사상적인 깊이가 느껴졌습니다.

이케다 불교의 예술과 문화에 친밀감을 느끼셨군요.

찬드라 예, 중국인들과 똑같습니다.

중국에 불교가 들어온 시기는 1세기 무렵으로 추측되는데,

그 무렵에 승려들은 검소한 옷을 입었습니다. 당시 중국에서 학자는 곧 지위가 있는 관료였기 때문에, 중국인들은 '불교학자는 숭고한 가르침을 알고 있으면서도 왜 저렇게 가난한 옷차림인가?' 하고 의아하게 생각했다고 합니다.

중국인들이 불교사상을 이해하는 데 이백 년이 걸렸는데, 그것은 조각, 회화, 서예라는 '예술의 미(美)'를 통해서입니다.

이케다　'미'의 힘이라는 은혜를 받아 불교가 인도종교에서 세계적인 종교로 도약한 셈이군요. 불교가 세계종교로 비약할 때, 여기에 미의 힘이 작용했음이 틀림없습니다. 무엇보다도 간다라 미술과 찬드라 소년의 만남이 그 사실을 증명합니다.

찬드라　사람들은 예술적으로 표현된 불교세계의 심오한 아름다움에 경탄했습니다. 그리고 예술에서 신앙심이 싹트기 시작했습니다.

이케다　박사님은 아홉 살 때 부친 밑에서 공부하던 일본인 유학생을 통해 법화경을 만났다고 들었습니다.

찬드라　예, 마하트마 간디가 세운 아슈람(ashram: 수행자들의 거처, 도량道場)에서 파견 온 유학생이었습니다. 그 무렵 제게 일본은 법화경이었고, 법화경이 곧 일본이었습니다.

니치렌 대성인을 통해 법화경을 만나다

이케다 당시에는《법화경》이 없어 일본어로 "남묘호렌게쿄 (南無妙法蓮華經)"라고 부르는 것을 배우셨다고 들었습니다.

찬드라 그렇습니다. 아버지는 아네사키 마사하루[3] 박사가 저술한 니치렌 대성인의 전기《법화경 행자 니치렌》을 읽으셨습니다. 그 책을 통해 법화경을 만나셨지요.

아네사키 박사는 하버드대학교에서 책을 냈는데, 이케다 선생님도 하버드대학교에서 두 번이나 강연하셨습니다. 이케다 선생님과 하버드 그리고 니치렌 대성인과 하버드, 최고의 지성이 느껴집니다.

이케다 저도 젊은 시절에 아네사키 박사의 책을 읽었습니다. 이 책은 하버드대학교에서 영어로 출간된 뒤 다시 일본어로 출간되었습니다. 제가 읽은 책은 일본어판이었는데, 아네사키 박사의 웅대하고 장려한 필치에 감명받았습니다. 니치렌 대성인이 가사가숲에서 태평양에 해가 떠오르는 모습을 바라보며 "남묘호렌게쿄"라고 부르신 모습과 '입정안국론(立正安國論)'[4]을 통해서 국주간효(國主諫曉)를 하는 장면도 인상적이었습니다.

또 아네사키 박사와 니치렌불법에 대해 쓴 다카야마 조규[5]의 책도 즐겨 읽었습니다. 조규는 니체주의[6] 등 수많은 사상의 편력(遍歷)을 반복하다가 마지막에 니치렌 대성인의 불법을 우연히 만났다고 합니다.

찬드라 니치렌 대성인의 사상을 소개한 아네사키 씨보다 먼저 일본문화를 인도에 전한 인물로 오카쿠라 덴신[7]이 있습니다. 저는 이 두 분이 인도에 큰 영향을 주었다고 생각합니다.

이케다 오카쿠라 덴신은 인도에서 잠시 활동했지요. 인도의 독립운동을 지지하면서, 그때의 생각을 쓴《동양의 이상》은 유럽에도 큰 영향을 주었습니다.

그 책에서 덴신은 불교와 인도예술을 소개한 뒤, 일본예술을 시대별로 자세히 묘사했습니다. 그리고 유려한 필치로 '일본예술이 인도의 불교를 원천으로 삼아 어떻게 꽃피웠는가'를 뚜렷이 설명했습니다.

찬드라 오카쿠라 덴신은 인도에서 타고르와 함께 '인도문화의 르네상스'를 가져왔습니다.

인도의 정신적 활동에 큰 영향을 끼친 덴신은 제게 일본미술을 동경하고 법화경에 흥미를 갖도록 했습니다.

연꽃은 우리가 살던 마을의 진흙탕 연못에 아름답게 피는 꽃이었습니다. 진흙으로 범벅된 늪은 더러워서 들어갈 수 없지만 연꽃은 아름다웠습니다.

현실세계에도 더러운 곳도 있고 아름다운 곳도 있습니다. 더러움이 없으면 아름다움에 대한 감동도 없습니다. 또 아름다움이 있기에 추함을 이해할 수 있습니다.

이케다 '여연화재수(如蓮華在水)'[8]이군요. 구마라습이 한역한 《법화경》의 정식 제목은 '묘법연화경(妙法蓮華經)'인데, '연꽃(연화)'은 청정함을 상징합니다. 그 연꽃은 진흙탕 속에서 향기롭게 피어납니다. 요컨대 법화경은 '현실을 더러운 세계라고 하면서 기피하면 안 된다, 바로 그 현실에 진실한 삶의 자세가 있다'고 가르칩니다.

찬드라 법화경에 나오는 말씀은 현대사회의 문제와 밀접한 연관성이 있다는 점에서 무척이나 흥미롭습니다. 불교는 단순한 과거의 교과서가 아닙니다. 우리 현실의 삶과 연결되어 있습니다.

이케다 천태대사의 《법화현의法華玄義》[9]에는 "일체세간(一切世間)의 치생산업(治生産業)은 모두 실상(實相)과 서로 위배하지 않음"이라고 쓰여 있습니다. 이는 인생의 모든 행위에 살아 숨 쉬어야 참된 철학이라는 뜻입니다. 초대 회장 마키구치 쓰네사부로(牧口常三郎) 선생님은 "불법(佛法)은 최고의 생활법이자 현실사회에 가치를 창조하는 원천"이라고 간파하셨습니다.

아버지 라구비라 박사와 법화경

이케다 박사님의 부친은 참으로 위대한 분이셨습니다.

저는 1990년에 세계 최초로 찬드라 박사가 이사장을 맡고 있는 인도문화국제아카데미로부터 위대한 부친의 이름을 붙인 '라구비라상'을 받았습니다.

최고의 영예이고, 다시 한 번 감사드립니다. 부친은 런던에 유학하던 시절에 한 일본 유학생을 만났습니다. 그 사람을 통해 불교와 일본을 알게 되었다고 들었습니다.

찬드라 맞습니다. 일본 유학생 가운데 한 사람이 니치렌불법을 믿고 있었습니다. 그런 이유로 아버지는 니치렌 대성인의 사상에 많은 흥미를 느꼈습니다.

이케다 부친은 니치렌 대성인의 사상에서 어떤 점에 흥미를 느끼셨습니까?

찬드라 니치렌 대성인은 민중과 유대를 맺는 일이 얼마나 중요한지 알고 계셨습니다. 또 불교와 국가 사이의 유대관계가 얼마나 중요한지도 인식하고 계셨습니다. 대성인은《입정안국론》을 집필하셨는데, 저는 승려가 나라와 민족의 안전을 논했다는 사실에 흥미를 느낍니다.

아버지도 마찬가지였습니다. 당시 한 영국인이 "도대체 인도의 역사에는 정치라고 부를 만한 것이 없다"라고 폭언을 내뱉었습니다. 그 말을 들은 아버지는 인도의 역사와 철학을 자세히 살펴보고, 인도에 어떤 정치형태가 존재했는지를 연구하셨습니다.

요컨대 '나라와 민족을 지키고 발전시키려면 어떠한 정치를 지향해야 하는가'를 모색하던 중에 니치렌 대성인의 불법을 만나 깊은 흥미를 느끼셨습니다. 아버지는 대성인의 영향을 받아 '문화와 국가는 공존해야 하고, 문화 없이는 국가도 없다'는 정치사상을 주장하셨습니다.

이케다 그렇습니다. 그러나 지금까지 일본은 경제를 지나치게 우선시하고, 문화를 경시했습니다. 저는 일본이 쇠퇴하는 중요한 원인이 문화와 철학을 푸대접하는 자세 때문이라고 생각합니다.

찬드라 21세기의 세계는 서로 문화를 존중해야 합니다. 이케다 선생님은 법화경을 전파함으로써 그 역사를 창조하고 있습니다. 그리고 선생님은 생사(生死)를 결정할 미래에 대해 이야기하면서, 인류를 겸허한 삶의 자세로 이끌고 있습니다.

아버지에게 일본은 근대와 전통 양쪽을 대표하는 나라였습니다. 아버지는 전통이 없는 근대화는 의미가 없다고 확신했습니다. 아버지가 돌아가시고 사십 년이 지났지만, 저는 이 확신이 옳다고 생각합니다.

이케다 저도 부친의 확신이 옳다고 생각합니다. 전통에 뿌리를 내리면서 그 전통을 근대화의 흐름 속에서 이어가야 합니다. 그렇게 해야 건전하게 발전할 수 있습니다.

그런데 최근 인도에서는 급속하게 근대화가 진행되고 있지요. IT대국으로서도 전 세계의 주목을 받고 있습니다.

종교성과 세속성의 상극

찬드라 더 높은 생활 수준을 누릴 수 있다는 측면에서 본다면 근대화는 중요한 요소이겠지요. 그렇지만 인간에게는 육체가 전부가 아닌, 육체를 초월한 '무엇'이 인간 활동의 모든 측면에 영향을 미치는 법입니다.

인도에서는 근대화가 진행되면서 이러한 가치관이 무너져, 자기 수입이 얼마나 오르느냐에만 관심을 쏟고 있습니다. 이런 현상은 인도가 처음으로 직면한 문제입니다.

한편 유럽에서는 이미 오래전에 '과학기술의 부정적 측면'이 밝혀졌고, 종교성과 세속성을 융합하는 문제가 크게 대두했습니다. 인도에서도 같은 문제가 시작되었습니다. 이 문제는 모든 나라에 해당한다고 생각합니다.

이케다 저는 정신성이 높은 인도가 세계 각국이 직면한 이러한 근대화 문제를 극복하는 데 커다란 모범이 되리라 기대하고 있습니다.

찬드라 근대화 자체는 결코 정신성과 대립하지 않습니다. 오히려 정신성을 보완한다고 생각합니다. 결론적으로는, 정신성을 소중히 여기는 올바른 가치관의 확립 없이는 진정한 근대화를 이룰 수 없겠지요. 컴퓨터라는 과학기술은 어디까지나 수단입니다. 목적인 '생명'이라는 가치를 소홀히 하면 안 됩니다.

이케다 저도 박사님의 의견에 찬성합니다. 종교와 과학은 상호 보완하는 관계입니다. 깊은 전통문화에서 정신성을 발현시키고, 여기에서 이끌어낸 명쾌한 목적관과 가치관으로 과학기술을 통제할 필요가 있습니다.

박사님의 부친은 일본문화에 깊은 관심을 가지셨습니다. 일본에서 온 유학생을 초대하거나 인도 학생에게 직접 일본어를 가르치기도 하셨지요. 제2차 세계대전 때에는 일본어를 가르쳤다는 이유로 영국 당국으로부터 일본의 스파이라는 의심을 받아 투옥되신 적도 있었습니다. 러시아어를 가르쳤을 때는 공산주의의 스파이라고 의심을 받아 투옥되셨다고도 들었습니다. 제가 예전에 강연에서 박사님 부친의 이러한 생애를 소개한 일이 있습니다.

그런 부친의 슬하에서 찬드라 박사는 영어판《만엽집萬葉集》[10]도 읽으셨습니다. 또 부친 곁에 있던 일본 유학생에게 일본어도 배우셨습니다. 그때의 교과서는 '피었네 피었네 벚꽃이 피었네'로 시작하는《소학국어독본小學國語讀本》이었습니다. 그립군요. 저도 같은 교과서로 배웠습니다.

'인도문화국제아카데미' 창설

이케다 부친은 1935년에 '인도문화국제아카데미'를 창설하고, 불교 연구와 인도문명 연구에서도 큰 공적을 남기셨습니다. 그 뒤 1963년, 염원하던 첫 일본 방문을 앞두고 교통사고로 예순한 살의 존귀한 생애를 마치셨습니다. 그러나 부친의 위대한 업적은 아들인 박사님이 그대로 계승하셨습니다.

부친이 발안하신, 아시아의 불교·예술·문학·역사 문헌을 모은 《샤타피타카》 시리즈는 현재 찬드라 박사에게 계승되어 오백 권에 이르는 대사업이 되었습니다.

인도문화국제아카데미는 인도를 대표하는 불교학·동양학 연구기관으로서 세계 최고 수준을 자랑합니다.

일본 불교학의 최고 권위자였던 고(故) 나카무라 하지메 박사도 아카데미가 정부가 아닌 민간인의 손으로 창립된 점을 찬탄했습니다. 특히 찬드라 박사와 부친의 열의를 높이 평가했습니다(나카무라 하지메, 《지금 왜 동양인가》). 이 위대한 인도문화국제아카데미를 창립한 부친은 어떤 생각이셨을까요?

찬드라 문화는 '생명을 꽃피게' 합니다. 문화는 인간을 최고 수준으로 높입니다. 일본문화에 《만엽집》이 있듯이 또 불전

로케시 찬드라 박사가 이사장을 맡고 있는 인도문화국제아카데미 건물.

에 '천엽(千葉)의 연화(蓮華)'가 있듯이, 사람의 마음에도 '만엽'과 '천엽'이 있습니다. 각양각색입니다.

문화 또한 각 나라와 지역에 따라 각양각색입니다. 아버지는 '문화야말로 인간을 최고 수준으로 높인다'는 신념을 가지셨습니다. 그래서 세계 각국의 문화를 연구하고 이해해야 한다고 생각하셨습니다. 특히 불교문화를 중심으로 연구하기 위해 아카데미를 창립하셨습니다.

이케다 문화가 가장 중요합니다. 부친의 마음을 잘 알겠습니다.

찬드라 새로운 시대, 새로운 세기를 향해 아버지는 큰 뜻을 품으셨습니다. 그 뜻을 실현하려면 단순히 과거의 역사만 연구해서는 안 됩니다. 새로운 것을 '만드는' 창조적인 면이 꼭 필요합니다. 그것이 인도문화국제아카데미였습니다.

이케다 선생님이 '법화경과 실크로드전'을 기획해 제안하고,《법화경》사본을 사람들에게 널리 소개하신 일도 같은 맥락이라고 생각합니다.

문화에는 '생명의 힘을 꽃피게 한다'는 공통의 목적이 있습니다. 이 흐름은 역사상 몇 세기나 걸쳐 이어져왔고, 앞으로도 계속 이어지겠지요.

'생명의 개화'에 법화경의 핵심이

이케다 '생명의 개화', 여기에 '연화(蓮華)의 경(經)'인 법화경의 핵심이 있습니다. 솟아오르는 생명을 표현한 것이 '문화'입니다. 마음속 생각이 표출되어 말이 되고, 노래가 되고, 춤이 되고, 한 폭의 그림이 됩니다.

찬드라 말씀하신 그대로입니다. 솟아오르는 내적 변혁의 힘이 창조의 근원입니다.

제 아버지는 '현대 힌디어"의 아버지'라고 불립니다. '국회', '시의회', '전화' 등 새로운 힌디어를 만드셨습니다. "일본에서는 과학이나 학술 분야에서 새롭고 독자적인 일본어를 만든다"라는 사실을 알게 된 것이 그 계기입니다.

이케다　확실히 메이지 초기에는 새로운 말을 많이 만들었습니다. 철학, 인권, 과학 같은 말이 그렇습니다. 여러 분야에서 새로운 문물과 제도를 나타내는 말이 생겼습니다. 말은 문화의 토대입니다.

찬드라 박사도 어학의 천재이십니다. 무려 약 이십 개 언어를 자유롭게 구사하십니다. 미래의 청년들을 위해서 그 비결을 가르쳐주시지 않겠습니까? (웃음) 노력이 중요하다는 말을 자주 하시는데, 그것을 바탕으로 조언해주셨으면 합니다.

찬드라　글쎄요. 역시 '마음'이 중요하다고 생각합니다. 하나의 '언어'를 배우려면 그 나라와 지역의 '문화'에 매료되어야 합니다.

이케다　과연 그렇군요. 그 세계에 빠져들어야 한다는 말씀이군요.

찬드라　예를 들어, 여기에 근사한 일본 그림이 있습니다. 인도 사람이 똑같이 그리고 싶어도 여간해서는 그릴 수 없습니다. 일본인이 아니면 표현할 수 없는 아름다움이 있습니다. 또 중국의 그림과 일본의 그림을 나란히 놓고 보면 비슷한 듯 보여도 자세히 보면 분명 차이가 있습니다.

그러한 작품에 나타나는 인간의 마음이 얼마나 미묘하고 복잡한지 이해하려면, 그 배경이 되는 문화를 이해해야 합니다. 문화에 매력을 느끼면 언어에도 매료됩니다. 문화를 알고 싶어지면 언어를 이해하고 싶다는 의욕도 샘솟습니다. 그 의욕이 어학을 습득하는 추진력이 된다고 생각합니다.

어학 습득과 문화 이해

이케다 거꾸로 말하면, 다른 나라의 문화에 공감하지 못하면 아무리 그 언어를 배웠다고 해도 얕은 차원의 이해에 그치고 만다는 말씀이군요. 확실히 문화를 이해해야 언어도 더 배우기 쉽다고 할 수 있겠지요.

2000년 2월, 중국 광둥외국어외무대학교의 황젠화(黃建華) 총장과 만난 자리에서 세계 공용어의 가능성을 놓고 이야기했는데, 특히 에스페란토어[12]에 관한 대화를 나누었습니다. 에스페란토어는 쉽게 익혀 사용할 수 있도록 오랜 세월 연구되었지만, 결국 보급되지 못했습니다. 총장은 그 까닭이 문화라는 배경이 없기 때문이라고 말씀하셨습니다. 저도 인간은 문화라는 배경이 없는 '언어'에 좀처럼 매력을 느끼지 못하며, 또 그 언어를 즐겨 쓰는 일도 불가능하다고 생각합니다.

바야흐로 일본은 옛날과 비교해 시설이나 정보 등 여러 면에서 얼마든지 어학을 습득할 수 있는 환경이 되었습니다. 하지만 다양한 문화를 이해할 수 있는 토대가 되는 '우정'이나 '열린 마음'은 충분치 못하다고 생각합니다.

찬드라 장래를 생각하면 '글로벌한 관점'을 갖출 필요가 있습니다. 그러려면 자국어를 포함해 두 개 이상의 언어를 배우는 것이 좋습니다. 왜냐하면 같은 개념이라도 나라와 인종과 언어에 따라 여러 가지 표현방식이 있기 때문입니다.

이케다 일본어에는 얼음, 온수 등 '물'을 나타내는 말이 많은데, 이것은 물이 풍부한 일본의 풍토에서 나온 현상이고, 건조한 중동 지역에서는 '물'을 표현하는 말이 적다고 합니다.

요컨대 "두 개 이상의 언어를 배움으로써 다원적이고 글로벌하게 사물을 보는 방법을 가질 수 있다. 인류와 인간을 깊이 이해할 수 있다"라는 뜻이군요.

찬드라 예, 언어에는 저마다 독특한 표현이 있습니다.

'이로이로(여러 가지)'라는 일본어도 그렇습니다. '이로이로'라고 해도 딱히 '이로[色: 색]'가 있지도 않습니다. (웃음) 다양성을 나타내는 표현입니다.

어머니는 인도 독립운동의 투사

이케다 박사님께서는 시인입니다. 언어감각도 더없이 예리하십니다. 작은 대화의 물결에서, 수면 아래에 있는 대해의 깊이가 엿보입니다. 다재다능하신 부친에게서 여러 방면으로 감화를 받아 지금의 박사가 존재한다는 점을 잘 알았습니다. 그런데 모친에 대해서는 어떤 추억이 있으신지요? 모친이 물려주신 것은 무엇인지 궁금합니다.

찬드라 제 어머니는 아버지와 마찬가지로 인도 독립운동의 투사이셨습니다. 1930년대 식민지 시절에는 정치활동 때문에 투옥되기도 하셨습니다. 자신의 이익을 내던지고, 더 숭고한 목적을 위해 투쟁하셨지요. 바로 간디가 나타낸 '사탸그라

하(진리의 파악)'[13]를 위한 투쟁입니다.

교육자 집안에서 태어난 어머니는 젊은 시절에 산스크리트어 교사였습니다. 저는 어머니께 '인류와 학문에 대한 공헌'을 배웠습니다.

부모님에게서 숭고한 목적을 가진 삶의 방식을 배웠기 때문에, 제 삶의 방식은 잘못되지 않았다고 자부합니다.

이케다 위대한 어머님이십니다. 저는 제 어머니에게서 '평화의 마음'을 배웠습니다. 어머니의 모습은 제 평화운동의 원점이 되었습니다.

저는 다섯째 아들인데, 형들은 제2차 세계대전 당시 모두 전쟁터로 떠났습니다. 결국 큰형은 버마에서 전사했는데, 그 소식을 들은 어머니가 이루 말할 수 없이 슬퍼하시던 모습을 잊을 수 없습니다. 당시 전쟁에 나가는 일은 '명예'이고, 전사(戰死)는 '미담(美談)'이었습니다. 그러나 현실은 달랐습니다. 자식을 잃은 가족의 슬픔, 그것이 평화를 향한 제 행동의 원점입니다.

찬드라 감명 깊은 말씀입니다. 제 가족에게 제2차 세계대전은 먼 이야기였습니다. 인도의 국민회의파(國民會議派)[14]는 추축국(樞軸國)[15]에 반대했지만 영국 쪽에도 붙지 않았습니다.

그런 의미에서 전쟁을 직접 체험하지는 못했지만, 어머니가 학문이나 정치활동 속에서 묵묵히 관철한 공헌은 제게 웅변적으로 와닿았습니다.

이케다 숭고한 사상에는 반드시 행동이 따릅니다.

찬드라 그렇습니다. '숭고'는 대성인의 '대성(大聖)'과 같은 뜻입니다. 숭고한 사상이 있으면 반드시 명확한 행동이 있습니다. 숭고한 마음이 있어도 정작 행동이 따르지 않으면 숭고함은 사라지고 맙니다.

어머니는 그 목적을 위해 투쟁하면서 고뇌했지만, 이 고뇌들도 숭고함의 일부임을 깨달으셨습니다. 어머니는 실제로 정치활동을 하면서 온갖 소동에 휘말려 투옥되기도 하고 폭행도 당하셨습니다. 하지만 언제나 묵묵히 투쟁하셨습니다.

이 숭고한 정신과 행동은 불교와 통하는 면이 있습니다. 진정으로 목적을 달성하려면 괴로움이 뒤따라야 합니다.

순교라는 보살의 행동에 불법의 진수가

이케다 참으로 숭고한 목적을 위해 투쟁한 사람이 아니면 알지 못할 말씀이라고 실감합니다.

박사님이 하신 말씀은 불법의 순교 정신에 해당한다고 생각합니다. 불법의 순교는 다른 사람을 고뇌에서 구제하고자 자신의 생명을 모두 다 쓰는 일입니다. '법을 위해, 타인을 위해, 사회를 위해 목숨을 모두 다 쓴다'는 그 존귀한 생애가 보살의 마음이고, 이 마음이 없으면 불법은 없습니다.

창가학회의 정신도 여기에 있습니다. 특히 이 정신을 체현한 학회 부인(婦人)부원들의 모습은 박사님의 모친이 관철하신 삶의 방식과도 통합니다.

어쨌든 훌륭한 부모님을 두셨습니다. 아무런 대가 없는 자애를 쏟으며 길러주신 부모님의 은혜는 하늘보다도 높고 땅보다도 두텁습니다.

열반경(涅槃經)에 "대지(大地)의 초목(草木)을 전부 네 치의 주(籌)[16]로 하여 그것으로써 부모를 세어도 또한 다 셀 수가 없느니라"《어서》, 471쪽)라고 쓰여 있습니다.

이는 영원한 생명을 말합니다. 과거의 부모는 헤아릴 수 없이 많아서, 대지의 모든 초목을 베어 수없이 산가지를 만들어도 도저히 다 셀 수 없습니다. 단 두 분의 부모님이 주시는 은혜조차 무거운데, 하물며 무수한 부모의 은혜를 받아 태어난

이 생명은 얼마나 무거울까요.

'그 생명의 무게와 존엄을 똑바로 응시하고, 무한한 과거부터 쌓은 무량한 가치를 최대한 이끌어낸다.' 이것이야말로 우리의 사명입니다. 무수한 부모는 지금 어떻게 되었을까요. 그 부모들이 바로 우리와 함께 살고 있는 '일체중생'입니다. 그러므로 같은 시대를 사는 사람들을 위해 끝까지 온 힘을 다해야 합니다. 그리고 인류 미래의 행복과 세계평화를 위해 활기차게 투쟁해야 합니다. 활기차게 일해야 합니다. 바로 거기에 인간으로서 살아가는 길이 있습니다. 거기에 인간의 빛이 있습니다.

1 라구비라(1902~1963년) 펀자브대학교에서 공부한 뒤 유럽에 유학했다. 산
스크리트어의 세계적인 권위자로 유명하다. 아시아 전역에 흩어져 있는 인도
계 고문헌의 수집과 연구, 출판을 목적으로 1935년에 인도문화국제아카데미
를 설립했다.

2 간다라 불교미술 간다라는 파키스탄 북서부 페샤와르 지방의 옛 이름이다.
이 지방에서 그리스 미술의 영향을 받은 독특한 불교미술이 번영했는데, 이
를 간다라 미술이라고 부른다.

3 아네사키 마사하루(1873~1949년) 평론가, 종교학자. 필명은 조풍(嘲風)으로
도쿄대학교 교수를 역임했다. 저서로《부활의 서광》,《근본불교》등이 있다.

4 입정안국론 1260년 니치렌 대성인이 당시 막부의 최고권력자인 호조 도
키요리(北條時賴)에게 제출한 간효(諫曉)의 글이다. "근래 계속되는 재앙은 정
법(正法)을 위배했기 때문이고, 사종사의(邪宗邪義)에 귀의(歸依)하는 일을 멈
추지 않으면 자계반역난(自界版逆難: 국내의 전란)과 타국침입난(他國侵逼難: 외국
의 침략)이 다투어 일어난다"라고 예언했다.

5 다카야마 조규(1871~1902년) 메이지 시대의 작가, 평론가. 니체의 사상에
공명하여 대담한 본능만족주의를 제창했다. 또《니치렌 상인은 어떠한 사람
인가》(1902년) 등을 저술했다.

6 니체주의 독일의 철학자이자 시인인 니체(1844~1900년)는 기독교 윤리사
상을 비판하고 '권력에 대한 의지'를 주장하면서 인간의 가능성을 극한까지
실현한 '초인(超人)'을 이상으로 내걸었다. 니체의 사상은 20세기의 문학과

사상에 큰 영향을 주었다.

7 **오카쿠라 덴신**(1862~1913년) 메이지 시대 사상가이자 미술사가. 일본화(日本畵)의 혁신을 이끌었다. 1901년에 인도를 여행하고, 주요 저서 가운데 하나인 영문 저작《동양의 이상》을 저술했다. 이 저작 등에서 인도의 반영독립운동에 공명(共鳴)을 표명했다.

8 **여연화재수** '연꽃이 물에 있는 것과 같도다'라는 뜻.《법화경》'종지용출품(從地涌出品)' 제15의 문(文)으로 여기에서 연꽃은 지용보살(地涌菩薩)을 가리킨다. 지용보살이 세간의 진흙탕 속에서도 더러움에 물들지 않음을, 연꽃이 흙탕물 속에서 꽃을 피움에 비유하고 있다.

9 《법화현의》천태삼대부(天台三大部) 중 하나. 천태대사가 법화경의 제호(題號)인 '묘법연화경(妙法蓮華經)'의 현의(심원한 뜻)를 설한 책.

10 《만엽집》현존하는 가장 오래된 가집(歌集). 전 20권으로 노래의 대부분은 다이카개신(大化改新)(645년) 전후부터 나라시대(710~784년) 전반의 작품이다. 작자를 확실히 알 수 있는 노래 가운데 마지막에 실린 노래는 759년에 오토모노 야카모치가 부른 노래다.

11 **힌디어** 인도어파(인도아리아어군)의 유력한 언어 가운데 하나. 북인도의 공통어이자 인도의 공용어다.

12 **에스페란토어** 1887년에 러시아령 폴란드의 유대인 의사 L. L.자멘호프가 창안한 인공적인 국제어다. 자멘호프가 에스페란토라는 필명을 사용해 이 언어의 명칭이 되었다.

13 **사탸그라하** '진리의 파악'을 뜻한다. 마하트마 간디는 "사탸그라하는 시민적 불복종을 목적으로 하지 않고, 평정하고도 억누를 수 없는 진리를 추구한다"라고 말했다.

14 **국민회의파** 1885년 12월, 인도 국민회의파가 결성대회를 개최했다. 마하트마 간디가 지도자로 등장해 영국의 인도 지배에 비폭력 저항운동을 전개했다. 1947년 인도가 독립한 뒤 1950년에 제정된 신헌법에 따라 실시된 총선거에서 제1당이 되었다.

15 **추축국** 제2차 세계대전 당시 미국, 영국 등의 연합국과 싸웠던 나라들이 형성한 국제동맹을 가르키는 말로, 독일·이탈리아·일본의 세 나라가 중심이었다.

16 **주** 항아리 안에 화살을 던져 승부를 겨루는 놀이, 투호(投壺)에 쓰는 화살. 나중에 '주'자는 많은 물건의 수를 셀 때 잊어버리지 않도록 표시하는 '수를 세는 도구'의 뜻으로 쓰였다.

제3장

간디와 법화경

태양이 떠오르는 나라

찬드라 이케다 선생님은 '태양이 떠오르는 나라' 일본에서 태어나셨습니다. 일본은 태양의 나라입니다. 인도에서도 태양은 중요한 의의를 포함하고 있습니다. 석존도 '태양의 자손'이라 일컫는 석가 일족에서 태어났습니다.

이케다 석존 스스로가 '태양의 후예'라고 말했다고 전해집니다. 또 경전에는 부처를 '지혜의 태양[혜일慧日]', '자비의 태양[자일慈日]'이라고 칭송하는 구절이 나옵니다.

찬드라 1936년, 아홉 살이던 저는 일본을 생각하면 가슴이 설레곤 했습니다. 일본은 '떠오르는 태양'의 나라였습니다. 1970년, 인생의 전성기인 사십 대에 마침내 일본의 대지를 밟았습니다. 그때 일본은 '떠오르는 엔(円)'의 나라가 되어 있었습니다. (웃음)

이제 황혼기에 이른 저는 일본을 다시 방문했습니다. 이케다 선생님은 일본을 국가 간의 제약을 초월한 생명과 정신의 조류 속에서 '떠오르는 정신'의 나라로 만드셨습니다. '태양이 떠오르는 나라'에서 '정신의 태양이 떠오르는 나라'가 된 것입니다.

이케다 박사님이야말로 정신의 대국 인도에서 세계를 비추는 지혜의 빛을 보내고 계십니다.

찬드라 이전에 세이쿄신문사(聖教新聞社)를 방문했을 때, 선생님이 찍은 연꽃 사진이 벽에 걸려 있었습니다. 저는 그 아름다운 사진을 보면서 '위대한 전통은 동쪽에 이르러서야 비로소 꽃을 피운다'고 확신했습니다.

서양사회의 여러 문화와 전통도 동쪽으로 건너가서 일본에 전해졌습니다. 거기서부터 세계를 향해 널리 꽃을 피웠습니다. 선생님의 사진은 그 상징입니다.

이케다 황송합니다. 저는 여행할 때마다 또 격려할 때마다 틈틈이 카메라를 잡았는데, 그 작은 성과에 '자연과의 대화'라고 제목을 붙였습니다.

다시 표현하자면, 저는 '자연과 우주도 우리와 동떨어진 존재가 아니다. 같은 공간에 공생하는 형제이고 벗이라는 사실을 영상의 시(詩)로 그려내고 싶다'는 생각을 했습니다.

과학이 '분석'이라는 방법으로 만물의 현상을 구명하려고 할 때, 자칫 자연·우주와의 일체성을 잃어버리는 경향이 있습니다. 그에 비해 시는 '직관지(直觀智)'를 통해 종합적으로 자연·우주와 일체를 이루게 한다고 할 수 있습니다.

청아한 향기를 풍기며 꽃이 피는 연꽃(1997년 8월, 이케다 SGI 회장 촬영).

카메라가 서쪽의 과학이 만든 문화라고 한다면, 카메라를 이용해 자연을 묘사하는 일은 '서양의 문화를 동양이 살려 내는 하나의 상징'이라고 할 수 있지 않을까 생각합니다.

찬드라 사진은 서양과 동양의 융합 가능성을 알기 쉽게 보여 주는 문화였군요.

어둠을 부수는 태양의 보살

이케다 석존 멸후의 법화경 홍통(弘通)을 의탁받은 지용보살 (地涌菩薩)[1]에 대해 법화경에는 "태양 빛이 어둠을 부수듯, 그 실천으로 사람들 마음의 어둠을 없애고 행복으로 이끌 것이 다"라고 쓰여 있습니다.

영어로 동방을 '오리엔트(orient)'라고 합니다. '태양이 떠 오르는 곳'이라는 뜻입니다. 예부터 동방의 뛰어난 사상과 철 학이 서양으로 전해졌으므로, 동방은 '정신의 태양이 떠오르 는 곳'이었습니다. 또한 여기에서 유래한 '오리엔테이션(ori-entation)'이라는 말에는 '방향을 바로잡다', '이끌다'라는 의 미가 있습니다.

혼미한 시대의 확실한 지표로서 희망과 용기를 주는 경전 이 동방의 예지(叡智)인 법화경이고, 그것을 실천하는 사람이 지용보살이라고 확신합니다.

찬드라 지용보살이신 이케다 선생님은 내면 깊은 곳으로부 터 빛을 발하면서, 태양처럼 멀고 아득한 여행을 계속하셨습 니다. 선생님은 새로운 여명이십니다. 어둠을 부수고, 우리를 과거의 '무명(無明)'이라는 캄캄한 밤에서 벗어나게 해주십니다. 그 빛은 알려지지 않은 무한한 지평을 비춥니다. 이케다 선생님은 '떠오르는 태양의 나라'에 계신 '떠오르는 정신의 사람'입니다.

라구비라 박사와 간디

이케다 앞에서는 박사님의 가족과 법화경의 관계에 대해 여쭈었는데, 한 가지 더 여쭙겠습니다. 마하트마 간디와 박사님 부친의 교우관계를 말씀해주셨으면 합니다. 간디에게 법화경을 주신 분이 부친이셨지요?

찬드라 그렇습니다.

이케다 간디는 도량(道場)에서 하는 기도에 '남묘호렌게쿄(南無妙法蓮華經)'의 제목을 도입했습니다. 간디에게 제목의 깊은 의의를 설명한 분이 박사님의 부친이셨습니다.

찬드라 간디는 남묘호렌게쿄가 인간에게 내재된 우주대(宇宙大)의 힘을 궁극적으로 표현한 것이고, 우주의 지고(至高)한 음률이 연주하는 생명 그 자체임을 깨달았습니다.

그리고 간디는 중국어와 일본어 법화경 경전, 또 산스크리트어 원본에 대해 아버지에게 물었습니다. 아버지는 제목의 역사적 배경과 칠문자(七文字)의 한자에 담긴 의의를 가르쳐 주셨습니다.

이케다 박사님의 부친은 "남묘호렌게쿄는 삼라만상(森羅萬象)을 형성하고 발전·확대해가는 근원의 실체다"라고 전하셨다고 들었습니다.

찬드라 그렇습니다. 간디는 법화경 원전이 인도의 고대어인 산스크리트어로 되어 있다는 사실을 알고 무척 기뻐했습니다. 아버지는 어떻게든 법화경을 구하고 싶어 하는 간디에게 본인이 가지고 있던 《법화경》을 주셨습니다.

이케다 2000년 7월에 간디의 손자 아룬 간디 씨를 만났습니다. 그분은 "할아버지는 도량에 모인 사람들과 날마다 행하던 기도에 불교의 기도를 넣었다"라고 말씀하셨습니다. 남묘호렌게쿄라는 제목의 음성을 들은 기억이 있는지 다시 여쭙자, 아룬 씨는 "기억하고 있습니다. 그렇게 불렀습니다"라고 명확히 대답하셨습니다. 이것도 라구비라 박사의 영향인 셈이지요. 법화경을 둘러싼 두 분의 깊은 유대가 느껴집니다.

라구비라 박사는 자택에 있는 산스크리트어 《법화경》 중 한 권을 간디에게 증정하셨습니다. 그리고 찬드라 박사는

1994년 수중에 남아 있던 귀중한 한 권을 제게 보내주셨습니다. 그때 동봉하신 편지를 있는 그대로 소개하겠습니다.

"'신세기의 여명을 알리는 간디'라고 해야 할 이케다 선생님에게 (…) 증정합니다", "이 법화경은 마하트마 간디와 이케다 다이사쿠 씨가 체현한 천부적 특성이 연주하는, 영겁(永劫)에 호응하는 음률(音律) 그 자체입니다."

다시 한 번 깊이 감사드립니다.

찬드라 송구스러운 말씀입니다. 이케다 선생님이야말로 지고한 덕이 세계에 넘쳐흐르도록, 인류문명을 광대한 가치관

이케다 SGI 회장의 '1990년 라구비라상' 수상을 기념하여 인도문화국제아카데미(로케시 찬드라 이사장)가 증정한 산스크리트어 법화경 사본(티베트·네팔계의 복각판復刻板).

의 정신적 영역으로 발전시키는 분이시니까요.

이케다 간디가 읽은 법화경은 '난조(南條)·케른본(本)'입니다. '난조·케른본'은 불교학자 난조 후미오(南條文雄)[2]와 핸드릭 케른[3]이 대영박물관과 케임브리지대학교 도서관, 러시아 상트페테르부르크 과학아카데미에 소장된 사본을 비교한 뒤, 파손된 부분을 보완하여 1908년에 출판했습니다. 세계 최초의 완전판으로서 러시아에서 출판되었으며, 산스크리트어 원문으로 된 《법화경》입니다. 그 책을 손에 넣었을 때 간디는 이렇게 감탄했다고 합니다. "일본인과 유럽인의 손으로 편찬해 러시아에서 출판했다는 말인가!"

찬드라 간디는 제삼자가 만든 경전 속에서 '인류 보편의 고향'을 발견했습니다.

인류 공통의 '생명의 빛'

이케다 종교를 부정하던 소련이 왜 법화경을 연구했는지 의문을 품는 사람이 있을지도 모르겠습니다. 저도 예전에 소련에 갔을 때 "왜 종교인이 종교를 부정하는 나라에 가는가?"라고 비난받았습니다. 하지만 저는 당당히 이렇게 답했습니다. "그곳에 인간이 있기 때문입니다." 아무리 이데올로기나 체제가 다르더라도, 문화를 만들어온 인류의 창조성 속에 잠재된 '인간생명의 빛'은 인류 공통의 소유물입니다.

찬드라 그렇습니다.

이케다 러시아과학아카데미 동양학연구소의 보로뵤바 박사와 이야기를 나눌 때에도, 구백 일에 달하는 나치스의 포위 속에서 법화경 원전을 비롯한 인류의 지적 재산을 끝까지 지켜낸 상트페테르부르크 사람들이 화제였습니다.

불교와 인연이 깊지 않은 러시아에서, 많은 사람이 목숨을 걸고 고투한 끝에 불교의 귀중한 재산이 지켜졌다는 사실을 우리는 잊지 말아야 합니다.

간디와 니치렌 대성인

찬드라 사실 아버지는 이렇게 생각하셨습니다. '간디의 구루(스승)는 니치렌 대성인'이라고 말입니다.

이케다 참으로 중대한 말씀입니다.

찬드라 니치렌 대성인은 인류의 장래에 중요한 사상을 남기셨습니다. 간디와 니치렌 대성인은 직접적인 관계는 없지만, 사상과 행동에서 공통되는 부분이 많습니다.

마하트마 간디는 '정치는 가치관에 바탕을 두어야 한다'는 점을 사람들에게 처음으로 가르쳤습니다.

이케다 그렇습니다. 그렇지 않으면 정치는 힘의 논리뿐인 야수의 법칙에 지배당하고 맙니다.

찬드라 요컨대 '모두 인간의 마음 깊은 곳에서 나와야 한다'는 것입니다. 저는 이케다 선생님이 역시 이처럼 행동하신다고 생각합니다. 니치렌 대성인 또한 인생의 최고 가치와 정치의 상관관계에 대해 설하셨습니다. 저는 니치렌 대성인이 '정치는 가치체계의 일부를 이루지 않으면 안 된다'고 가르치셨다고 생각합니다.

이케다 니치렌 대성인은 《입정안국론》에서 그 점을 밝히고 있습니다. 대성인은 이 책에서 "어떠한 정책을 세워도 결국 정치를 하는 사람의 근본사상과 철학이 빈약하면, 민중을 구제할 수 없을 뿐 아니라 오히려 사람들을 불행하게 만든다"라고 하셨습니다. 그러므로 "인간생명의 법을 밝힌 뛰어난 사상과 이념[正]을 근본으로 삼아야[立], 이상적인 사회를 구축[安

國]할 수 있다"라고 말씀하셨습니다.

이처럼 용기 있는 주장으로 인해 당시 기성 종교와 유착관계에 있던 국가권력으로부터 혹독한 탄압을 받으셨습니다.

찬드라 그 사상은 인도의 자유를 쟁취하려는 투쟁에 영향을 끼쳤고, 그 의의는 깊습니다.

이케다 간디는 정치와 종교의 관계에 대해 이렇게 말했습니다. "나는 진리에 헌신한 나머지 정치세계에 끌려 들어갔다. 나는 아주 겸허하지만, 조금의 망설임도 없이 이렇게 말할 수 있다. 종교는 정치와 전혀 관계가 없다고 말하는 사람은 종교가 무엇인지 모르는 사람이라고."《저항하지 마라 굴복하지 마라》, 고가 가쓰로 역)

정치와 종교에 관한 간디의 사고방식과 행동은 '정치의 근저에는 깊은 종교성, 윤리성이 있어야 한다'는 점에서 '입정안국'의 사상과 일맥상통하는 부분이 있습니다.

찬드라 저는 석존과 니치렌 대성인뿐 아니라 이케다 선생님도 간디와 공통점이 있다고 생각합니다. 이케다 선생님 또한 현대세계에서 인간의 생활과 가치관을 서로 연결하고자 하십니다. 이윤을 추구하는 '상업주의 중심의 사회'에서 '높은 가치관 중심의 사회'로 변혁을 추진하고 있다고 생각합니다.

'스스로 소금을 만들 권리를 가난한 사람들에게서 빼앗았다.' 영국의 압제에 저항하여 염세법을 반대하기 위해 1930년 마하트마 간디가 일으킨 '소금행진'.

이케다 이해해주셔서 감사합니다. 그것이 '창가(創價)' 다시 말해 '가치창조'의 운동입니다. 가치관 없는 '배금주의'는 세계를 황폐하게 만듭니다. 지금이야말로 생명근본의 가치관을 확립해 혼미한 세계를 변혁해야 합니다.

'지구시민'을 넘어선 '우주적 사상가'

찬드라 이케다 선생님은 '불법'과 '시(詩)'와 '미래'와 '세계관'을 하나의 사상으로 융합해, 그를 바탕으로 행동하십니다. 선생님은 '지구시민'을 넘어선 '우주적인 사상가'이십니다.

이케다 황송합니다. 저는 차치하더라도 니치렌 대성인의 사상은 그야말로 '우주적'입니다. 불법의 깊은 깨달음을 기반으로 전개되는 우주관(cosmology)이야말로 제3의 천년에 대망(待望)되는 사상입니다.

찬드라 세계를 조화롭게 만드는 사람, 모든 나라가 실제로는 서로 이어져 있다고 사람들을 이해시키려고 노력하는 사람, 그런 사람은 자주 오해를 받고 박해를 당하는 법입니다.

특히 국가주의 시대, 제국주의 시대가 그러했습니다. 국가 권력이 너무나 강력했으며, 사람들의 자유를 제약하는 긴장감이 가득했습니다. 하지만 '국가란 민중을 위해 존재한다'는 사실을 잊으면 안 됩니다. 인류는 국가주의를 이겨내고 자유를 쟁취했습니다. 지금이야말로 인류의 힘의 원천은 가치관에 있다는 사실을 깨달아야 합니다.

이케다 그렇습니다. '소프트파워'입니다.

찬드라 가치관이야말로 모든 것의 근본입니다. 그리고 일본에는 '가치와 문화의 지속성'이 있습니다. 오카쿠라 덴신이나 《만엽집》은 저에게 그러한 일본의 정신을 가르쳐주었습니다. '가치의 지속성'이 있기 때문에 '국가의 지속성'이 있습니다. 그러나 사람들은 그 사실을 쉽게 잊고 맙니다.

지금이야말로 일본의 가치관을 인류의 문화에 통합했으면 합니다. 그중에서도 이케다 선생님의 '소프트파워' 철학을 인류의 사상에 편입하기를 바랍니다. 이 일은 일본만이 할 수 있습니다. 일본은 아시아 유일의 G7[4] 국가이기 때문입니다.

이케다 선생님이 선두에 서서 숭고한 인간생명의 존엄을 세계에 널리 외쳐주시기를 염원합니다.

이케다 "일본만이 할 수 있다"라는 말은 박사님의 다정한 격려가 아닐는지요. (웃음) 지금 일본은 정치·경제·사회 등 모든 국면에서 정체 상태에 빠졌습니다. 그리고 그 문제점이 한꺼번에 분출되고 있습니다. '가치관'이라는 근본을 소홀히 여긴 데 대한 청구서이겠지요. 그러므로 우리는 소리 높여 '가치창조'를 외치고 있습니다. 박사님이 우리에게 거는 기대를 커다란 격려로 삼아 인간주의의 21세기를 향해, 생명의 세기를 향해 더욱더 행동하겠습니다.

'감로의 비'로 세계를 윤택하게 하다

찬드라 선생님은 문화운동이라는 소프트파워로 세계를 연결하고 우호의 유대를 만들고 계십니다. 소프트파워라는 '감로(甘露)'[5]로써 사람들을 윤택하게 만들고 있습니다.

선생님의 행동에 깊은 경의를 표하고자, 저희 아카데미 최초로 '최고명예회원' 칭호를 수여해드렸습니다. 그리고 회원증에는 한자로 '감로'라고 크게 썼습니다.

이케다 감사합니다. 법화경으로 이어지는 '정신의 훈장'으로, 제게는 최고의 영예입니다.

찬드라 이케다 선생님은 법화경에 내재된 무한한 가능성을 꽃피우고, 지구상의 걸출한 지성들과의 대화를 통해 '감로의 비'가 내리게 하십니다. 인간의 '마음의 힘'을 대표하고 계십니다. 그와 동시에 연꽃이 진흙탕 속에서 아름다운 꽃을 피우듯, 이 세속사회를 한 몸에 짊어지고 계십니다.

방금 '감로의 비'라고 말씀드린 것은 '나라가 완전히 평화로울 때 아침 이슬은 꿀벌의 꿀과 같은 맛이 난다'는 중국의 오랜 전설에서 인용한 말입니다. 참으로 선생님은 언제나 그 길을 추구하면서 미래를 비추어오셨습니다.

이케다 그렇게 칭찬해주시니 그저 황송할 따름입니다. (웃음) 어쨌든 박사의 한마디 한마디에는 깊은 뜻이 함축되어 있습니다. 지금 말씀하신 '감로'라는 말에도 심원한 의미가 담겨 있습니다. 석존은 '감로'라는 말을 최고의 가르침이라는 뜻으로 비유하여 인용했는데, 구마라습은 그것을 해석하여 '불사(不死)'와 같은 의미로 썼습니다.

"제천(諸天)은 감로의 맛을 만들고, 이를 먹으면 장수(長壽)하게 되고 마침내는 불사가 된다"(《주유마힐경注維摩詰經》, 취의)라고 쓰여 있는데, 이것이 불사의 법이라고 했습니다.

법화경에도 "세존(世尊)이여. 법륜(法輪)을 설하시어 감로의 법고(法鼓)를 쳐서, 고뇌하는 중생을 제도하시고 열반의 도(道)를 열어 보이소서"(《법화경》 '화성유품化城喩品', 298쪽)라고 나옵니다.

니치렌 대성인도 "감로는 불사의 약(藥)이라고 했느니라"

《어서》, 831쪽)라고 말씀하셨습니다. 불로불사(不老不死)의 '대생명력'입니다. 모든 고뇌를 치유하는 묘약(妙藥)입니다.

그리고 대성인은 "말법(末法)에 들어와서 감로란 남묘호렌게쿄이니라"《어서》, 832쪽)라고 결론을 내리셨습니다.

우리 창가학회는 이러한 '감로의 위대한 생명력'으로 21세기의 지구를 윤택하게 만들어가려고 합니다.

어쨌든 감로의 원천은 '정신의 대국'인 인도입니다. 이 대담을 통해 귀국을 대표하는 석학이신 박사님께 여러 가지를 배우고 싶습니다.

찬드라 저는 선생님의 철학인 소프트파워와 통하는 한자어가 있는지 여러모로 생각해보았습니다. 그 결과, '감로(甘露)'라는 단어에 이르렀습니다. 요컨대 '감로'라는 말은 제가 생각해낸 것이 아니라 선생님의 사상에서 시작되었습니다.

이케다 관대한 말씀에 감사합니다. 저희는 인류의 미래, 세계의 미래를 위해 어떠한 장애가 앞을 가로막아도 '감로의 법', '감로의 힘'을 계속 넓혀가겠노라고 결의하고 있습니다.

1 **지용보살** 《법화경》 '종지용출품(從地涌出品)' 제15에 등장하는 무수한 보살. '자신의 멸후에 법화경을 홍통하라'는 석존의 호소에 부응해 대지 밑에서 솟아나왔기 때문에 지용보살이라고 부른다. 상행(上行)·무변행(無邊行)·정행(淨行)·안립행(安立行)의 사보살(四菩薩)을 상수(上首:중심자)로 한다.

2 **난조 후미오(1849~1927년)** 메이지·다이쇼 시대의 산스크리트어 학자. 영국 옥스퍼드대학교에서 유학하며 불전을 주로 연구했다. 귀국한 뒤에는 도쿄제국대학에서 범어학 강사 등을 하면서 다수의 불교서적을 저술했다.

3 **핸드릭 케른(1833~1917년)** 네덜란드의 인도학자, 불교학자. 레이던대학교에서 교수를 역임하며 산스크리트어를 가르쳤다. 《인도불교사》(전 2권)를 저술하고, 《범문법화경》을 영어로 번역하는 등 많은 업적을 남겼다.

4 **G7** 미국, 영국, 프랑스, 독일, 이탈리아, 캐나다, 일본 등 선진 7개국의 약칭. 좁게는 1986년에 설립된 '선진 7개국 재무장관·중앙은행 총재회의'를 뜻한다.

5 **감로** ①산스크리트어 '암리타(amrita)'의 한역. '제천(신들)의 음료'라는 뜻으로, 천주(天酒)라고도 번역한다. 감미로운 영액(靈液)으로, 이를 마시면 고뇌가 해결되고, 불로불사한다고 한다. ②다른 한편으로 법화경과 열반경에서는 부처의 교법(敎法)을 귀중한 감로의 비에 비유한다.

제 4 장

미래에 정신의 대하(大河)를

일본 제국주의에 대해

이케다 앞에서 간디가 법화경을 만난 일화를 소개해주셨는데, 간디가 불교에서 어떤 영향을 받았다고 생각하십니까?

찬드라 간디는 여러 차원에서 불교의 영향을 받았으며, 대단히 높은 가치를 찾아냈습니다. 특히 간디는 불교의 근본사상인 '비폭력'을 중시했습니다. 이는 불교에서 말하는 단순한 오계(五戒)나 십계(十戒)¹ 가운데 하나라는 의미가 아닙니다.

이케다 간디는 전쟁이나 압제와 같은 직접적 폭력을 부정하는 데 그치지 않고, 폭력의 온상이 되는 인간의 차별, 빈곤, 문화의 파괴 등 이른바 '구조적 폭력'을 해결하는 길을 불교에서 찾아냈습니다.

인간을 차별하지 않는 평등주의, 인간과 자연의 일체관, 다양성, 공생 등을 예로 들 수 있는데, 불교에서 '세계평화의 이념'이라는 이미지를 떠올리지 않았을까 생각합니다. 간디는 일본의 불교를 어떻게 보고 있었습니까?

찬드라 간디는 '일본문화에는 불교가 상당히 깊이 스며들어 있다'고 생각했습니다. 간디는 전쟁이 일어나기 전, 일본의 불교 관계자가 인도의 사찰에 종을 기증하거나 인도의 백팔

곳에 평화를 위한 불탑을 세우려는 계획 등을 직접 지켜보았기 때문입니다.

또 간디는 그의 아버지에게서 일본인이 어려서부터 경전에 의거한 '이로하 노래'를 배우고, 죽으면 불교식으로 장례를 치른다는 이야기를 들었으므로, 그러한 정보를 통해 불교가 일본에 얼마나 스며들어 있는지를 알게 되었으리라 생각합니다.

이케다 확실히 일본의 가나(假名)를 외우기 위한 '이로하 노래'는 그 출전(出典)이 열반경입니다.

'제행무상(諸行無常) 시생멸법(是生滅法) 생멸멸이(生滅滅已) 적멸위락(寂滅爲樂)'[2]의 의미를 알기 쉽게 해석해 "아름다운 꽃도 언젠가는 져버리거늘, 우리가 사는 이 세상 누군들 영원하리. 덧없는 인생의 깊은 산을 오늘도 넘어가노니, 헛된 꿈 꾸지 않으리. 취하지도 않을 테요"라고 일본어로 번역한 노래이지요. 불교가 일본어의 기초에 깊은 영향을 주었다는 사실을 잘 알 수 있습니다.

간디와 박사님의 부친 사이에 또 어떤 이야기가 오갔나요?

찬드라 간디와 아버지는 일본에 대해 이렇게 논의했습니다. 간디는 처음에 일본 전체가 제국주의(帝國主義)[3]에 물들었다고 생각했습니다.

이케다 그렇게 여겨도 당연합니다.

찬드라 하지만 아버지는 간디에게 이렇게 반론을 제기하셨습니다. "일본은 정치적으로는 제국주의이지만, 국민의 뿌리는 침략 체질이 아닙니다. 매우 깊은 정신성과 비폭력의 마음을 갖고 있습니다."

이케다 부친께서는 참으로 따뜻한 눈을 가지셨군요.

당시 일본에서는 남성만 참여하는 보통선거가 실시되었습니다. 그러므로 선거를 통해 군사독재를 물리치고 전쟁을 멈추게 할 가능성도 전혀 없지는 않았습니다. 하지만 평화를 외치는 민중의 세력은 아직 미약했고, 지도자에게도 국가권력과 맞서 싸울 용기가 없었습니다. 정신을 차렸을 때는 이미 손을 쓸 수 없는 상황에 빠져버리고 말았습니다.

그리고 일본의 군국주의는 최종적으로는 군사독재가 되어 일본 민중을 억압했을 뿐 아니라, 아시아의 많은 나라를 침략하고 민중을 괴롭혔습니다. 박사님의 부친이 걸었던 기대를 짓밟고 말았습니다.

찬드라 유감스러운 역사입니다.

구조적 폭력과 맞서 싸운 니치렌 대성인

이케다 저와 대담을 나눈 갈퉁 박사[4]는 평화학의 권위자이자 처음으로 구조적 폭력의 철폐를 제창한 학자입니다. 갈퉁 박사는 일본인의 정신적 토양을 형성한 불교의 특색으로 '공생'이나 '다양성' 같은 비폭력의 가르침을 예로 드셨습니다. 하지만 다른 한편으로 구조적 폭력을 자행하는 것에까지 관용을 베푸는 불교의 관용성은 약점이 될 수 있다고 지적하셨습니다.

니치렌 대성인은 불교의 그러한 약점을 극복하기 위해 구조적 폭력에 맞서 투쟁해야 하며, 나아가 구조적 폭력의 저류(底流)에 흐르는 법의 정사(正邪)를 엄격히 구별해야 한다고 주장하셨습니다.

찬드라 간디는 아버지의 반론을 듣고, "당시의 일본 정부는 제국주의, 군국주의이지만 불교문화라는 높은 가치를 내포한 일본 민중 사이에 흐르는 사상의 저류는 이와 다르다"라고, 일본을 바라보는 견해를 바꾼 모양입니다.

이케다 시사하는 바가 큰 증언입니다. 국제평화를 생각할 때는 한 나라의 국가권력이 저지른 행위에 대한 국제적인 책임을 그 나라의 국민에게만 떠맡기는 것은 안이한 처사가 아닌지 생각해봐야 합니다. 설령 침략 등으로 국제적 비난을 거세게 받는 국가라 해도 그곳에 사는 민중은 권력이 조작한 정보에 속는 경우가 많고, 민중 자신도 국가권력에 괴롭힘을 당하기 때문입니다.

찬드라 간디도 자주 이렇게 말했습니다.

"우리는 영국의 제국주의에 저항할 뿐, 영국의 민중을 증오하지는 않는다."

그렇다면 일본에 대해서도 똑같이 말할 수 있지 않겠느냐고, 아버지는 간디를 설득하셨습니다.

"제국주의나 식민지주의(植民地主義)[5] 등 국가의 체제에 저항하는 것이므로, 우리는 언제나 민중의 편에 서야 한다."

어떤 나라든 민중에게는 저마다 훌륭함이 있습니다. 간디의 새로운 사고방식은 아버지와 대화하면서 발전한 것입니다.

이케다 특필해야 할 역사입니다. 지금 하신 말씀을 듣고 부친이 진실하고 위대한 지도자이셨음을 알았습니다.

중국의 저우언라이(周恩來) 총리도 전적으로 같은 견해를 가지고 있었습니다.

"잘못된 것은 일본의 군국주의다. 일본의 민중도 중국의 민중과 마찬가지로 일본 군국주의의 희생자이다.”

저우언라이 총리는 전쟁 후 배상청구권(賠償請求權)⁶을 포
기하면서 이렇게 말했습니다.

“배상을 청구하면 똑같은 피해자인 일본 인민에게 배상금
을 내라고 하는 셈이 아닌가.”

이러한 대은(大恩)을 결코 잊으면 안 됩니다.

'정신의 대국'을 목표로

찬드라　왜 간디는 처음에 일본을 '폭력적'이라고 느꼈을까
요? 그 까닭은 폭력적인 수단으로 인도의 독립을 쟁취하려는
사람 대부분이 일본과 어떤 형태로든 관계가 있었기 때문입
니다.

하지만 설령 국가의 체제가 폭력적이더라도 민중의 마음
까지 그렇다고는 결코 말할 수 없습니다.

인도가 '정신의 대국'이듯이, 일본도 '정신의 대국'입니다.
아니, 우리 인도보다 더 숭고한 인생관과 생명관이 있을지도
모릅니다.

이케다 박사님의 광대한 마음에 감사합니다. 다만, 마지막 말씀만큼은 찬성할 수 없습니다. (웃음) '정신성'에서는 틀림없이 인도가 일본의 스승입니다. 그 점에서는 간디의 직감이 맞았다고 생각합니다. (웃음)

찬드라 이케다 선생님의 공헌으로 법화경은 일본에서 전 세계로 널리 퍼졌습니다. 그런 의미에서 저는 일본이 한층 더 빛나는 '정신의 대국'이 되었다고 말씀드리고 싶습니다.

이케다 감사합니다. 언제나 저는 일본이 '정신의 대국'을 목표로 삼아야 한다고 주장했습니다. "민중에게 성불(成佛)의 길, 행복의 길, 강한 인격의 길을 씩씩하게 나아가며 살아가는 '마음'을 분기시킨다." 이것이 법화경의 정신입니다. 그러므로 법화경에는 "현실의 생활, 사회 속에서 삼장사마(三障四魔)[7]와 과감하고 용감하게 맞서 싸워 삼세(三世)의 성불을 쟁취하라"라고 쓰여 있습니다.

간디는 "종교는 다른 모든 활동에 도의적(道義的)인 기초를 제공한다"라고 말했습니다. 간디에게 인생과 사회는 종교, 다시 말해 '진리'에 따르고, 그것을 증명하는 장(場)이었습니다. 다시 말해 '종교즉인생'이고 '종교즉사회'입니다. 이것은 법화경의 정신 그 자체입니다.

법화경에는 "속세간(俗世間)의 경서(經書), 세상을 다스리는 언어, 자생(資生)의 업(業)을 설하더라도, 모두 정법(正法)에 따르리라"[8]《법화경》, 549쪽)라고 쓰여 있습니다. '정법(正法)을 근본으로 할 때 사회와 인생의 모든 것이 가치가 있게 된다'는 뜻입니다.

여기에서 저는 종교를 모든 활동의 도의적인 기반으로 삼은 간디와 법화경이 설하는 '신수(信受)'라는 정신의 공통성을 보는 느낌입니다.

네루 총리와 나눈 교류

이케다 간디의 뒤를 이어 네루 총리가 인도의 정치를 계승하셨습니다.

일찍이 박사님의 부친께서는 네루 총리에게서 법화경의 산스크리트어 사본인 '페트롭스키본(本)'[9]을 마이크로필름으로 받으셨습니다.

페트롭스키본의 유래에 대해서는 이전에도 이야기를 나누었는데, 러시아 동양학연구소가 호의를 베풀어 이번 '법화경

간디와 담소를 나누는 후계자 네루 총리.

전'에서 세계 최초로 공개하는 형식으로 전시했습니다. 박사님께도 보여드렸지요.

본래 소련의 흐루쇼프[10] 총리가 네루 총리에게 그 사본의 마이크로필름을 증정했는데, 네루 총리가 나중에 그것을 라구비라 박사에게 주셨습니다.

찬드라 그렇습니다. 마이크로필름은 분명히 흐루쇼프 총리와 불가닌[11] 전 총리 이렇게 두 분이 주셨습니다.

이전부터 아버지는 네루 총리에게 "간디는 기원할 때 '남묘호렌게쿄'라고 불렀습니다. 하지만 우리 인도에는 법화경 경전이나 사본이 없습니다. 소련에서 꼭 입수하고 싶습니다"

라고 요청하셨습니다.

이케다 동양학연구소가 소장한 페트롭스키본은 연구소에 가도 보기 어려운 물건입니다. 사본을 뜨는 것이 불가능할 정도로 귀중한 '비보(秘寶)'이지요. 하지만 소련의 지도자들은 네루 총리의 요청을 받아들였습니다.

그 후 네루 총리는 "당신(라구비라 박사)이 갖고 있어야만 가치가 있다"라면서 증정하셨다고 들었습니다. 박사님의 부친을 대단히 신뢰했기 때문이라고 생각합니다. 네루 집안과는 어떤 교류를 하셨습니까?

'아시아는 하나'라는 이상(理想)

찬드라 네루 총리는 국제적 감각을 가진 사람이었습니다. 아버지 또한 '인도는 광대한 인류가족의 일원이 되지 않으면 존속할 수 없다'고 생각하셨습니다. 이에 총리가 이렇게 말씀하셨습니다.

"참된 '눈'과 '귀'를 가진 사람을 주위에 두고 싶다."

이케다 그 점은 저도 전적으로 통감합니다.

찬드라 네루 총리는 국제적인 안목이 있었지만, 정확히는 '서양 쪽'이었습니다. 아시아보다 미국, 유럽, 소련을 중요시했다고 생각합니다. 아버지는 그런 네루 총리를 설득하려고 평소에 이렇게 말씀하셨습니다.

"서양과 사이좋게 지내는 일도 중요하지만, 그것만으로는 안 된다. 인도는 아시아대륙의 일부다. 그러므로 아시아의 일원으로서, 이웃 나라를 소중히 해야 한다. 인도는 중국을 비롯하여 아시아 여러 나라들과 더욱더 우호관계를 맺어야 한다."

이케다 정시안적(正視眼的)인 말씀입니다.

찬드라 감사합니다. 아버지는 몽골의 유엔 가입[12]을 제창하셨습니다.

이케다 일본에는 많이 알려지지 않았지만 중대한 일입니다.

찬드라 아시아의 나라들을 매우 좋아하셨던 아버지는 이렇게 염원하셨습니다. "제국주의 같은 저급한 차원에 좌우되면 안 된다. 아시아는 하나로 단결해서 세계 속에서 커다란 역할을 담당해야 한다. 하나하나의 나라가 세계의 일원으로서 자립해야 한다."

이케다 아버님은 참으로 투철한 눈을 가지셨습니다. 마음의 눈이 크게 열리는 말씀입니다.

찬드라 인류의 조화야말로 21세기에 가장 중요합니다. 이케다 선생님은 인류의 조화를 위해 실천하고 계십니다. 세계 여러 나라와 우호를 맺고 우정을 쌓고 계시지요.

이케다 황송한 말씀입니다. 아시아의 문화라고 하면, 박사님의 부친은 둔황(敦煌)[13]의 불교문화도 연구하셨습니다. 그 연구 등을 통해 저우언라이 총리와도 우정을 맺으셨지요.

저우언라이 총리와 우정을 맺다

찬드라 예. 아버지는 인도와 아시아 각국 사이에 문화적 네트워크를 구축하고 싶다고 생각하셨는데, 네루 총리도 이 생각에 깊은 관심을 보이셨습니다.

그리고 인도네시아에서 개최된 반둥회의[14] 때, 네루 총리는 저우언라이 총리에게 아버지의 중국 방문을 제안하셨습니다. 그것이 저우언라이 총리와 교우관계를 맺는 계기가 되었습니다.

중국을 방문한 목적 가운데 하나는 인도에서는 소실되었지만 중국에 남아 있는 불전(佛典)의 자료를 수집하는 것이었습니다. 그리고 다른 하나는 인도에서는 쉽게 볼 수 없는 불교미술이 중국에서 어떻게 꽃피웠는지를 연구하는 것이었습니다.

이케다 반둥회의는 제2차 세계대전이 끝나고 아시아와 아프리카 각국의 국제무대 대두를 알린, 역사에 한 획을 긋는 회의였습니다.

찬드라 아버지는 쿠샨 왕조 시대에 아시아 각국을 연결한 불교의 역할 등에 대해서 네루 총리와 대화하셨다고 합니다.

이케다 불교를 통한 아시아의 문화적 네트워크 구축을 염두에 두셨군요.

찬드라 그렇습니다. 인도와 아시아 불교국가를 정치적인 연방으로 결합하는 것이 아닌, 문화적으로 공통점이 있는 나라들과 문화적인 연합을 구축하겠다는 데 의의를 두셨습니다.

아버지는 버마의 우누 총리[15], 인도네시아의 수카르노 대통령[16], 캄보디아의 시아누크 국왕[17]도 만나서 문화를 통한 결합을 제안하셨습니다. 그때 "힘을 앞세운 정치는 안 된다. 정치에는 가치가 따라야 한다"라고 거듭 강조하셨습니다.

네루 총리도 아버지의 그런 점에 공감하여 적극적으로 협력하셨습니다. 그리고 인도가 문화적 측면에서 아시아 각국과 안정된 관계를 구축하는 일이 중요하며, 그것이 정치적, 경제적 혜택으로도 이어진다고 생각하셨습니다.

이케다　네루 총리와 저우언라이 총리는 '용기 있게 행동하는 사람'이었습니다.

국경문제로 중국과 인도의 '평화 5원칙'[18]이 무너지려고 할 때, 저우언라이 총리가 대화로 해결하려고 인도를 방문하셨습니다. 그때는 공항에서 회견장까지 몇 미터 간격으로 경찰을 세워야 할 만큼 인도는 반중 감정이 심했습니다.

하지만 두 사람은 서로 존경하는 마음을 가지고 평화를 위해 양국을 움직였습니다. 대중을 위해 목숨을 걸고 행동하는 두 사람의 근저에는 깊은 신뢰가 있었다고 생각합니다.

찬드라　네루 총리와 저우언라이 총리는 '문화교류'에 깊은 관심을 가졌다는 점에서도 공통점이 있었습니다.

이케다　박사님의 부친께서는 중국의 문화를 지키기 위해서도 투쟁하셨습니다.

찬드라　예, 중국은 한자를 폐지하고 로마자를 사용하려고 했습니다. 그러자 아버지가 "자국의 소중한 문화를 버리면 안 된다"라며 강하게 반대하셨습니다. 중국의 수뇌부에도 직접 손을 쓰셨습니다.

인도는 영국의 지배하에서 오랫동안 문화적 압박을 받았

는데, 아버지는 그 일에 대해 깊이 반성하셨습니다. 다행히 중국 사회과학원 분들의 응원도 있었기에, 결과적으로 한자는 로마자화되지 않고 간소화되는 데 그쳤습니다.

이케다 문화에 대한 큰 정열이 느껴지는 이야기입니다.

불전(佛典)을 찾아 인도에서 중국으로

찬드라 네루 총리가 아버지를 저우언라이 총리에게 소개한 덕분에, 아버지는 저우언라이 총리의 초대를 받아 석 달 동안 중국에 머무셨습니다. 그때 저우언라이 총리가 아버지에게 이렇게 말씀하셨다고 합니다.

"당신은 네루 총리의 '교수'라고 들었습니다."

또 이렇게도 말씀하셨다고 합니다.

"고대에는 중국인이 경전을 찾아 인도를 방문했지만, 인도인이 이렇게 불교문헌을 찾아 중국을 방문한 일은 처음입니다. 당신은 현대에 나타난 '인도의 현장(玄奘)'[19]입니다."

이케다 부친이 네루 총리를 통해 소련에서 법화경을 건네받으신 일도 그런 문화적 네트워크 덕분이라고 생각합니다.

물건이나 정보의 교환만으로는 참된 문화교류를 할 수 없습니다. 신명(身命)을 걸고, 체제와 국가라는 테두리를 뛰어넘어 문화교류를 추진하는 한 사람이 없으면 불가능한 일입니다. 부친이 네루 총리, 저우언라이 총리와 교류하신 이야기를 들으니, '일류는 일류와 이어진다'는 사실을 통감하게 됩니다.

찬드라　이케다 선생님의 우인들을 보면 한층 더 그 사실이 명확해집니다.

이케다　황송합니다. 세계와 나눈 우정은 제 보물입니다. 현대는 지구 전체가 하나가 된 글로벌한 사회입니다. 그 속에서 대화를 거듭해, 서로 문제의식을 가지고 지혜를 짜내는 일이 무엇보다도 중요하다는 것이 제 신념입니다.

찬드라　현대는 열린 세계입니다. 교통이나 의사소통 수단의 발달로 거리가 단축되고, 의식이 확장되었습니다. 오랜 전통과 새로운 미래가 섞여 있습니다. 그래서 무엇보다 이들의 조화를 도모하고 이끌 뛰어난 지혜를 지닌 사람이 필요합니다.

저는 이케다 선생님이야말로 여기에 가장 적합한 분이라고 단언할 수 있습니다. 사람의 생명은 강의 흐름과 같습니다. 만약 물이 두 개의 제방 사이를 흐르지 않고 넘쳐버리면 흐름을 이루지 못합니다. 또 제방이 있어도 물 자체가 흐르지 않으면 물은 썩고 맙니다.

이케다 선생님의 메시지에는 '흐름'과 '제방'이 모두 있습니다. 끝없는 향상심과 인간이 살아가야 할 길이 있습니다.

이케다 거듭 황송한 말씀입니다. 저야말로 위대한 인도의 영지(英智)이신 박사님과 함께 더욱 향상의 길로 나아가고 싶습니다. '인류의 미래'라는 기름진 들판을 촉촉히 적시기 위해, 영원한 정신의 대하를 도도히 흐르게 하면서 넓혀갑시다!

1 오계나 십계 소승교가 설하는 '오계'는 재가남녀가 지켜야 할 계율로 ① 불살생계(不殺生戒), ② 불투도계(不偸盜戒), ③ 불사음계(不邪婬戒), ④ 불망어계(不妄語戒), ⑤ 불음주계(不飮酒戒)를 말한다.

'십계'는 출가자 중 20세 미만의 남녀가 수지해야 할 계율로 ① 불살생계(不殺生戒), ② 불투도계(不偸盜戒), ③ 불사음계(不邪婬戒), ④ 불망어계(不妄語戒), ⑤ 불음주계(不飮酒戒), ⑥ 부도식향만계(不塗飾香鬘戒), ⑦ 불가무관청계(不歌舞觀聽戒), ⑧ 부좌고광대상계(不坐高廣大床戒), ⑨ 불비시식계(不非時食戒), ⑩ 불축금은보계(不蓄金銀寶戒)를 말한다.

2 제행무상 (…) 적멸위락 열반경에 "제행(諸行)은 무상(無常)하여 생멸(生滅)하는 법(法)이니라. 생멸이 멸해 끝나고 적멸(寂滅)을 낙(樂)으로 하느니라"라고 나오는데, '이 세상의 모든 존재는 늘 변화하고, 생과 사를 되풀이한다. 이 생멸의 현상에 대한 집착을 멸(滅)하면 무상(無上)의 안락(安樂)이 있다'는 뜻이다.

3 제국주의 여러 가지 의미로 쓰이는데, 일반적으로는 군사적, 경제적으로 다른 국가와 민족을 지배하여 거대 국가를 형성하려는 경향을 말한다. 레닌은 자본주의의 최고 단계(독점자본주의 상태)를 제국주의라고 규정했다.

4 갈퉁(1930~) 노르웨이 오슬로 태생. 오슬로대학교에서 수학 박사학위와 사회학 박사학위를 받았다. '평화학'이라는 학문분야를 개척했으며, 이 분야의 세계적인 권위자로 유명하다. 이케다 SGI 회장과의 대담집《평화를 위한 선택》을 비롯하여《평화연구논집》,《평화를 위한 새로운 생각》등 많은 저작

이 있다.

5 **식민지주의** 한 국가가 자국의 군사력과 정치력 등을 이용하여 타국의 독립을 짓밟고, 식민지로 지배하는 주의나 정책을 말한다.

6 **배상청구권** 주권국가 간의 전쟁이 종결된 경우, 전승국은 패전국에 전쟁으로 발생한 손해에 대해 금전, 물품 등으로 배상을 청구하는 관행이 있다. 일본의 침략을 받은 중국의 경우, 항일전쟁에서 승리해서 배상을 청구할 권리가 있었다.

7 **삼장사마** 불도 수행을 방해하는 세 가지 장애(번뇌장煩惱障, 업장業障, 보장報障)와 네 가지 마(음마陰魔, 번뇌마煩惱魔, 사마死魔, 천자마天子魔)를 말한다.

8 **"속세간(俗世間)의 경서(經書) … 따르리라"** 《법화경》'법사공덕품(法師功德品)' 제19에 나오는 문(文).《법화경》을 수지한 자는 '일반세간에 해당하는 책, 사회를 다스리는 사상, 생활을 위한 일' 등을 설해도 모두 정법(正法)에 들어맞게 된다는 뜻이다.

9 **페트롭스키본** 페트롭스키(1837~1908년)는 카슈가르 주재 러시아 총영사를 지내는 동안 귀중한 불교문헌을 모았다. 그 산스크리트어(범어) 법화경 사본은 중요한 문헌으로 알려져 있다.

10 **흐루쇼프**(1894~1971년) 구소련의 정치가. 스탈린이 사망한 뒤 소련 최고지도자가 되었다. 1956년 2월, 제20차 당대회 비밀보고에서 '스탈린 비판'을 제기하여 세계에 충격을 주었다. 당 제1서기와 총리로 활약했다.

11 **불가닌**(1895~1975년) 구소련의 정치가. 흐루쇼프가 제1서기로서 국정을 지도한 시기에 각료회의 의장(총리) 직위에 취임했다. 유고슬라비아와 인도를 방문하여 평화공존의 길을 열었다.

12 **몽골의 유엔 가입** 유엔은 1945년 10월에 발효한 유엔헌장에 의거하여,

51개의 가맹국으로 활동을 시작했다. 몽골은 1961년 10월에 가입했다.

13 **둔황(敦煌)** 중국 간쑤성(甘肅省) 서쪽 끝, 기련산맥(祁連山脈) 북쪽 기슭에 있는 오아시스 도시.

14 **반둥회의** 반둥은 인도네시아의 도시로 자바섬 내륙의 고원에 있다. 1955년 4월, 이곳에서 아시아와 아프리카의 29개국 대표가 모여 '아시아·아프리카 회의'를 개최했다. 이 회의를 '반둥회의'라고 한다.

15 **우누 총리(1907~1995년)** 버마(현재 미얀마)의 정치가. 1948년 1월, 독립 버마의 초대 총리에 취임했다. 1962년에 군부 쿠데타로 총리에서 물러났다. 소설가, 희곡 작가로도 알려져 있다.

16 **수카르노 대통령(1901~1970년)** 인도네시아의 정치가. 네덜란드에 맞서 반식민투쟁에 앞장섰으며, 독립한 뒤에는 초대 대통령으로 취임했다. 이후 21년 동안 그 자리를 지키며 인도네시아를 지도했다.

17 **시아누크 국왕(1922~2012년)** 왕국시대 캄보디아의 국왕. 제2차 세계대전이 끝난 뒤, 프랑스에서 독립한 캄보디아의 건설을 위해 진력하고, 국가원수로서 활약했다.

18 **평화 5원칙** 중국 저우언라이 총리와 인도 네루 총리 사이에서 확인된 국제관계 규제의 원칙. ① 영토·주권의 존중, ② 대외불침략, ③ 내정불간섭, ④ 평등호혜, ⑤ 평화적 공존이라는 5원칙을 내세웠다.

19 **현장(602~664년)** 중국 당나라 초기의 승려. 서역을 거쳐 인도를 오간 위대한 여행가이다. 견문록《대당서역기大唐西域記》로 유명하다. 또 많은 경전을 가지고 돌아와서 번역했다.

제5장

세계시민의 철학

'법'에 의한 아소카왕의 정치

이케다 고대부터 이어진 역사를 되돌아보면, 현대인의 상상 이상으로 동양과 서양이 일체였다는 사실을 깨닫게 됩니다.

찬드라 그렇습니다. 오히려 현대에 대립과 분단이 많아지고 있습니다.

이케다 세계사 최초로, 불교의 평화정신과 '법(다르마)'에 따라 여러 문명과 대화를 실현한 사람이 있었습니다. 박사님의 나라, 인도 마우리아 왕조[1]의 아소카왕입니다.

찬드라 아소카왕은 아들(혹은 남동생)을 스리랑카에 파견하고, 서쪽에 있는 시리아의 셀레우코스 왕조[2]를 비롯하여 그리스인이 많이 사는 헬레니즘 문화권, 나아가 스리랑카와 네팔 등에도 사절을 파견해서 '법(다르마)'의 메시지를 널리 알렸습니다. 베이징에서 장자커우로 통하는 길목의 쥐융관(居庸關)에는 여섯 개의 언어로 새긴 비문이 있습니다.

이케다 몽골어와 한어, 위구르어 등으로 새긴 각문(刻文)입니다. 그 비문은 아소카왕의 존재 자체가 그야말로 다문화가 공존한 증거임을 보여줍니다.

찬드라 확실히 그렇습니다. 그 비문에 이렇게 쓰여 있습니다.

"위대하고 빛나는 대제(大帝) 전륜성왕(轉輪聖王)과 아육왕(阿育王)³은 위대한 공덕을 가진 부처님의 사리(舍利: 유골)를 모아, 위대한 토지를 수많은 탑으로 아름답게 장식하고 위대한 가르침을 세계에 널리 빛냈다."

이케다　아소카왕은 역사적으로 보기 드문 존재입니다. 그는 세계를 불교로 빛냈습니다. '정신의 대국' 인도이기에 가능한 '정신의 왕자(王者)'입니다. 아소카왕은 많은 영토에 불탑 외에도 이 법의 정신을 선언하는 법칙(法勅)⁴을 세웠습니다. 또한 영토의 경계를 뛰어넘어, 그 정신을 넓히고자 했습니다.

　법칙 중에는 아람어⁵나 코이네⁶로 적힌 것들도 있습니다. 기독교의 시조 예수도 사용했다는 아람어는, 당시 지중해 동부지역이나 실크로드에서 링구아 프랑카(통상·교역을 위한 공용어)로 쓰였습니다. 이란 지역에서는 전통적으로 관청의 공용어로 사용했습니다. 그 문자는 중앙아시아와 인도에서 사용된 여러 문자들의 기원이 되었고, 오늘날 서구 알파벳의 뿌리가 되었습니다. 또 코이네는 칠십인역(七十人譯: 셉투아진타)⁷의 《구약성서》와 훗날 《신약성서》에 쓰인 언어이기도 합니다.

　여기에서도 불교를 축으로 동서의 여러 문명이 해후한 하나의 예를 볼 수 있지 않을까 합니다. 아소카왕의 사상과 철학

고대 인도 카로슈티 문자	고대 이란 팔라비 문자	아람 문자	페니키아 문자	그리스 문자		로마자
				고대	현대	
				A	A	A
				Ρ	B	B
				Γ	Γ	C G
				Δ	Δ	D
				E	E	E

※ 참고문헌《세계문자도전世界文字圖典》

의 근본에는 이런 '열린 마음'이 있다고 생각합니다.

찬드라 동감입니다. 아소카왕은 인도의 종교 가운데 하나인 불교를 세계종교로 높이는 데 공헌한 위대한 옹호자였습니다. 지금 말씀하신 '법'에 대해서 제 오랜 벗이자 위대한 인도학자인 고(故) 나카무라 하지메 박사가 이렇게 말했습니다.

"아소카왕이 말하는 법은 '인간의 이법(理法)'이고, 왕은 불교가 그 법을 바르게 설한다고 믿었다."

아소카왕은 일반적인 불교를 말했다기보다 오히려 법 그 자체를 말했다고 생각합니다. 그의 사상은 불교에서 유래하지만, 그것을 일반적인 말을 통해 보편적인 가치로서 사람들에게 전했습니다. 그야말로 이케다 선생님이 현대에 하고 계시는 행동과 같습니다.

이케다 황송한 말씀입니다. 불교는 인류 모두의 공유재산이고, 법은 만인을 위한 영지(英智)의 자산입니다. 종파라는 좁은 틀에 갇힌 것이 아닙니다.

찬드라 그 신념을 바탕으로 선생님은 이데올로기와 종교의 틀을 뛰어넘은 대화를 계속하고 계십니다.

민중의 이익과 안락을 위해

이케다 제가 대담한 토인비 박사, 칼레르기 백작, 키신저 박사, 요한 갈퉁 박사를 비롯하여 많은 식자가 아소카왕을 세계 제일의 왕으로 꼽았습니다.

찬드라 올바른 평가라고 생각합니다. 아소카왕은 기원전 3세기에 이미 국가라는 틀을 뛰어넘어, '민중의 정신과 생활의 향상'을 최고의 정치이념으로 삼았습니다.

그 사실은, 법칙에 '바후자나 히타야(많은 사람의 이익을 위해)', '바후자나 수카야(많은 사람의 안락을 위해)'라고 쓰여 있는 점을 보면 명백합니다.

이케다 말씀하신 두 구절은 '석존(釋尊)의 전도선언(傳道宣言)'이라는 유명한 말에 포함되어 있습니다. 석존은 첫 제자들에게 이렇게 말했습니다. "사람들의 행복과 이익과 안락을 위해 널리 여러 나라를 다녀라!"

석존은 기존의 종교적·사상적 권위자들과 달리, 스스로 득한 깨달음을 자신만의 것으로 하지 않고 많은 사람에게 교시했습니다. 그리고 '승리의 인생'을 함께 걷게 하자고 결의하고, 그 깨달음을 선언했습니다.

이 말은 산스크리트어 법화경에도 자주 등장합니다. 구마라습은 묘법연화경(妙法蓮華經)에서 "중생(衆生)을 요익(饒益)하게 하는 바 많아서, 안락(安樂)하게 하시느니라"《법화경》, 123쪽)라고 번역했습니다.

지금 소개한 부분은 방편품(方便品)의 한 구절입니다. 시방(十方)의 제불(諸佛)의 목적은 '모든 사람을 성불이라는 절대적 행복경애로 인도하는 것'임을 나타내는 말입니다.

석존을 비롯한 제불의 마음은 '모든 사람을 행복하게'라는 일대사(一大事)에 있습니다. 아소카왕의 법칙은 그 마음에 직결합니다.

찬드라 이케다 선생님은 거의 반세기에 걸쳐 아소카왕과 마찬가지로, 또 법화경에 나타난 마음 그대로, 인류의 행복과 세계평화의 추진을 자신의 일처럼 여기며 열심히 투쟁해오셨습니다. 세계평화를 실현하고자 각계 지도자들과 광범위한 교류를 거듭하고, 평화야말로 인류의 미래에 불가결하다고 주장하셨습니다. 참으로 감동했습니다. 용기가 생깁니다. 새로운 세기의 핵심은 선생님이 널리 알리시는 '평화'와 '새로운 가치관'이라고 생각합니다.

이케다　거듭 대단히 황송합니다. 저는 그저 은사의 마음을 이어받아 오로지 앞을 향해 똑바로 나아갔을 따름입니다. 대성인의, 또 석존의, 그리고 대승불교의 정신을 따라 행동하려고 힘썼습니다. 평화야말로 인류 번영의 기반이고 행복의 주춧돌입니다.

아소카왕은 인도 동남쪽의 옛 칼링가[8]에 현존하는 법칙(法勅)의 제1장에서 이렇게 선언했습니다.

"모든 사람은 내 자식이다. 나는 자식을 위하는 것과 같이, (그들이) 현세와 내세의 모든 이익과 안락을 얻기 바란다. 또 나는 모든 사람이 그렇게 되기를 바란다."(쓰카모토 게이쇼,《아소카왕비문》)

'민족과 문화의 차이를 뛰어넘어, 같은 인간으로서 하나의 세계에 살면서 함께 행복해지기를 바란다.' 이것이 바로 아소카왕의 행동을 지탱한 인간관이고, 세계관입니다. 세계시민

( )는 옛지명

사르나트

우타르프라데시주

산치　(바이샬리)

(카우샴비)

인도

오리사주
(칼링가)

카르나타카주　　벵골만

스리랑카

의 철학이라고 할 수 있겠지요.

찬드라　전적으로 동감합니다. 벵골만을 따라 뻗은 칼링가 지방은 아소카왕이 마지막으로 정복한 나라입니다. 그럼으로써 인도 전체를 통일했습니다. 그 정복전쟁은 더할 나위 없이 치열했는데, 법칙에는 "십만 명이 포로로 이송되고, 십만 명이 그곳에서 살해되었다. 또 그 몇 배나 되는 사람이 죽었다"라고 적혀 있습니다.

　아소카왕은 이 사실을 크게 한탄하면서 깊이 반성하고 참회했습니다. 그리고 "열심히 법을 따르고 지키겠노라. 법을 사랑하고, 그리워하겠노라. 법을 가르치고 훈계하겠노라"라고 선언했습니다.

이케다 '포학한 아소카'에서 '너그럽고 어진 아소카'로, '악왕'에서 '대왕'으로 바뀌었습니다.

찬드라 그리고 사회도 '전쟁에서 평화로' 커다란 전환을 향해 발을 내디뎠습니다. 법칙에는 "전쟁에 쓰던 북은 법을 알리는 북으로 바뀌었다"라고 나옵니다. 또 '법칙'이라는 이름 자체도 '법의 실현을 희구하기 때문에' 나온 말입니다.

'법에 의한 승리'야말로 최상의 승리

이케다 아소카왕은 무력에 의한 정복으로는 얻을 수 없는 진정한 통일을 법을 준수해서 쟁취하고자 했군요.

수많은 사람의 목숨을 빼앗은 '칼링가의 땅'에 세워진 법칙은 모든 인간을 향한 자애심을 노래하고 있습니다. 또한 현세와 내세의 모든 이익과 안락을 얻기를 바란다고 하면서, 현실적 행복과 함께 종교적 행복을 목표로 삼는다고 선언했습니다.

"모든 사람을 평등하게, 현실적으로도 또 종교적·정신적으로도 구제하고자 한다." 이것이야말로 유명한 '법(다르마)에 의한 승리(위자야)'입니다.

찬드라 그렇습니다. 무력에 의한 정복에서 법에 의한 승리가 되었습니다. 정복은 외부로부터의 강제(强制)이고, 승리는 인간 자신의 내면적인 승리입니다.

1999년 8월, 남인도의 카르나타카주 사나티에서 불탑(佛塔)이 발견되었습니다. 심하게 파손되었지만, 일찍이 그 불탑을 장엄하게 장식했다고 추측되는 조각도 발견되었습니다. 그 조각에는 왕의 초상을 새긴 부조와 '아소카왕(라자 아소카)'이라는 뜻의 문자가 새겨져 있었습니다.

또 최근에는 오리사주에서 아소카왕의 이름을 각인한 비문이 발견되었다는 보도가 있었습니다.

이케다 아소카왕에 대해서는 최근에도 이처럼 많이 발견되고 있습니다. 앞으로도 그렇겠지요. 그만큼 그가 위대한 업적을 남겼다는 뜻입니다. 그의 위대한 사적(事跡)을 과거에 묻혀 두면 안 된다고 생각합니다.

불전에는 "전쟁터에서 백만의 적을 이기는 자보다 오직 하나인 자기를 이기는 자야말로 불패의 승리자이다"《붓다의 진리의 말 감흥의 말》, 나카무라 하지메 역)라는 말이 있습니다.

포학한 아소카는 '전쟁의 승리자'였지만 너그럽고 어진 아소카는 '자기를 이긴 자'입니다. 그는 인류의 역사에 찬연히 빛나는 불패의 승리자가 되었습니다.

찬드라 동감합니다. 니치렌 대성인은 난조 도키미쓰(南條時光)라는 지두(地頭)에게 보낸 한 통의 서간[9]에서 아소카에 대해 이렇게 말씀하셨지요.

"인도에 아소카라는 왕이 있었다. 일염부제(一閻浮提)의 사분의 일을 다스렸다."

또 이어서 니치렌 대성인은 아소카왕이 이처럼 위대한 왕이 된 이유를 말씀하셨습니다.

"과거에 덕승(德勝)이라는 이름의 아이였을 때, 깊은 신앙심에서 흙떡을 부처에게 공양한 공덕으로 대왕으로 태어났다."

니치렌 대성인이 예시한 아소카왕의 깊은 신앙은, 당시 일본을 덮친 심한 기근과 막부의 박해로 인해 의식(衣食)이 부족한 상황에서 대성인에게 여러 먹을거리를 공양한 난조 도키미쓰에게 얼마나 큰 격려가 되었을까요.

이케다 말씀하신 대로입니다. 니치렌불법에 대한 박사님의 깊은 조예에 감명했습니다.

'파화합승의 성직자를 추방하라!'

이케다 산치와 사르나트에 아소카왕이 건립한 석주(石柱)가 남아 있습니다. 석주에는 '소석주법칙(小石柱法勅)'[10]이 새겨져 있습니다. 파손 정도에 따라 판독되는 문장이 조금 다르지만, 대체로 같은 취지입니다. 산치의 석주에 이렇게 새겨져 있습니다.

"왕자와 증손(曾孫)이 (다스리는 한), 해와 달이 (빛나는 한), 비구(比丘) 혹은 비구니(比丘尼)의 화합을 명했다. 비구 혹은 비구니임에도 승가(僧伽)[11]를 분열시키는 사람은 백의(白衣)를 입혀서 거처(정사精舍)가 아닌 곳에 살게 해야 한다. 내가 염원하는 바는 화합한 승가를 영속시키는 것이기 때문이다."《아소카왕 비문》)

또 사르나트에 있는 비문에는 이어서 이렇게 새겨져 있습니다.

"이것과 같은 법칙의 사본 한 통을 관청에 맡기고, 그대가 보관해야 한다. 또 이것과 같은 법칙의 사본 한 통을 우바새(優婆塞)[12]가 보관해야 한다. 그래서 이들 우바새는 포살일(布薩日)[13]마다 규칙적으로, 이 교칙(이 실행되는지)을 확인하기 위해

(포살에) 가야 한다."(《아소카왕 비문》)

찬드라 백의를 입힌다는 것은 재가(在家)로 돌려보낸다는 것을 의미합니다.

이케다 그렇습니다. 아소카왕은 "파화합승(破和合僧)[14]을 행동하는 성직자를 환속(還俗)시키고 추방하라. 그러려면 재가자(在家者)가 성직자를 엄하게 감시해야 한다"라고 명했습니다. 왕이 이처럼 엄하게 파화합승을 경계한 까닭은 무엇입니까? 특히 성직자를 엄하게 훈계한 까닭은 무엇입니까?

찬드라 아소카왕의 정신과 관련된 문제입니다. 법칙에서도 알 수 있듯이, 왕의 통치이념은 역동적인 유덕(有德) 행위를 강조했습니다. 복잡하고 어려운 형이상학적 문제가 아니었습니다. 왕은 사람들에게 '지혜와 자비'라는 성스러운 덕을 부여하려고 힘썼습니다. 그런 까닭에 정신적으로든 세속적으로든 진보를 방해하는 분열과 분파의 움직임을 결코 내버려둘 수가 없었습니다.

불법자(佛法者)로서 존경해야 할 삼보(三寶)[15] 중 하나인 화합승단을 파괴하면, 사람들에게 성스러운 덕을 베푸는 발전의 길을 끊고 쇠퇴의 길을 걷게 됩니다. 그렇기 때문에 왕은 파화합승을 엄하게 경계하고, 재가자에게 교단이 분열하지 않는지 감시하는 권한을 주었습니다.

재가자는 승려계급에 식량을 공양하기 때문에 그만큼 발언권이 있었고, 파화합승을 막을 수 있었습니다.

'선(善)의 세력'으로서 재가에 기대

이케다 아소카왕은 재가(在家)에게 '분열을 막고 쇠퇴를 저지하는 선(善)의 세력'으로서의 역할을 기대했군요. 잘 알았습니다.

그런데 잘 알려진 바와 같이, 불교교단은 '근본분열(根本分裂)'[16]이 일어나서 개혁적인 대중부(大衆部)와 보수적인 상좌부(上座部)로 갈라지게 되었습니다. 또 '지말분열(枝末分裂)'[17]이 거듭되어 많은 부파(部派)로 갈라졌습니다.

스리랑카에 전해지는《디파밤사(도사島史)》에는 부파로 갈라지기 시작한 때가 아소카왕 시대 이전이라고 나옵니다.

부파의 분열에 관해서는 여러 의견이 있지만, 아직 결론이 나지 않았습니다.

찬드라 그렇습니다. 팔리어《율장律藏》[18]이나 스리랑카의 문헌, 한역 문헌 등 여러 자료에서 나오는 기록이 다릅니다.

이케다　역사는 그리 단순하지 않습니다. 하나의 사건이나 사고로 갑자기 교단이 분열되는 일은 없습니다. 여러 사건과 견해차가 쌓이고 쌓여 대립과 분열이 일어납니다. 그런 의미에서 아소카왕은 재가에게 교단을 단단히 감시하라고 말한 것입니다.

조금 전에 박사님께서 말씀하셨듯이 화합승은 삼보 중 하나이고, 화합승이 있어야 가르침이 사회에 유통될 수 있기 때문에 분열이나 항쟁은 반드시 피해야 합니다.

찬드라　그렇습니다. 교단이 분열될 위기는 늘 있었습니다. '율장대품(律藏大品)' 제10장에 따르면, 석존 재세에도 카우샴비라는 지역의 출가자들이 교단의 화합을 위협했습니다. 그 파화합승의 움직임은 결국 무너졌습니다만.

이케다　카우샴비에도 "파화합승을 꾀하는 출가(出家)를 재가가 감시하라"라는 아소카왕의 비문이 있지요.

찬드라　그렇습니다. 하지만 석존 멸후에 바이샬리에서 열린 제2회 회의[19]에서는 밧지[20]족의 비구들이 행한 십사(十事)[21]가 계율위반이라고 결정됨으로써 밧지족의 비구들이 교단과 결별했습니다.

이케다 '근본분열'에 이르는 이 사건의 주요 내용은 《율장》에 나옵니다. '십사'는 엄격하고 보수적인 사람들의 관점에서 일탈(逸脫)이라고 판단한 십종(十種)의 생각입니다.

어쨌든 여러 견해가 대립하면서 석존 멸후 백 년이 지날 무렵부터 불교교단은 분열하기 시작했습니다.

찬드라 그렇습니다. 그리고 또다시 다음 1세기에 분열을 거듭하다가 이윽고 대중부에는 다섯 개의 부파, 상좌부 계통에는 열한 개의 부파가 생겼습니다.

이케다 '남전(南傳)'의 설(說)이군요. '북전(北傳)'에서는 대중부 계통에 아홉 개, 상좌부 계통에 열한 개의 부파가 생겼다고 전합니다.[22]

찬드라 어쨌든 아소카왕은 교단을 파괴하려는 계획을 막겠노라고 굳게 결의했습니다.

조금 전에 이케다 선생님이 말씀하셨듯이, 불교교단이 발전하면서 다양한 경향의 사람들이 출가하게 되고, 그에 따라 다양한 사고방식의 차이가 표면에 드러나게 되었습니다. 그리고 율(律)의 조문에 규정된 만큼 계율을 엄밀하게 존수(尊守)할 수도 없게 되었습니다.

이케다 그것은 어떤 의미에서는 당연한 일이고, 교단의 확대라는 측면에서는 인정할 수 있는 부분입니다.

불살생계(不殺生戒) 등은 아무리 시대가 바뀌어도, 어떤 지역이라고 해도 반드시 끝까지 지켜야 하는 계율입니다. 그런데 인도의 더운 지역에서 규정한 의복에 관한 계율은 추운 히말라야 지방에서는 비인간적인 계율이 되겠지요. 종교의 교의나 계율도 인간을 행복하게 하기 위해 존재하는 것입니다. 인간의 행복을 위한 가르침이고 계율입니다. 그런데 계율의 문장 그대로를 융통성 없이 획일적으로 고집하면 그 문장에 담긴 마음을 잃어버리게 됩니다.

찬드라 말씀하신 대로입니다. 그렇기 때문에 화합승, 다시 말해 교단의 단결이 중요합니다. 화합승 안에서 법(다르마)의 존엄을 유지해야 합니다. 그래서 아소카왕은 재가자에게 교단의 화합이 지켜지고 있는지를 감시하게 했습니다.

각지에 불법(佛法)의 전도사를 파견

이케다 아소카왕의 비문에 새겨져 있듯이, 아소카왕은 폭력에 의한 지배를 버리고 법(다르마)을 선포했습니다. 남방과 북방의 전승(傳承)에는 조금 차이가 있지만 아소카왕 시대에 간다라, 요나로카(그리스인이 살던 곳), 히말라야 지방, 스리랑카 등 각지에 불법의 전도사를 파견했습니다. 이때 불교가 크게 확대되었습니다.

이 '법의 선포'는 왕권(王權)이라는 세속적인 권력으로 종교를 강제한 것은 결코 아니었습니다. 붓다도 제자들에게 "사람들의 행복을 위해 전도하라!"라고 강력히 권유했습니다.

전도와 포교는 살아 있는 종교의 생명선입니다. 이는 세력 확대가 아닌, 하나라도 더 많은 사람이 가치 있는 인생을 살게 하고 싶다는 비원(悲願)에서 나오는 행동입니다. 아소카왕이 행한 법의 선포도 마찬가지라고 생각합니다.

찬드라 우타르프라데시주 칼시에 있는 법칙의 제13장에는 아소카왕이 시리아의 안티오코스 2세, 이집트의 프톨레마이오스 2세 필라델포스, 마케도니아의 안티고노스 2세 고나타스, 키레네의 왕 마가스, 코린토스의 왕 또는 에페이로스의 왕 등 여러 왕의 영토에 법(다르마)을 유포한 사실이 기록되어 있습니다. 아소카왕은 남방의 스리랑카까지 법을 넓혔습니다.

방금 이케다 선생님이 말씀하셨듯이, 그 법이 널리 퍼진 까닭은 무력 등을 썼기 때문이 아닙니다. 그 법이 인류의 보편적 가치를 내포해서 누구나 공감할 수 있었기 때문입니다.

이케다 전적으로 동감합니다. 인간의 이상적인 삶의 자세와 정치 본연의 모습을 전 세계를 향해 선언하고, 그 생각을 널리 알리고자 '법의 선포'를 했다고 생각합니다. 그래서 박사님의 말씀처럼 보편성을 가질 수 있었습니다.

아소카왕이 각지에 파견한 사람들은 재가의 사람들과 왕의 관리(官吏)들이었습니다. 물론 그 기반에는 왕 자신이 신앙하는 불교가 존재했습니다.

찬드라 말씀하신 대로입니다. 아소카왕에게 법(다르마)은 '손윗사람에 대한 공경, 벗과 친척에게 갖춰야 할 예의, 흔들림 없는 신앙, 모든 종교에 대한 존중, 자제, 공정과 친절'이었습니다. 이것들은 인간관계 속에서 인간이 해야 할 의무입니다.

이케다 '칠장석주법칙(七章石柱法勅)'²³ 제2장에는 "법은 선(善)이고, 번뇌가 적으며, 선한 행위가 많고, 애정이고, 은혜를 베풀고, 진실하며, 청정하다"라고 나옵니다.

물론 이 문구는 불교에 대한 깊은 신앙에 바탕을 둔 내용이지만, 넓은 의미에서 보면 인간으로서 올바른 행동을 해야 한다는 뜻이겠지요.

찬드라 아소카왕이 죽은 뒤 불교는 이윽고 중국, 한국, 일본에 전파되었습니다. 중국은 새롭게 유입된 정신문화를 바탕으로 더욱 풍요로워졌습니다. '이적(夷狄)'과 '중화(中華)'라는 사상도 변화했습니다.

불교가 설하는 다양한 이상세계, 불교철학의 정밀함과 굉장히 추상화된 철학개념 그리고 사회의 모든 부분을 조화롭게 하는 사회적 가치관 등 사상적 측면과 생활적 측면에서 새롭게 나타난 많은 양식은 동아시아 사람들의 정신에 하나의 새로운 세계관을 가져다주었습니다.

문화창조의 원천으로서 각지에 전파

이케다 불교는 아시아 각 지역에 정신문화의 커다란 꽃을 피웠습니다. 즉, 불교는 문화의 창조를 전파했습니다.

찬드라 조금 전에도 언급했지만, 아소카왕은 스리랑카에도 전도 사절을 파견했습니다. 또 각지의 전승(傳承)에 따르면, 수완나품(황금의 땅)으로 알려진 동남아시아 곳곳에도 전도 사절을 파견했습니다.

그리고 이들 지역의 부족적 습속(習俗)은 불교의 영향을 받아, 더욱 발달하고 변화했습니다. 그리고 종교, 문화, 문명이 풍요롭게 발달했습니다.

불교는 철학사상의 모체가 되고, 예술과 시가(詩歌)에 온갖 영향을 끼쳤습니다. 이러한 영향은 이후 이천 년에 걸쳐 수많은 사람의 지적·정신적 생활을 결정지었습니다.

이케다 말씀하신 대로입니다. '남전'이든 '북전'이든 많은 사람을 통해 전해진 불교는 민족과 문화의 차이를 뛰어넘어 사람들의 정신 심층부까지 스며들었고, 그 지역의 문화적 창조력을 꽃피웠습니다.

저도 태국 등 이 지역 국가들을 여러 차례 방문했는데, 예절을 존중하는 모습이나 검소한 생활태도 등 불교의 정신이 사람들의 생활 근본에까지 영향을 끼친 모습에 감명했습니다.

찬드라 불교는 어마어마하게 거대한 문화의 원천이 되었습니다. 아소카왕은 그 위대한 운동의 선구자였습니다. 그 운동은 이케다 선생님의 생명 속에서 미래의 새로운 이미지로 다시 되살아났습니다. 아소카왕은 불교에 휴머니즘을 가져왔고, 불교는 종교의 틀마저 뛰어넘었습니다. 왕의 메시지는 인류애가 되었습니다.

이케다 저에 대한 부분은 차치하더라도, 어쨌든 참으로 날카

로운 통찰입니다. 편협한 종교적 가치는 대립의 원인이 되기
도 합니다.

진정한 종교적 가치는 문화나 교육 등 다원적인 정신의 영
역을 윤택하게 합니다. 아소카왕은 '위대한 정신의 행위로서
의 불교'라는 관점을 우리에게 가르쳐주었습니다.

찬드라 실로 니치렌 대성인의 전통을 참되게 계승하시는 이
케다 선생님의 '창가(創價)'는 혁신을 통한 정신적 향상을 뜻
한다고 생각합니다.

이케다 깊이 이해해주셔서 감사합니다.

찬드라 수천 년에 걸쳐 복류수(伏流水)[24]로 흘러온 보이지 않
는 아소카왕의 지하수맥(地下水脈), 그 수맥에서 희망의 샘물
이 솟아나 이케다 선생님의 사상을 통해 인류를 윤택하게 하
고 있습니다. 그리고 이케다 선생님의 지혜의 샘에서 흘러나
온 '정신의 내적인 빛'은 틀림없이 미래에 인류의 마음을 장
엄하게 비추리라고 생각합니다.

이케다 참으로 과분한 말씀입니다. 앞으로도 그러한 신념으
로 평화를 위해, 문화를 위해, 인류를 위해 끝까지 투쟁할 것
을 맹세합니다.

1 **마우리아 왕조** 고대 인도의 마가다국을 지배한 왕조(기원전 317~기원전 180년경). 찬드라굽타가 건국했으며 수도는 파탈리푸트라이다. 제3대 아소카왕(생몰년 불명. 재위는 기원전 268~기원전 232년 추정) 시대에 최전성기를 맞이하면서 인도 역사상 최초로 통일국가를 완성했다.

2 **셀레우코스 왕조** 알렉산드로스 대왕의 무장(武將)이던 셀레우코스가 건국한 왕조(기원전 312~기원전 64년경). 인더스강에서 지중해까지의 광활한 지역을 지배한 셀레우코스 왕조는 헬레니즘 국가 중에서 가장 광대한 영토를 자랑했다. 수도는 안티오키아(터키 남부의 도시)이다.

3 **전륜성왕과 아육왕** 전륜성왕은 전 세계를 다스린다고 하는 이상적인 왕, 아육왕은 고대 인도의 현왕(賢王) 아소카왕을 말한다.

4 **법칙** 아소카왕의 신조나 업적을 새긴 비문으로, 그 형태와 내용에 따라 ① 십사장마애법칙(十四章摩崖法勅), ② 소마애법칙(小摩崖法勅), ③ 칠장석주법칙(七章石柱法勅), ④ 소석주법칙(小石柱法勅) 등으로 구분된다.

5 **아람어** 서남아시아의 셈어계에 속하는 언어. 아람인의 무역활동 등의 영향으로 기원전 9세기에는 지중해 동부에서 실크로드 일대에 이르기까지 널리 쓰였다.

6 **코이네** 헬레니즘 시대에 여러 방언(方言)이 섞이면서 생겨난 그리스의 공통어. 코이네는 '공통'이라는 뜻이다.

7 **칠십인역(셉투아진타)** 셉투아진타(Septuaginta)는 본래 '70'을 뜻한다. 일설에 따르면 구약성서의 번역을 72명의 학자가 번역했다는 전설에서 유래한다고

한다.

8 **칼링가** 인도 남동부 벵골만을 낀 해안지방에 있던 나라로, 현재 오리사주 대부분과 타밀나두주 북부를 포함한 지역에 해당한다.

9 **한 통의 서간** 우에노전답서(上野殿答書)(1278년 2월 25일)를 말한다. "월지(月氏)에 아육대왕(阿育大王)이라고 하는 왕이 계셨는데, 일염부제(一閻浮提)의 사분(四分)의 일(一)을 장중(掌中)에 넣고…"《어서》, 1544쪽)라고 쓰여 있다.

10 **소석주법칙** 소석주에 새긴 아소카왕의 법칙. 석존의 초전법륜지(初轉法輪地)인 사르나트, 석존의 탄생지인 네팔의 룸비니, 아프가니스탄의 라그만 등 여러 곳에서 발견된다. 승가(僧伽: 화합승)를 파괴하면 안 된다는 점 등을 교시(教示)하고 있다.

11 **승가** 산스크리트어 '상가(Samgha)'의 음역. 불도수행을 하는 사람들의 집단을 말한다.

12 **우바새** 불교를 믿는 재가의 남성을 말한다.

13 **포살일** 포살은 산스크리트어 '우파바사타(upavasatha)'의 음역. 15일마다 같은 지역 내의 승려가 모여 서로 자기반성을 하고, 죄과를 고백하고 참회하는 의식이다. 포살일은 포살을 행하는 날이다.

14 **파화합승** 오역죄(五逆罪)의 하나로 '화합승을 파한다'는 뜻이다. 화합승은 불도수행에 힘쓰고 불법을 유포하는 사람들의 모임을 말한다.

15 **삼보** 불교도가 존경해야 할 세 가지 보물, 즉 불보(佛寶), 법보(法寶), 승보(僧寶)를 말한다. 여기에서 말하는 '승(僧)'은 '승가(僧伽)'와 '화합승'을 뜻한다.

16 **근본분열** 석존 멸후에 "계율(戒律)을 엄밀히 해석해야 하고, 변경은 허용할 수 없다"라고 주장한 장로파(長老派)와 "시대·사회의 변화와 함께 바뀌어야 한다"라고 주장한 진보파가 대립하여 제2회 불전결집(佛典結集) 후 분열한

사건이다.

17 **지말분열** 앞에서 말한 '근본분열' 후에 장로파(상좌부)와 진보파(대중부)의 두 파에서 더 많은 분파가 생겨난 일을 말한다.

18 《**율장**》 석존이 설한 수행상의 계율을 모은 불전을 말한다. 법리(法理)를 모은 불전은 '경장(經藏)'이라고 한다.

19 **제2회 회의** 제2회 불전결집을 말한다. 석존 멸후 백 년이 지난 무렵, 바이살리의 중각강당(重閣講堂)에서 불전결집을 위한 회의를 열었다는 사실이 많은 경전에 기록되어 있다. 제1회 회의는 석존 입멸 후 곧바로 개최되었다.

20 **밧지** 고대 인도 16대국의 하나로 중인도의 북부, 갠지스강 북쪽에 있던 나라. 밧지족 등 8개의 부족으로 이루어진 연합국가였다. 공화정치를 행했고 상공업이 번창했다.

21 **십사** 불교교단이 분열하는 원인이 되었다고 하는 계율(戒律)에 관한 십종의 사고방식. 그 내용에 대해서는 여러 설이 있는데, 음식의 제한이나 금은의 축적 등 기존의 계율을 완화한 내용이다.

22 **남전·북전** 불교가 인도에서 남쪽의 스리랑카로 전해져서 미얀마, 태국 등 동남아시아 방면으로 확대된 것을 '남전'이라고 하고, 인도에서 북쪽의 서역을 거쳐 중국, 티베트, 한국, 일본으로 전해진 것을 '북전'이라고 한다.

23 **칠장석주법칙** 총 7장의 법칙을 새긴 석주로, 인도 델리와 아프가니스탄 남부의 칸다하르에 있다.

24 **복류수** 지표수가 땅속에 침투하여 흐르는 지하수 또는 하천 바닥 아래에서 흐르는 지하수를 말한다. 특히 마른 하천 아래에서 흐르는 지하수를 이른다.

제6장

밀린다왕과 대승불교

불교와 그리스 사상의 만남

이케다 이제 박사님과의 철학대화도 아소카왕 이야기에서 드디어 대승불교로 들어가게 되었습니다.

저는 지금까지 불법자(佛法者)로서 대승불교의 근본정신에 바탕을 두고 힌두교, 기독교, 이슬람교, 유대교, 유교, 도교 등에 사상적 기반을 둔 동서양의 수많은 현인과 대화했습니다. 박사님도 그중 한 분이시고, 현인 중 현인으로서 깊이 존경하고 있습니다.

현인 간의 대화라고 하면, 인류 역사상 처음으로 동서양의 사상과 문명(동쪽의 불교와 서쪽의 그리스 사상)이 만났다고 할 수 있는 '밀린다왕[1]과 나가세나[2]의 대화'를 이야기하지 않을 수 없습니다.

찬드라 저에게도 참으로 흥미로운 주제입니다.

이케다 그런 대화의 시대적 배경을 더듬어보면 석존 멸후 백 년이 지난 무렵, 즉 아소카왕의 치세(治世)보다 조금 이전의 시대로 추측되는데, 이때 불교 교단이 크게 두 개로 갈라집니다. 앞에서도 언급했지만 이른바 '근본분열'입니다.

그리고 그 뒤 백 년에서 이백 년 사이에 '지말분열(枝末分

裂'이 진행되어, 많은 부파(部派)로 갈라졌습니다. 이 분열의 시기에 대해 여러 가지 설이 있다는 점을 앞에서 언급했는데, 여기서는 '북전'의 설에 따라 말씀드리고자 합니다.

지말분열이 진행된 시대, 다시 말해 기원전 2세기 중반 무렵, 그리스인 철인왕(哲人王) 메난드로스(Menandros)와 불교 수행자 나가세나가 철학대화를 나누었습니다.

메난드로스는 산스크리트어로는 '밀린다[미란다彌蘭陀]'라고 불리는 왕인데, 이들의 대화 내용은 서력기원 전후에《밀린다왕문경彌蘭陀王問經》('미란다왕문경'이라고도 함)으로 정리되었고, 불교 성전으로서 오늘날까지 전해지고 있습니다.

밀린다는 그리스 신들을 신봉했고, 그리스 철학의 소양을 갖추었다고 생각합니다. 왕은 지혜를 사랑하고 탐구하는 '필로소피아(철학)'[3]의 마음에서 불교도에게 자주 깊은 질문을 던지고 진지하게 논의했다고 합니다. 밀린다의 철학대화는 문명 간 대화의 선구로서 더없이 흥미롭습니다.

찬드라 예부터 인도의 철학대화는 전통적으로 교사와 학생, 다시 말해 사제 간에 이루어졌습니다. 전통적 대화에서는 어미 새가 새끼에게 먹이를 물어다 주듯, 스승이 제자에게 사상을 심어줍니다.

밀린다왕의 초상화를 그린 화폐.

이케다 스승과 제자의 인격이 맞닿는 직접적인 대화군요.

찬드라 그렇습니다. 게다가 스승은 사상 자체만 가르치지 않고, 사상에 도달할 수 있도록 이끌어줍니다. 이때 스승의 사상에서 무엇을 받아들이느냐는 제자의 몫입니다. 제자는 모르는 부분이 있으면 스승에게 질문합니다.

이케다 완성된 사상을 전하려 하지 않고, 사상에 이르는 길을 제시하고 그 길을 더듬어가게 하는군요. 소크라테스의 대화법인 산파술(産婆術)[4]과도 통합니다.

석존에게 가르침을 구한 왕들

찬드라 대화는 피상적인 말을 초월하는 것이 중요합니다.

대화를 뜻하는 영어 '다이얼로그(dialogue)'의 어원은 그리스어 '디아로고스(dialogos)'입니다. '말(로고스)'을 통해서(다이아)'라는 뜻입니다. 온갖 말을 사용해서 그 너머에 있는 진리의 세계에 이르려고 하는 진지한 행위입니다. 그 영지(英智)의 행위가 '세속의 권력자인 왕'과 '불교를 수행하는 사람' 간에 이루어졌다는 점은 대단히 의의가 깊습니다.

이케다   저도 그렇게 생각합니다. 법과 정의 앞에서 만인은 평등합니다. 하물며 대화의 자리에 지위나 권력 등을 끌어들이면 안 됩니다. 예부터 인도에서는 왕이 뛰어난 출가자를 찾아가 가르침을 청하는 일을 예의로 여겼다고 하지요. 석존에게도 당시의 왕들이 제자의 예를 갖추고 가르침을 청하러 왔습니다.

찬드라   그렇습니다. 법화경에도 등장하는 마가다국의 아자타샤트루[5]도 그중 한 명입니다.

이케다   아자타샤트루는 이웃 나라인 밧지연맹을 공격하려고 할 때에도 석존에게 대신(大臣)을 보내 의견을 물었습니다. 그 결과 아자타샤트루는 밧지를 침공하려던 계획을 그만두게 됩니다.

아자타샤트루의 아버지 빔비사라[6]도 석존을 스승으로 섬

인도의 고대 약도

겠습니다. 또 코살라국의 프라세나지트[7]도 유명합니다.

그런데 나가세나는 밀린다왕과의 대화에서 "왕자론(王者論)이 아닌, 현자론(賢者論)으로 하자"라고 요청했습니다.

왕자론은 '이론(異論)이나 반론이 생겨 마음에 들지 않으면 상대에게 벌을 내리는 것'입니다. 그에 비해 현자론은 '논제를 해명하고 해설하고 비판하고 수정하지만 거기에 감정을 섞지 않는 것'입니다.

나가세나는 '자타가 함께 진리를 더욱 깊이 탐구하는 것' 자체를 기쁨으로 삼는 대화를 요구했습니다. 이에 대해 왕도 겸허하게 현자론으로 대화하겠다고 약속했습니다.

'아(我)'를 둘러싼 현자의 대화

찬드라 나가세나의 요청은 중요한 의미가 있습니다. 대화야
말로 지역적·문명적 울타리를 걷어내는 수단이 되고, 세계
적·인류적 시야를 넓혀주기 때문입니다.

　획일적이고 독선적인 '도그마[교조敎條]의 강요'와 '대화'는
대극관계(對極關係)입니다. 대화는 민주적이고, 도그마는 독
재적입니다.

이케다 그렇습니다. 일방적으로 교조를 강요한다면 인간성
에 위배됩니다. 서로 이해하고, 서로의 마음속에서 보편적으
로 공유할 수 있는 것을 찾아내어 하나하나 쌓아가야 합니다.

　자기 자신과 처지가 다른 사람들을 배제하는 편협성은 새
로운 천년기에도 고스란히 이어져, 세계 곳곳에서 분쟁을 일
으키고 있습니다. 그 편협성을 극복하는 일이야말로 21세기
의 가장 큰 과제라고 할 수 있겠지요.

찬드라 슬픈 현실입니다. 그러나 이케다 선생님이 추진하시

는 '현자의 대화'야말로 신세기의 여러 문제를 해결하는 유효한 수단이 될 수 있으리라 생각됩니다.

이케다 《밀린다왕문경》에서 나가세나는 첫머리에 '상주불변(常住不變)의 실체는 사물에 존재하지 않는다'는 점을 밝힌, 고도로 철학적인 '무아(無我)'라는 명제를 논했습니다. 그리고 왕에게 이렇게 말했습니다.

"사람들은 자신이나 타자(他者)에게 집착하여 생로병사(生老病死)에서 벗어나지 못합니다. 현자는 자신이나 타자에게 집착하지 않습니다. 열반에 이르면 근심과 슬픔이 없고, 마음의 고통을 느끼지 않습니다."

'자신이나 타인에게 집착하지 않는다'는 말은 이기주의에 사로잡히지 않는다는 뜻입니다. 작은 이기주의의 자아(自我)를 초월하여 자타를 포함하는 커다란 경지에 선다는 뜻입니다.

'소아(小我)'를 넘어서는 것이 '무아'이고, 이 위대한 경애가 열리면 근심, 슬픔, 마음의 고통에도 일희일우(一喜一憂)하지 않고 모든 고락(苦樂)을 유유히 내려다볼 수 있는 '부동(不動)의 경지'가 됩니다. 열반은 이러한 위대한 경애를 가리킵니다.

찬드라 동의합니다.

'행복 추구'에 부응하는 철학

이케다 나가세나의 이러한 응답을 보고 있노라면, 심원한 교리를 설하면서도 '의논을 위한 의논', '이론을 위한 이론'에 빠지지 않았다는 사실을 깨닫게 됩니다. 이들은 남을 행복하게 하려는 문답, 인간을 괴로움에서 벗어나게 하려는 대화를 나누었습니다. 경전(經典)에는 "그 까닭에 밀린다왕이 불교에 귀의(歸依)했다"라고 쓰여 있습니다.

행복은 인간의 영원한 과제입니다. 외관상의 가치관과 행복관은 시대에 따라 사회와 함께 변천합니다. 하지만 어느 시대, 어느 사회라 해도 행복을 추구하고 가치를 창조하려는 인간의 근본적인 지향점은 흔들리지 않는다고 생각합니다. 그 불변의 요청에 부응하는 사람이 참된 '필로소포이'[8]이고, 참된 '지나'[9]라 할 수 있겠지요.

찬드라 그 생각에 전적으로 동의합니다. 어느 시대에도 그 시대의 핵심이 되는 사상이 있습니다. 그 시대의 생활방식이 있고, 그 바탕이 되는 원리가 있습니다.

가치관의 다양화가 진행되는 현대사회에서는 더 높은 곳으로 이끌어줄 '뛰어난 사상'이 필요합니다. '방편(方便)'과

'지혜'가 모두 필요합니다. 이 두 가지가 조화를 이룰 때, 정신과 신체의 변화를 가져올 수 있습니다.

이케다 법화경에도 부처의 특징은 "방편지견바라밀(方便知見波羅蜜)"(《법화경》, 107쪽), 즉 '깊은 지혜에서 나오는 통찰(지견)과 가르치고 이끄는 수단(방편)의 완성'이라고 단적으로 나타나 있습니다.

찬드라 이케다 선생님의 사상과 행동은 그 요청에 잘 부응하고 있습니다. 불교에 바탕을 둔 깊은 지혜를 입증하면서, 선생님 자신의 살아가는 모습을 통해 민중이 실천 가능한 구체적인 행동을 보여주고 계십니다.

선인(先人)의 깊은 영지를 현대인이 알기 쉽게, 질서정연한 사상과 행동으로 옮기고 계십니다.

이케다 과분한 말씀입니다. 앞서 말씀드렸듯이 《밀린다왕문경》이 불교성전으로서 정립된 시기는 기원 전후라고 합니다. 때마침 대승불교가 일어나기 시작한 시기입니다.

《밀린다왕문경》에도 대승불교의 특색이 나타납니다. 그 예를 하나 들겠습니다. 왕이 이렇게 묻습니다.

"부처는 모든 것을 알고 있는데, 왜 한꺼번에 제자들에게 설하지 않았는가?"

나가세나가 이렇게 대답합니다.

"명의가 모든 약의 효능을 알고 있어도 환자 한 사람에게 그 약을 모두 주지 않듯이, 부처도 그 사람의 기근(機根)에 따라 가르침을 설합니다."

이 문답은 법화경에 나오는 '방편(方便: 우파야 카우살리아, 교묘한 수단)' 사상과 비슷합니다. 또 이 문답은 대화의 명수인 석존의 모습을 생생히 떠오르게 합니다.

석존이 살았던 시대와 대승불교가 등장한 시대 사이에는 몇 세기의 간극이 있습니다. 하지만 이 둘을 연결하고 또 미래로 이어가는 '정신의 위대한 길'이 하나로 놓여 있습니다.

그 길 위에 열린 대화와 살아 있는 말로써 만인을 구제하려고 한 석존의 정신을 이어받은, '권위와 권력을 두려워하지 않은 나가세나와 같은 불법 실천자'가 있었음에 틀림없습니다.

'인간주의'야말로 불법의 원점

찬드라 저는 불교의 영원성을 인류의 미래와 관련짓는 이케다 선생님의 불교 해석에 깊이 감명했습니다.

석존은 '인간'에게 가장 큰 관심이 있었다고 생각합니다. 열반을 맞이할 즈음 석존이 제자들에게 유언을 남깁니다.

"그대 자신을 섬으로 삼아라."[10]

이 말은 신성하고 지고한 존재로서 내리는 명령이 아닙니다. 인간의 내면에서 나오는 것에서 가장 큰 가치를 찾아낸 자의 말입니다. 저는 석존이 인간을 세계의 중심에 자리매김한 인류의 정신적 선구자라고 생각합니다. 그리고 이 '인간주의'야말로 불교의 중요한 특질 중 하나라고 믿습니다.

이케다 저도 같은 생각입니다. SGI가 펼치는 인간주의의 사상적 기반도 그 점에 있습니다. 하지만 석존 멸후 제자들은 석존의 인간주의를 차츰 잃어버렸습니다. 제자들은 석존의 가르침을 정리했습니다. 가르침의 전체상을 살피고 여러 교리의 상호관계를 이해한다는 점에서 필요한 일이었지만, 그때 출가자 중심의 편집자들이 정리를 위해 이론상 만들어낸 분류 항목을 이윽고 실체시(實體視)하게 되었습니다.

이른바 부파불교(部派佛教)[11] 대부분이 이론 분석에 전념했습니다. 거기에는 커다란 함정이 있었습니다. 말하자면 부처를 '분석의 대상'으로 삼고 말았습니다.

찬드라 그 결과 '인간' 석존을 신격화하게 된 것이고요.

이케다 그렇습니다. 석존이 살아 있는 동안에는, 석존이라는 사람이 보여준 삶의 자세를 통해 그 가르침이 제자들의 마음에 새겨졌습니다. 그 모습을 마음에 새긴 사람들은 어떻게 하면 나도 저 위대한 사람처럼 살 수 있을지 생각하며 자신의 삶의 자세와 관련된 문제로 받아들일 수 있었을 것입니다.

그런데 부파불교는 부처가 도달한 경지를 이론적인 분석의 대상으로 삼았습니다. 또 그 경지에 이르는 과정을 세분화하고 단계적으로 파악한 다음, 실체화(實體化)·정식화(定式化)·경직화(硬直化)했습니다.

보살의 외침 '석존에게 돌아가라!'

찬드라 확실히 부파불교의 철학은 참으로 정교하고 치밀합니다. 그러나 그로 인해 민중에게서 멀어지게 되었다는 사실도 부정할 수 없습니다.

그래서 대승불교는 이해를 위해 편의상 임시로 만든 개념을 실체시하고, 그에 얽매인 부파의 사상을 타파하기 위해 '공(空)'이라는 사상을 강조했습니다.

이케다 '공'의 사상은 번거로운 논쟁으로 막다른 골목에 몰리기 시작한 부파의 사상을 근본적으로 타파했습니다.

'공'의 사상은 "모든 사물은 고정적인 실체가 없고 언제나 풍부한 가능성으로 가득 차 있으므로, 그 점에서 평등하다"라고 가르칩니다. 이는 '부처는 부처, 범부는 범부'라는 고정적인 견해를 깨뜨리는 이론적 기반이기도 합니다. '공'의 사상에서 붓다(부처)는 구제의 길을 나타냈습니다.

부파불교의 학자들은 살아 있는 부처의 인격과 사상을 해부하고 분석함으로써 그 정신을 죽인 폐단을 범한 것을 부인할 수 없습니다.

대승불교는 이러한 폐단을 극복하고 석존에게 회귀할 것을 주장하며 등장했습니다.

찬드라 그렇습니다. 말씀하신 대로입니다. 대승불교는 "석존의 본질에 다가가라!", "석존이 산 것처럼 살아라!"라는 운동입니다. 여기에서 대승(大乘)의 '불신관(佛身觀)'[12]이 생기고, '바라밀(波羅蜜)'[13]을 특징으로 하는 대승의 보살도(菩薩道)가 생겼습니다.

이케다 대승불교에서는 불제자인 자신들을 보살(菩薩)[14]로 자리매김했습니다. 부파불교는 석존의 과거세(過去世:전생) 모습을 가리켜 보살이라고 합니다. 위대한 스승 석존의 기억을 전승하는 교단에서는 그 위대함을 경외하고, 희유(稀有)한 존재로 받아들였습니다.

그런데 희유한 존재라는 평가가 굳어지면서 열등한 자신들은 도저히 부처가 될 수 없다고 생각하게 되었는지, 자신들을 보살이라고 부르기를 꺼린 듯합니다. 겸손한 모습이라고 생각할 수도 있겠지만 실은 여기에는 '우리는 어차피 위대한 스승과는 다르다'라는 비굴함이 배어 있습니다. 또 '만인을 자신과 똑같은 경지로 끌어올리고 싶다'고 염원한 석존의 마음을 무시하는 '만심(慢心)'마저 눈에 띕니다.

이에 비해 '우리는 아직 미숙하지만, 앞으로 석존과 똑같은 부처가 될 보살'이라고 받아들인 사람들이 있었습니다. '어떠한 어려움이 있어도 석존이 걸어간 길을 나도 걷겠다!'라고 결의하고 서원(誓願)한 사람들입니다. 그들이 바로 대승의 보살도를 주장한 사람들입니다.

찬드라 그렇습니다. 그리고 부처가 되려는 목표를 향해 '바라밀의 수행'을 실천하고자 힘썼습니다. 그때부터 자기 향상보다도 모든 사람의 행복을 바라는 '이타의 정신'을 우선시하게 되었습니다.

석존의 원점으로 회귀

이케다 대승의 사람들은 석존의 원점으로 돌아가려고 했습니다. 행복을 향한 궤도로 생동감 있게 민중을 이끈 석존 정신의 르네상스를 도모했습니다.

그들은 위대한 붓다가 된 석존의 정신으로 돌아가는 데 그치지 않았습니다. 그들은 원점 이전, 다시 말해 석존은 왜 부처가 되려 했는가를 밝히는 데에까지 다가갔습니다.

니치렌불법(日蓮佛法)의 용어로 표현하면, '본과(本果)'[15]에 머물지 않고 '본인(本因)'[16]을 지향했다고 할 수 있겠지요. 그것은 '만인의 고뇌를 근원적으로 해결하고 싶다'는 염원이고, 그 해결 방법을 철저히 탐구하겠다는 서원입니다. 그리고 그 서원은 대승의 보살에게 공통되는 '사홍서원(四弘誓願)'[17]으로 정리되었습니다.

그 근본이자 첫째로 드는 것이 '중생무변서원도(衆生無邊誓願度)', 요컨대 '모든 사람을 빠짐없이 구하고 싶다'는 인류구제의 서원입니다.

찬드라 만인구제라는 지향성 때문에 대승불교는 외부를 향해 열려 있었습니다. 각 지역의 요인(要因)을 흡수해 자기 것으로 만들면서 스스로 진화했습니다. 그러면서 석존에게서 물려받은 사상을 더욱 풍요롭게 꽃피울 수 있었습니다.

이케다 석존은 괴로워하는 사람들의 벗으로 살았습니다. 또한 '그 인생을 생각할 때 나는 어떤 인생을 살아야 하는가' 하는 점을 깊이 생각한 사람들이 대승운동을 크게 퍼뜨렸습니다.

그 중에는 쿠샨 왕조의 카니시카왕[18]과 친교를 나누었다는 위대한 불교 시인 아슈바고샤[19]도 있습니다.

또 남인도 출신으로《중론中論》[20] 등을 저술하고 '공(空)' 사상을 풍부하게 전개하여 후세에 큰 영향을 끼친, 팔종(八宗)의 개조(開祖)라고 불리는 나가르주나[용수龍樹][21]가 있습니다.

그리고 서북 인도의 간다라 출신으로 본래 부파불교의 이론가였지만 나중에 유식이론(唯識理論)[22]을 집대성한 아상가[23], 바수반두[24] 형제도 있습니다.

이들은 철저한 보살의 길을 걸었습니다. 그리고 부처의 경지에 이른 선구자들을 뒤따르기로 서원하고, 그 서원을 위해 끝까지 애썼습니다.

찬드라 저는 대승불교의 중요한 요소로 지금 이야기한 서원과 함께 '회향(廻向)'과 '수기(授記)'를 들고 싶습니다. 회향은

연대표		
기원전	268년	아소카왕 즉위(일설)
	160년경	밀린다왕 즉위
서기	129년	카니슈카왕 즉위(일설)
	140년경	아슈바고샤[마명馬鳴] 활약
	150년경	나가르주나[용수龍樹] 출생
	395년	아상가[무착無著] 출생(일설)
	400년경	바수반두[세친世親] 출생(일설)

만인구제라는 서원을 이루고자 아무런 대가를 바라지 않고 다른 사람을 위해 헌신하고 힘쓰는 것을 말합니다.

이케다 그렇습니다. 회향이라는 말은 본래 '보살이 스스로 쌓은 선업(善業)의 결과인 공덕에 집착하지 않고, 그 공덕을 괴로워하는 이들에게 돌리는 이타의 행위'를 가리킵니다.

그런데 유감스럽게도 일본에서는 회향의 의미가 '승려가 죽은 이를 위해 독경을 하거나 의식을 치르는 일'로 왜소화되었고, 진정한 의미를 잃고 말았습니다.

'여아등무이(如我等無異)'의 정신

찬드라   '수기(授記)'는 '성불의 보증'입니다. 서원이 열매를 맺어 실감할 수 있을 때, 사람들은 환희합니다. 선구자가 실천한 모습을 통해 그가 말한 '보증'을 확신함으로써 자신도 그 운동을 향해 기쁜 마음으로 씩씩하게 참여합니다.

　서원, 회향, 수기, 이 세 가지는 대승불교 운동이 전개되는 과정에서 중요한 요소였다고 생각합니다.

이케다   철학적으로 심원하면서도 또 인정(人情)의 기미를 느낄 수 있는 깊은 통찰입니다. 저는 대승의 여러 경전 중에서도 '여아등무이(如我等無異: 나와 같이 동등케 하여 다름이 없게 하리라)'라고 쓰여 있는 법화경이야말로 '만인을 석존과 똑같은 부처로 높이고 싶다'는 정신이 넘쳐흐르는 경전이라고 생각합니다.

찬드라   저도 그렇게 생각합니다.

　《법화경》'권지품(勸持品)'[25]에는, 조금 전 언급한 '서원', '회향', '수기'라는 중요한 요소가 모두 나타나 있습니다.

이케다   그렇습니다. '권지품'은 "석존 멸후에 어려움을 견디며 홍통하겠다"라고 제자가 서원한 장(章)입니다.

법화경은 석존 멸후 무불(無佛)의 세상에서 불교자는 어떤 존재여야 하느냐를 분명히 나타냈습니다. '권지품'과 마찬가지로 멸후 홍통의 자세가 나타나 있는 '법사품(法師品)'26에는 '석존과 같은 행동을 한다', '부처의 심부름꾼으로서 민중 속에서 법을 설하고 넓히는 사람이 되어야 한다'라고 쓰여 있습니다.

찬드라 '신력품(神力品)'27에는 멸후에 민중을 구제하는 부처의 심부름꾼을 '세상의 깊은 어둠을 없애는 태양'에 비유하는 장면이 나옵니다.

이케다 그 '신력품'에서 멸후의 홍교를 부탁받은 존재가 지용보살(地涌菩薩)입니다. 우리가 신봉하는 니치렌 대성인은 스스로 '그 지용보살의 선구이고, 리더[동량棟梁]'임을 밝히셨습니다. 그리고 그 경문대로 홍통을 전개해, '말법의 태양'으로서 인류의 미래에 밝게 빛나는 희망의 빛을 발하셨습니다.

그리고 제2차 세계대전 말기에 부당한 탄압을 받고 투옥된 은사 도다 제2대 회장은 옥중에서 스스로를 지용보살이라고 자각하고, 오늘날의 창가학회(創價學會)와 SGI의 기초를 쌓으셨습니다.

찬드라 그리고 그 정신을 지금 이케다 선생님이 모두 계승하고 계십니다.

　이케다 선생님은 칠백 년 전 니치렌 대성인의 행동을 현대 세계에서 그대로 실천하면서, 세계에 널리 희망의 메시지를 전하고 계십니다.

주

1 **밀린다왕** 생몰연대 불명. 기원전 2세기 후반에 아프가니스탄과 서북 인도 일대를 지배한 그리스인 왕. 한역 불전에서는 미란다왕(彌蘭陀王), 미란왕(彌蘭王) 등으로 음역한다.

2 **나가세나** 불교승. 한역 불전에는 '나선비구(那先比丘)'라는 이름으로 나온다. 밀린다왕과 불교의 교리에 대해 문답했는데, 문답 후 밀린다왕은 불교도가 되었다고 한다. 이 문답은 그리스 문명과 불교의 만남으로 유명하다.

3 **필로소피아(철학)** 그리스어로 '필로(philo)'는 '사랑하다', '좋아하다'는 뜻의 접두사이고, '소피아(sophia)'는 '지(知)'를 뜻한다. 따라서 '애지(愛知)의 학(學)'이라는 뜻이다. 메이지 시대의 학자 니시 아마네는 이 말에서 유래한 영어 '필로소피(philosophy)'를 번역하면서 '철학(哲學)'이라는 말을 만들었다.

4 **산파술** 그리스의 철학자 소크라테스(기원전 399년 사망)가 사용한 문답법. 문답으로 상대방이 가진 지식의 모순 등을 지적하여 무지(無知)의 자각(自覺)을 촉구함으로써 올바른 인식으로 이끄는 과정을 산파의 일에 비유했다.

5 **아자타샤트루** 아사세왕(阿闍世王). 석존 재세 시부터 멸후에 걸쳐 중인도 마가다국의 왕이었다. 제바달다에게 마음을 빼앗겨 석존과 제자들을 죽이려고 하는 등 악업(惡業)을 저질렀지만, 나중에 후회하고 석존에게 귀의(歸依)하여 불법(佛法)을 외호(外護)했다.

6 **빔비사라** 빈바사라왕(頻婆娑羅王). 중인도 마가다국의 왕으로, 출가한 석존에게 "수행을 그만두고 당신의 아버지 곁으로 돌아가라"라고 권유했지만 석존의 뜻이 굳건하다는 사실을 알게 되었고, 그 뒤 석존이 깨달음을 얻자 가르

침을 청했다고 한다. 석존이 성도(成道)한 뒤에는 깊이 귀의(歸依)하여 죽림정사(竹林精舍)를 공양했다.

7 프라세나지트 파사닉왕(波斯匿王). 마가다국과 함께 강국이던 코살라국의 왕. 부인의 권유로 석존에게 귀의하여 교단의 외호를 맡았다.

8 필로소포이 그리스어로 '지혜를 사랑하는 자'라는 뜻.

9 지나 산스크리트어로 '승리자'라는 뜻. '모든 번뇌를 이겨낸 사람'이라는 뜻이며, 부처를 '지나'라고도 불렀다.

10 "그대 자신을 섬으로 삼아라." 석존은 입멸 직전에 "자신을 섬으로 삼고 자신을 의처(依處)로 삼되 남을 의처로 삼지 마라. 법을 섬으로 삼고 법을 의처로 하되 다른 것을 의처로 삼지 말고 살지어다"라고 설했다.

11 부파불교 석존 멸후 백 년이 지난 무렵부터 불설(佛說)의 해석이나 교리에 대해 여러 이론(異論)이 생겨, 인도의 불교 교단이 많은 부파로 갈라지고 장황한 교리 해석을 전개하게 되었다.

12 불신관 석존 멸후 석존을 존숭하는 마음에서 부처의 몸에서 영원성을 보는 사고방식이 생겨나 이신(二身), 삼신(三身), 오신(五身), 십신(十身) 등 갖가지 설이 세워졌다. 대승불교의 법신(法身)·보신(報身)·응신(應身) 등 삼신설(三身說)이 유력했다. 《법화경》에는 이 삼신이 구원(久遠)부터 상주(常住)하며 생명 속에 존재한다고 쓰여 있다.

13 바라밀 산스크리트어 '파라미타'의 음역. '도피안(到彼岸)'이라고 번역한다. 고뇌에 가득 찬 현실사회를 '차안(此岸)', 깨달음의 경지를 '피안(彼岸)'이라고 하는데, 피안으로 건너가는 수행의 완성을 '바라밀'이라고 한다.

14 보살 산스크리트어 '보디사트바'의 음역인 '보리살타(菩提薩埵)'의 준말이다. '보리'는 깨달음, '살타'는 '유정(有情: 생명이 있는 것)'이라는 뜻이다. 대승

불교에서는 '자신의 성불을 목표로 할 뿐 아니라 일체중생을 구제하겠다는 서원을 세우고 수행하는 자'를 말한다.

15 본과《법화경》'여래수량품(如來壽量品)' 제16에서 석존이 오백진점겁(五百塵點劫)이라는 구원(久遠)의 옛날에 성불한 부처라고 밝힌 것. 본인(本因)에 상대되는 말로 '본지(本地)의 불과(佛果)'라는 뜻이다.

16 본인 성불을 위한 근본의 인(因)이 되는 수행을 말한다. 니치렌 대성인 불법에서는 '수량품'의 문저(文底)에 비침된 사(事)의 일념삼천(一念三千), 삼대비법(三大秘法)의 남묘호렌게쿄(南無妙法蓮華經)를 말한다.

17 사홍서원 모든 보살이 처음 발심할 때 세우는 네 가지 서원. ①중생무변서원도(衆生無邊誓願度: 일체중생을 모두 깨달음의 피안彼岸으로 건너게 하겠다고 서원하는 것), ②번뇌무량서원단(煩惱無量誓願斷: 일체의 번뇌를 끊겠다고 서원하는 것), ③법문무진서원지(法門無盡誓願知: 부처의 가르침을 모두 배워 깨닫겠다고 서원하는 것), ④불도무상서원성(佛道無上誓願成: 불도에서 무상의 깨달음을 성취하겠다고 서원하는 것).

18 카니시카왕 2세기 중반 무렵에 활약한 쿠샨 왕조의 왕. 투르키스탄에서 북인도 일대에 이르는 영토를 지배했으며, 만년에 불교를 보호했다. 전설에 따르면 제4회 불전결집(佛典結集)을 했다고 한다.

19 아슈바고샤 마명(馬鳴). 2세기경에 활약한 중인도 사위국(舍衛國)의 대승논사(大乘論師).

20 《중론》총 4권으로 된 용수(龍樹)의 저작. 근본중송(根本中頌)이라고 부르는 용수의 게송(偈頌)과 청목(青目)의 주석(注釋)으로 이루어져 있다.

21 나가르주나 150~250년경에 활약한 대승논사. 소승교를 파절하고 대승교를 선양했다.《대지도론大智度論》,《십주비바사론十住毘婆沙論》등을 저술했고, 중국과 일본의 불교계에도 많은 영향을 주었다.《중론》은 대표적인 저작.

22 유식이론 유식은 "기심(己心)의 밖에 있다고 생각되는 사물(事物)과 사상(事象)은 실재하는 외계(外界)가 아니라, 다만 마음이 인식한 것"이라는 뜻이다. 유심론의 하나라고 할 수 있다.

23 아상가 무착(無著). 4~5세기경 인도의 대승유식논사(大乘唯識論師). 대승교를 선양하고 여러 대승경을 해석하여 많은 논소(論疏)를 지었다.

24 바수반두 세친(世親). 아상가의 동생으로 천친(天親)이라고도 불린다. 처음에는 소승교를 습학했지만, 나중에 형의 권유로 대승교에 귀의하여 홍교(弘教)에 힘썼다.

25 권지품 《법화경》 '권지품' 제13을 말한다. 석존이 "나의 멸후에 법화경을 넓히는 사람에게는 삼류강적(三類強敵)이 다투어 일어난다"라고 설하자 여러 보살이 그 박해를 견디고 홍교하겠다는 서원을 말했다.

26 법사품 《법화경》 '법사품' 제10을 말한다. 석존 멸후 단 한 사람을 위해서라도 법화경의 한 구절을 설하는 사람에 대해 "여래(如來)의 사자(使者)로서 여래가 보내 여래의 일을 행하였다"(《법화경》, 357쪽)라고 쓰여 있다.

27 신력품 《법화경》 '여래신력품' 제21을 말한다. 석존이 멸후의 홍교를 상행보살(上行菩薩)을 중심으로 하는 지용보살에게 맡긴다고 쓰여 있다. 그리고 "해와 달의 광명이 능히 모든 어둠을 제거하는 것과 같이, 이 사람이 세간에서 행하여 능히 중생의 어둠을 멸하고"(《법화경》, 575쪽)라고 쓰여 있다.

제 7 장

구마라습과
불교동점(佛敎東漸)

동아시아에 유포된 법화경

이케다 앞에서는 대승불교의 등장에 관해 대화를 나누었습니다. 이번에는 불교가 인도에서 세계로 널리 퍼지게 된 '불교동점(佛敎東漸)'에 관해 이야기해볼까 합니다. 많은 대승경전이 한역되어 동아시아에 널리 유포되었는데, 그중에서도 법화경은 대중에게 친숙한 경전입니다.

예부터 일본에서도 법화경은 《겐지 이야기》[1]나 《양진비초梁塵秘抄》[2] 등의 문학작품에 큰 영향을 주었습니다. 특히 '구원실성(久遠實成)'[3](본문本門)[4]이나 '일승진실(一乘眞實)'[5](적문迹門)[6] 등의 법리는 중대한 영향을 미쳤습니다. 이들 문학작품의 모티프가 된 법화경은 구마라습이 번역한 묘법연화경(妙法蓮華經)이었습니다. 천태대사와 니치렌 대성인도 구마라습의 번역으로 법리를 전개하셨습니다. 창가학회도 이 묘법연화경을 사용하고 있습니다.

찬드라 구마라습은 구자(龜玆, 현 신장위구르의 쿠처庫車)에서 태어났는데, 이케다 선생님은 구자석굴연구소로부터 젊은 날의 구마라습 상(像)을 받으셨죠. '법화경과 실크로드전'에 전시된 그 상을 보았습니다.

이케다 구마라습 탄생 1,650주년 기념으로 제작된 두 개의 구마라습 상 가운데 하나를 제가 받았습니다. 다른 하나는 유명한 키질 천불동(千佛洞)[7] 앞에 놓여 있다고 들었습니다. 연꽃을 본뜬 대좌(臺座)에 앉아 깊이 사색하는 구마라습 상이 안치되어 있다고 합니다.

찬드라 '법화경에 의한 평안의 은혜와 환희의 증표'인 젊은 구마라습 상을 증정함으로써 구자석굴연구소가 이케다 선생님을 현창한 것입니다. 저는 법화경에는 시대를 초월하여 이어지는 다섯 명의 위대한 스승이 있다고 생각합니다. 석존, 천태대사, 전교대사(傳敎大師), 니치렌 대성인, 그리고 현대에는 그 뒤를 위대한 이케다 다이사쿠 선생님이 잇고 계십니다. 이 다섯 명은 법화경의 다섯 손가락 안에 드는 사람들입니다.

이케다 너무나 과분한 말씀에 황송할 따름입니다.

찬드라 법화경을 현대에 소생시키기 위한 이케다 선생님의 끊임없는 노력에 구자석굴연구소가 현창한 것은 지극히 당연합니다. 구자석굴연구소와 SGI 사이에 앞으로도 더욱 깊은 교류가 이루어져야 합니다.

불전(佛典) 한역의 최고봉 구마라습

이케다 일본에서는 '법화경' 하면 거의 모든 사람이 구마라습의 '묘법연화경'을 떠올립니다. 하지만 실제로는 전부 여섯 종류의 한역본(漢譯本)이 있는데, 현재는 세 종류만 존재하여 '육역삼존(六譯三存)'[8]이라고 합니다.

찬드라 축법호(竺法護)[9]는 286년에 법화경을 최초로 한역했습니다. 축법호는 수많은 불교 경전을 번역했는데, 역경사(譯經史)에서 그 시기를 보면 초기 무렵입니다.

축법호가 열어놓은 경전 번역의 길은 구마라습에 이르러

완전히 꽃을 피웠습니다. 그리고 불교의 정밀한 철학체계는 현장(玄奘)의 시대에 정점을 이루었습니다. 현장은 위대한 사상가이자 저명한 철학자였습니다.

이 세 거장은 탁월한 덕으로 우뚝 선 존재가 되었는데, 실천적인 동아시아 불교에서 중심을 차지하는 인물은 단연 구마라습입니다.

이케다 축법호와 구마라습의 공통점은 무엇인가요?

찬드라 축법호와 구마라습 모두 중앙아시아 출신입니다.

그 시대의 번역가들은 행정기관 같은 곳에서 일했으리라 추측됩니다. 당시 관청에서 사용하던 용어를 경전 번역에 차용했다는 점에서도 알 수 있는데, 예를 들어 '승원(僧院)', '사찰'을 뜻하는 '사(寺)'는 중국 한나라 때 관청을 의미하는 말이었습니다. 또 불전에서 산스크리트어 음역에 쓰인 한자는 한나라 정부가 외국어를 옮기는 데 사용하기로 정한 한자였습니다.

이케다 말하자면 국가사업에 가까운 역할을 하고 있었다는 거군요.

찬드라 그러한 측면이 있었다고 생각합니다. 축법호는 둔황(敦煌) 출신의 월지인(月氏人)[10]입니다.

월지인은 중국의 국경지대에 정착지를 두고, 중국에 말 등을 팔거나 경전을 전했습니다. 당시 말은 '군사(軍事)'를, 경전은 '덕(德)'을 상징했습니다. 그러므로 중국인은 월지인을 변방의 야만인이 아닌, 권력과 덕을 가져다주는 뛰어난 문화를 가진 존재로 간주했습니다.

이케다　축법호와 구마라습의 법화경 번역이 자주 비교되는데, 이 둘의 차이는 제호(題號)에서 뚜렷이 나타난다고 생각합니다.

법화경의 산스크리트어 원본 제목은 '삿다르마 푼다리카 수트라'입니다. '삿'은 '올바르다', '좋다'는 뜻이므로, '삿다르마'는 '올바른 법'이라는 뜻이 됩니다. 그래서 축법호는 제호를 '정법화경(正法華經)'이라고 지었는데, 구마라습은 이 부분을 굳이 '묘(妙)'라고 번역했습니다.

찬드라　당시 유행하던 중국 노자의 사상에는 "우주의 근본 진리는 그 속에서 여러 가지 묘(妙)한 것들이 나타나는 문(門)이다"라는 표현이 있습니다. 요컨대 "근본 진리에서 나오는 것이 '묘'이고, 우리의 감각으로는 헤아릴 수 없는 불가사의한 것"이라는 의미가 담겨 있습니다.

이케다　구마라습은 '묘'라고 번역함으로써 석존이 깨달은 우주의 근본적 진리를 표현하고자 했군요.

찬드라 천태대사는 '묘법연화경'이라는 표제(表題)를 받아들여, '묘'라는 글자에 법화경의 진수가 있음을 포착했습니다. 그리고 본적이문(本迹二門)의 십묘(十妙)[11] 등 '묘'에 대해서 꽤 상세한 해석을 달았습니다.

이케다 만약 구마라습이 '묘법(妙法)'이라고 번역하지 않았다면, 법화경이 설하는 우주의 깊은 진리와 생명의 철리가 이렇게까지 정밀하게 전개되지 못했을지도 모릅니다. 또 중국 인들에게도 매력적인 경전으로 지지받지 못했을 것입니다. 번역이라는 것이 얼마나 미묘하고 막중한 작업인지 짐작할 수 있습니다. 구마라습의 아버지 구마라염(鳩摩羅炎)은 인도의 재상이었는데, 출가하여 구자국(龜玆國)에 와서 국사(國師)가 되었고, 환속하여 구자국 왕의 누이동생을 아내로 맞았습니다. 구마라습의 성장 배경이 경전 번역가로서의 교양에 어떤 영향을 미쳤을 거라고 생각하십니까?

찬드라 구마라습이 왕족의 혈통을 이어받았다는 점은 당시 중국의 궁정에서 활동하는 데 유리한 조건이 되었으리라 생각합니다. 황제는 번역사업을 맡은 구마라습에게 높은 지위와 온갖 편의를 제공했습니다.

구마라습의 탄생지 쿠처에 있는 구자석굴연구소가
이케다 SGI 회장에게 증정한 '젊은 날의 구마라습 상'.

구마라습은 카슈미르에서 소승교의 설일체유부(說一切有
部)[12]의 교의를 산스크리트어로 배우고, 또 카슈가르에서는
야르칸드 출신의 왕자 수리야소마(須利耶蘇摩)[13]에게 대승을
배웠습니다.

그 외에도 구마라습은 카슈가르에서《베다Veda》성전(聖典),
천문학, 수학, 점성술, 연금술 등을 습득했습니다. 산스크리트
어로 전하는 모든 전통적인 학문을 잘 알고 있었다고 할 수 있
습니다.

이처럼 다방면에 걸쳐 풍부한 교양을 갖춘 구마라습은 이상적인 번역가가 되었습니다.

사람들의 마음을 움직이는 '말의 힘'

이케다 구마라습이 번역한 법화경이 후세의 문학과 예술에도 지대한 영향을 준 사실은, 그의 번역문이 예술적으로 얼마나 완성도가 높은지를 나타냅니다. 그리고 사람의 마음을 움직이는 '말의 힘'이 얼마나 강력한 것인지를 보여줍니다.

찬드라 구마라습은 현장과 함께 중국 불교의 양대 거장이라고 할 수 있는 역경승(譯經僧)입니다.

산스크리트어와 중국어에 정통한 이들의 번역 기량은 다른 곳에서 유례를 찾아볼 수 없습니다. 이들은 하나의 언어를 그저 다른 언어로 바꾼 것이 아니라 내용을 전하고자 했습니다.

게다가 이들은 창조적 어감으로 가득 차 있었기 때문에, 마음에 떠오른 경전의 영감을 막힘없이 유창하고 아름답게 전했습니다.

이케다 니치렌 대성인은 구마라습이 번역한 법화경이 석존의 정신을 사실 그대로 전하고 있음에 대해 이렇게 말씀하셨습니다.

"월지(月支)에서 한토(漢土)에 경론(經論)을 전한 사람이 일백칠십육인(一百七十六人)인데 그중에 나습(羅什) 일인(一人)만이 교주석존(敎主釋尊)의 경문(經文)에 사견(私見)의 말을 넣지 않은 사람입니다."《어서》, 1007쪽)

구마라습은 타고난 어학 재능과 그 재능을 꽃피울 수 있는 위대한 목적관을 가지고 있었습니다. 구마라습은 방대한 불전을 번역하는 위업을 이루었습니다. 그 위업은 '절후광전(絶後光前)'[14]이라고 할 수 있습니다.

구마라습은 오랜 역사를 지닌 동방의 거대한 중국문명권에 불교가 본격적으로 스며들게 했습니다. 말하자면 구마라습은 불교가 문화의 차이를 초월한 보편성을 가진다는 점을 몸소 증명했습니다.

불교가 중국에 전해져 민중에게 뿌리 내린 데에는 이런 중대한 의의가 있습니다.

저는 동방의 대문명국인 중국에 널리 퍼지느냐 마느냐, 이것이 불교가 진정한 세계종교로 성장하느냐 마느냐의 갈림길이었다고 생각합니다.

인도에서 '서역을 거쳐' 중국으로

찬드라   인도의 불교가 갑자기 중국에 들어간 것은 아니었습니다. 중앙아시아를 거쳐 서서히 전해졌습니다. 서역과 중국의 일대 접점이 바로 둔황입니다.

이케다   사막이 많은 험한 풍토에 여러 민족이 오가는 문명의 십자로인 중앙아시아에서 불교는 각 민족의 문화와 생활을 바탕으로 보편적인 '법'을 전개했습니다.

찬드라   '법'은 수많은 예술로 표현되었고, 그리스 문명 사람들과 페르시아문명 사람들 등 다른 문화와 접촉하며 단련되었습니다. 일부 승려만이 이해할 수 있는 설법이 아닌, 만인이 이해할 수 있는 구체성을 띤 설법으로 다듬어졌습니다.

'눈으로 보고 이해할 수 있는', 그리고 '귀로 듣고 이해할 수 있는' 불교가 이러한 과정을 거쳐 중국 내륙으로 들어왔습니다.

이케다   이와 마찬가지로 SGI도 더 많은 사람이 이해하고 실천할 수 있는 '대화'로 '묘법'을 알려왔습니다. 지혜를 짜내고, 거듭 궁리하고 고심하면서 사회와 민중 그리고 전 세계 모든 곳으로 '묘법'을 알리고 있습니다.

본래 불교는 사람들을 구제하는 사명을 가르치지만, 구체성이 없으면 아무리 존귀한 법이라 해도 널리 퍼질 수 없습니다. 사람은 감동하지 않으면 믿지 않습니다. 이해하지 않으면 진심으로 움직이지 않습니다. 민중은 현실생활과 관련없는 이야기에 귀 기울이지 않습니다. 구체성이 없으면 법의 훌륭함도 알 수 없습니다.

근래에 그 도리를 모른 채 질투에 젖어 우리 신도를 신앙적으로나 인간적으로 배신하는 악승들이 등장했습니다. 그들은 진실한 불교를 세계로 알리기 위해 기원하지도, 실천하지도 않습니다. 그저 불교를 돈벌이와 향락의 수단으로 이용할 따름입니다. 이들은 결국 불교의 본의(本義)를 조금도 깨닫지 못했습니다.

찬드라 그렇습니다. 불교는 승려의 권위를 위해서가 아닌, 민중을 구제하기 위한 가르침입니다. 그것이 불교의 가장 큰 진리입니다. 그 사실을 모를뿐더러 그러한 진리를 저버리고 민중을 배신한 악승은 최대의 반(反)불교자입니다. 불교를 깊이 이해하는 나라에서도 이와 같은 반불교적 모습이 점점 더 많이 드러나고 있습니다.

그런데 구마라습은 경전을 이해하고 있었기 때문에 사견을 주입하는 일 따위는 하지 않았습니다. 이해한 내용을 그대로 전했지요. 또한 구마라습은 시인의 작법으로 법화경을 번역했습니다. 중국어의 특성에 맞춰 창조적으로 번역했는데, 그 과정에서 산스크리트어와 중국어에 대한 감성이 발군의 기량을 발휘했습니다.

이케다 저도 구마라습이 위대한 시인이었다고 생각합니다. 시인은 우주의 본질을 통찰하고, 그 궁극의 경지에서 '지혜의 말'을 엮어냅니다.

찬드라 공자(孔子)[15]는 "그림 한 장은 만 마디 말에 필적한다"라고 말했습니다. 구마라습이 깊이 생각하여 번역해낸 생생한 말은 만 마디 말에 상당한다고도 할 수 있습니다. 게다가 정교하고 치밀한 사상을 한없이 미묘한 어감의 한 마디로 번역했습니다.

구마라습은 한 단어의 배경에 있는 광대한 우주를 알고 있었습니다. 요컨대 '일념삼천(一念三千)'입니다. 이케다 선생님이 '일념삼천'이라는 말을 쓰실 때 저는 앉은 채로 명상에 잠겨 법화경을 번역하는 구마라습의 모습을 깊이 떠올렸습니다.

구마라습은 모두 35부 294권, 또는 74부 384권이라는 방대한 수의 경전을 번역했습니다. 그 가운데 일부는 엄청난 양의 내용을 담고 있습니다.

용수(龍樹)의 《대지도론大智度論》[16]을 예로 들 수 있겠습니다. 이 번역은 방대한 학식의 산물이자 지식의 집적을 초월한 수준입니다. 다시 말해 그는 완전한 깨달음의 영역에 이르고 있었습니다. 구마라습 역시 스스로의 엄격한 연찬을 거쳐 그 학식을 얻었습니다.

구마라습은 중국어 산문(散文)의 뛰어난 문장가이기도 했습니다. 또한 당시 동아시아에서 서방세계의 전통을 대표하는 인물이었습니다.

그는 쿠처어를 쓰는 구자국 출신이었는데, 쿠처어는 이탈리아어와 켈트어[17]의 특징을 모두 지니고 있습니다. 켈트어는 오늘날 아일랜드어로 대표되는 언어입니다. 구마라습의 모국어는 인도계의 브라흐미 문자[18]로 쓰였는데, 말하자면 서방계의 언어이기도 했습니다.

벽화에 그려진 쿠처인은 당시 유럽인의 복장을 하고 있습니다. 그들 민족은 '백(白)'이라 불렸는데, 쿠처인의 이름에서 '백(白)'이라는 글자를 볼 수 있습니다. 이들은 백색계 민족으로, 쿠처에 해당하는 산스크리트어는 '슈베타도비파', 다시 말해 '백색 도성(都城)', '백인의 도성'입니다.

쿠처인들은 일종의 유럽어로 말하고, 교육에는 인도의 언어 산스크리트어를 사용하여 문헌을 읽고 토론했습니다. 그리고 중국어로도 대화를 나누고 글을 썼습니다.

풍부한 재능을 기른 문명의 십자로

이케다 만인에게 통하는 보편적인 번역을 한 구마라습의 재능에는, 동서문명이 교차하는 십자로로서 다양한 언어를 받아들인 구자국의 지역적 특성이 크게 작용했다고 봅니다.

찬드라 구마라습은 이케다 선생님처럼 국제인으로서 개성을 발휘했습니다. 구마라습은 언어능력 면에서 국제적이고, 이케다 선생님은 정신적인 면에서 세계적인 광대함이 있습니다. 국제성, 시적(詩的) 창조성, 사상, 철리와 어우러진 인생 등에서 두 사람은 비슷한 점이 매우 많다고 생각합니다.

바야흐로 구마라습은 이케다 선생님의 인간의 본성과 그 늠름함, 그리고 상냥함을 기조로 하는 위대한 저작 속에 살아 있습니다. 선생님의 시는 기쁨을 노래하고, 정적 속을 산책하며, 원경을 바라보는 희망과 행복을 만들어냅니다. 또한 동아시아 불교사에서 중심적인 역할을 한 구마라습의 말은 지금도 사람들의 마음에 울려퍼지고 있습니다.

현장(玄奘) 등의 번역도 대승불교의 확대에 커다란 역할을 했지만, 그의 번역은 비교적 딱딱하고 철학적입니다. 그에 비해, 살아 있는 불교의 측면을 대표하는 구마라습의 번역은 민중의 마음에 생생히 살아 숨 쉬고 있습니다.

현장 등이 보여준 번역의 업적은 지식계급의 문화라고 할 수 있지만, 구마라습이 이룬 번역의 업적은 민중의 문화라고 할 수 있습니다. 이들의 공헌은 대해(大海)를 몇 번이나 훌쩍 건널 수 있을 만큼 파급력을 지니고 있습니다.

이케다 선생님도 궁정문화(宮廷文化)나 지식계급의 문화가 아닌, 민중문화의 편에 서 계십니다. 양쪽 모두 전 인류에 큰 영향을 미치고 있습니다. 구마라습이 위대한 영감의 원천이었듯이, 이케다 선생님도 광채와 활력으로 가득한 인류 역사에 공헌하고 계십니다.

'불법의 길'이기도 한 비단길

이케다 송구스러운 말씀입니다. 구마라습 등의 역경승(譯經

僧)이 더듬어간 길은 동서 교류의 이른바 실크로드(비단길)였지만, 동시에 '붓다로드(부처의 길)'이자 '다르마로드(법의 길)'라고도 할 수 있습니다.

찬드라 지금도 중앙아시아 지역을 변방이라고 생각하는 사람들이 있습니다. 또 여러 민족이 대립하는 교전 지역으로 인식하는 경향도 있습니다.

하지만 이 지역은 열강(列强) 제국주의 정책의 대립으로 분단되기까지 여러 민족의 흥망이 있었음에도 대단히 번영했던 곳입니다.

불교의 전파 경로에 이른바 '남전(南傳)'과 '북전(北傳)'이 있다는 것은 앞에서 언급했습니다.

남전은 남인도에서 시작해서 실론섬 그리고 버마와 태국 등 인도차이나 반도의 여러 나라로 향하는 경로입니다. 이 경로로 상좌부불교(上座部佛敎)[19]가 전해졌습니다.

북전은 북인도에서 시작해 중국, 한반도, 일본으로 향하는 경로인데, 자세히 살펴보면 이 경로는 다시 두 갈래로 나눌 수 있습니다.

하나는 서북 인도 간다라에서 시작하여 힌두쿠시 산맥을 넘어 아무다리야강을 건너고, 파미르 고원을 거쳐 투루판 분지 그리고 중국에 이르는 길입니다. 이 길은 인도와 중국을 잇는 오랜 경로이며, 이곳을 통해 대승불교가 전해졌습니다.

또 다른 경로는 인도에서 네팔을 향해 히말라야를 넘어 티베트, 중국에 이르는 길입니다. 이 새로운 길을 통해 7세기경 인도에서 발생한 불교의 흐름, 다시 말해 밀교(密教)가 전해졌습니다.

이 가운데 경전의 수만 놓고 보아도, 힌두쿠시 산맥을 넘는 경로가 중국에 불교를 널리 퍼지게 한 가장 중요한 경로였다고 할 수 있습니다.

이케다 그 길에는 조금 전에도 화제가 된, '실크로드의 보석'이라고 불리던 둔황이 있습니다. 둔황에 관해서는 1985년 도쿄 후지미술관에서 '중국둔황전'을 개최한 적이 있습니다.

또 둔황연구원 명예원장 고(故) 창수홍(常書鴻) 선생님과 몇 차례 정겹게 대담을 나눈 추억이 있습니다. 그 대담은《둔황의 광채》라는 제목으로 1990년에 출판되었습니다.

찬드라 당초 둔황은 한나라 시대에 '서역 경영'의 군사기지로 출발했습니다. 그리고 중앙아시아의 안정과 함께 실크로드를 통해 동서문화가 활기차게 교류하면서 불교동점(佛教東漸)의 요람으로 크게 번영했습니다. 4세기 말까지는 실크로드

주민의 80퍼센트가 대승불교를 믿었다고 하며, 그중에서도 법화경을 중요시한 흔적을 엿볼 수 있습니다.

이케다 그런 상황에서 둔황은 수많은 민족이 뒤섞여 사는 가운데 활기가 넘치는 '자유와 평화의 천지'였습니다. 불교문화와 서민문화도 찬란하고 화려하게 꽃을 피웠습니다.

천불동(千佛洞)이라고도 불리는 그 유명한 막고굴(莫高窟)[20]도 이 시대에 만들어졌습니다.

찬드라 막고굴은 둔황 교외의 명사산(鳴沙山)과 삼위산(三危山)을 마주 보는 오아시스의 절벽에 축조된 석굴사원(石窟寺院)으로, 4세기(366년)에 건축이 시작되었습니다. 그리고 약 천 년에 걸쳐 불교문화의 중심이 되었습니다. 그 이름처럼 눈부시게 번영했던 둔황의 모습은 당시 역사서 곳곳에 기록되어 있습니다.

이케다 둔황석굴에 남은 벽화는 북주(北周), 수나라에서 원나라 시대에 이르는 역사의 폭을 안고 있습니다. 각 시대를 살아간 사람들의 숨결이 느껴질 만큼 생생한 붓놀림을 담은 문물이 수없이 많습니다.

또 둔황불교의 특징으로, '변문(變文)'이 많이 남은 점을 들 수 있습니다.

'변문'은 경전(經典) 원전(原典)의 직역에서 벗어나 매우 자유로운 창작을 하는 한편, 민중이 이해하기 쉽도록 그림 등을 넣어 설한 문헌입니다. 이 '변(變)'은 경전을 이해하기 쉽게 고친다는 뜻과 신변(神變: 기적)에 얽힌 일을 설한다는 의미를 담고 있습니다.

예를 들면, '법화경변(法華經變)'이라는 벽화에는 비유품(譬喩品)에 나오는 '삼거화택(三車火宅)의 비유'를 그린 그림이 있습니다. 즉, "어느 장자의 저택에 불이 났다. 장자의 아이들은 그 사실을 모르고 놀고 있었다. 장자는 아이들을 구하기 위해 양거(羊車), 녹거(鹿車), 우거(牛車)라는 세 가지 수레를 주었다" 라는 이야기를 그림으로 표현한 것입니다.

삼거화택의 비유가 의미하는 바는 다음과 같습니다.

"번뇌의 불에 휩싸인 인생을 되돌아보지 않고 일상생활에 파묻혀 있는 중생을 구제하고자, 부처는 성문계(聲聞界), 연각계(緣覺界), 보살계(菩薩界)라는 세 종류의 경애를 목표로 하는 권교(權敎)의 가르침으로 중생을 유도한다. 하지만 사실 부처의 목적은 불계(佛界)라는 일불승(一佛乘)의 경애를 목표로 하는 법화경을 설하는 일이다."

이러한 교의(敎義)에 대해서도 경문 자체와 비교해보면,

'변문'은 이미지를 통해 한눈에 이해하게 만드는 힘을 갖고 있습니다.

저는 둔황불교의 가장 큰 특징이 이처럼 이해하기 쉬운 '서민성'에 있다고 생각합니다.

찬드라 저도 그렇게 생각합니다. 둔황은 한족의 지배를 받은 뒤에도 티베트족, 위구르족, 탕구트족, 또는 몽골족 등 여러 민족에게 점령당했습니다. 하지만 막고굴이라는 아름다움의 보고(寶庫)는 끝내 파괴되지 않았습니다. 어느 민족이든 불교를 존중하고, 예술을 전하고 받아들인 측면이 있습니다.

이케다 확실히 실크로드의 비보(秘寶)가 오늘날까지 전해진 까닭은 각 시대마다 여러 민족의 열성적인 신앙심이 있었기 때문이겠지요. 다만 둔황에서 꽃피운 불교는 8세기경부터 조금씩 쇠퇴하기 시작했습니다. 그러한 쇠퇴에는 여러 요인이 있다고 생각합니다.

예를 들면 ① 항해기술이 발달하면서 남해로(南海路: 바다의 실크로드)가 교역 통로로서의 역할이 커지고, 상대적으로 육로(오아시스 로드)의 필요성이 낮아진 점, ② 민족의식이 높아짐에 따라 여러 민족이 융합하던 실크로드가 끊어진 점, ③ 이슬람교도의 침입 등을 생각할 수 있습니다.

찬드라 그러한 요인이 겹쳤을 가능성도 있겠지요.

이케다 또 불교 연구자 가운데 둔황이 쇠퇴한 요인으로 불교 내부의 부패와 타락을 지적하는 사람도 있습니다.

당시 승려는 민중을 억압하고 멸시하고 착취하는 데 급급했다고 합니다. 승려들의 머릿속에는 불도(佛道)가 아닌, 오로지 돈벌이에 대한 생각으로 가득했겠지요.

또 '법의 정사(正邪)'에 대한 엄격함이 희박해지고, 편한 대로 고쳐 쓴 가짜 경전이 유행했다고 합니다. 그 경전을 구실삼아 민중을 협박하고, 속이고, 금품을 빼앗았습니다. 용서할 수 없는 '신앙 이용'입니다.

찬드라 민중을 강제적으로 사찰에 예속시키려고 '사호(寺戶)'라는 특수한 제도까지 만들었습니다. '사호'는 민중을 사찰 주변에 살게 하면서 '이전의 자유'도, 지역 주민 간의 '결혼의 자유'도 없앤 제도입니다. 주민들은 사찰을 위해 평생 강제 노동을 해야 했다고 합니다. 게다가 나이가 들어 일을 하지 못하게 되면 다른 오아시스로 쫓겨났습니다.

둔황뿐 아니라 당시 불교의 여러 거점이 쇠퇴한 원인은 '승려의 부패와 타락' 때문이라고 합니다.

실크로드의 요충지였던 누란(樓蘭)에서도 불교가 쇠퇴했

는데, 가장 큰 까닭은 대량의 승려가 출현했기 때문이라고 합니다. 주민 만오천 명 가운데 사천여 명이 출가자라는 비정상적인 상태에서, 자신의 욕망을 추구하기 위해 순박한 백성에게서 식량이나 금품을 계속 착취하고 도시를 쇠망하게 만들었습니다.

이케다 한편 승려에 대한 교육이 결여되어 있었습니다. 사찰에는 인재를 육성하려는 노력도 없었고, 충동이나 욕망이 향하는 대로 움직이는 인간들로 가득했습니다. 이 점은 오늘날 닛켄종(日顯宗)의 타락과도 상통하는 방정식입니다.

그 어떤 종교나 조직도 '사람'으로 흥하고 '사람'으로 망합니다. 그러므로 교육이 중요합니다.

악을 악이라고 간파하고 정면에서 투쟁하는 사람, 끝까지 민중을 철저히 지키는 사람, 이러한 확고한 인간을 만드는 일이 진정한 교육입니다.

찬드라 그렇습니다. 한 사람 한 사람이 현명해지지 않으면 인류의 평화와 행복은 있을 수 없습니다.

1 《겐지 이야기》헤이안 시대 중기에 무라사키 시키부가 쓴 장편소설. 1001년 이후에 쓰기 시작했다고 추정되는데, 완성 연대는 분명하지 않다.

2 《양진비초》헤이안 시대 말기의 가요집. 고시라카와 법황(法皇)이 편찬했다.

3 구원실성《법화경》'여래수량품' 제16에 쓰여 있으며, 석존이 오백진점겁이라는 구원(久遠)의 옛날에 이미 성불했음을 나타낸다. '수량품' 이전에는 석존이 금세에 처음으로 성불한 부처라고 나와 있다.

4 본문 부처의 본지(本地)를 나타낸 법문(法門)을 말한다. 천태대사는《법화경》28품 중 후반의 14품을 본문이라고 했다.

5 일승진실 일승은 일불승(一佛乘)을 뜻하며, 부처의 경지로 이끄는 가르침을 탈것에 비유하여 '승(乘)'이라고 한다.《법화경》에 쓰여 있는 말로 '일체중생을 똑같이 성불하게 하는 일불승이 진실'이라는 뜻이다.

6 적문 적불(迹佛)이 설한 법문(法門)을 말한다. 적(迹)은 '그림자·자취'라는 뜻으로, 본체와 상대되는 말이다.《법화경》28품 중 전반의 14품을 말한다.

7 키질 천불동 쿠처에서 서북쪽으로 70킬로미터 떨어진 산기슭에 만든 석굴군(石窟群). 타림 분지 내에서 가장 큰 석굴사원으로 알려져 있다.

8 육역삼존 법화경 한역본은 오래된 순서대로 ① 법경삼매경(法經三昧經), ② 살운분다리경(薩芸芬陀利經), ③ 정법화경(正法華經), ④ 방등법화경(方等法華經), ⑤ 묘법연화경(妙法蓮華經), ⑥ 첨품법화경(添品法華經) 등 여섯 종류가 있는데, 이 가운데 ③, ⑤, ⑥ 세 종류의 한역본만이 현존한다.

9 축법호 생몰연대 불명. 중국 서진(西晉) 시대의 역경승(譯經僧)으로《정법화

경》의 번역자다. 축(竺)은 '천축(天竺)', 다시 말해 인도인을 나타낸다.

10 **월지인** 아시아의 고민족(古民族)으로, 月氏는 月支라고도 쓴다. 기원전 3세기에는 기련산맥 북쪽에 있는 허시(河西)의 초원지대에서 유목생활을 했다. 기원전 170년을 전후로 흉노족의 공격을 받아 서쪽 지방으로 이동했다. 이때 칭하이(靑海) 지방으로 들어간 일부 세력을 '소월지(小月氏)'라고 하고, 주력(主力)은 파미르 서쪽으로 이주하여 아무다리야강 중류 지역을 근거지로 삼았다. 이후 쿠샨 왕조를 창건한 세력을 '대월지(大月氏)'라고 한다.

11 **십묘** '묘법연화경(妙法蓮華經)'의 '묘'라는 한 글자에 열 개의 의의가 있다는 뜻. 천태대사가 설한 것으로, 적문십묘(迹門十妙)와 본문십묘(本門十妙)가 있다.

12 **설일체유부** 석존 멸후 300년이 지난 무렵에 상좌부(上座部)에서 갈라진 일파(一派). '일체는 유(有)'라고 설한 것에서 유래한 이름이다. 상좌부가 경(經)과 율(律)을 중요시한 반면, 설일체유부는 논(論)을 중시했다.

13 **수리야소마** 서역의 사차국(沙車國: 야르칸드) 사람. 구마라습에게 대승불교를 가르친 스승으로, 한역불전에서는 음역하여 '수리야소마'라고 표기한다.

14 **절후광전** 구마라습의 한역이 훌륭하다고 찬탄한 말로, '후대에 따를 자가 없고, 전대까지도 빛을 비춘다'는 뜻이다. 도선(道宣: 596~667년)의 《율상감통전(律相感通傳)》에 나오며, 구마라습의 경전 번역에 대해 '일대(一代)의 보물'이라고 쓰여 있다.

15 **공자**(기원전 551~기원전 479년) 중국 춘추시대의 사상가, 유교의 개조(開祖). 생몰연대에 관해서는 이설(異說)이 있다. 《논어論語》는 제자들이 공자의 언행을 편집한 책이다.

16 《**대지도론**》 용수(龍樹)가 썼다고 전해지는 《반야경般若經》의 해설서. 총 100권으로 구마라습이 한역했다.

17 **켈트어** 인도 · 유럽어족의 한 어파(語派). 기원전 수 세기 무렵 유럽 중서부에서 널리 쓰였다.

18 **브라흐미문자** 고대 인도의 문자로, 아소카왕 비문은 주로 이 문자로 새겨졌다. 이 문자에서 지금의 인도계 문자가 성립했다.

19 **상좌부불교** 석존 멸후 100년이 지난 무렵 불교 교단이 계율(戒律)의 해석을 둘러싸고 대립하다가 보수파인 '상좌부'와 진보파인 '대중부'로 분열했다고 전해진다. 보수파에는 장로가 많았기 때문에 '상좌부'라고 불렀다.

20 **막고굴** 둔황에 있는 석굴로, 천불동(千佛洞)이라고도 한다. 둔황현성(敦煌縣城)에서 동남쪽으로 20킬로미터 떨어진 명사산 동쪽 끝의 깎아지른 절벽에 있다. 현존하는 굴의 수는 약 600개이며, 귀중한 불교미술과 경전 등의 보고(寶庫)로 알려져 있다.

제8장

석존의 깨달음
- 인간의 종교

석존 ─ '내적인 생명을 연마하라!'

찬드라 저는 매달 〈그래픽SGI〉를 받아보고 있습니다. 받는 즉시 선생님의 메시지를 읽습니다. 21세기 들어 첫 번째로 발간된 호에는 이렇게 쓰여 있었습니다.

 '자, 아직 도달하지 못한 희망의 천년을 향해
 다 함께 씩씩하게 출발하자!
 (…)
 높이 더 높이
 불법(佛法)의 인간주의 깃발을 내걸고!'

이 시를 읽고 감명을 받았습니다. SGI는 21세기를 '평화의 세기'로 만드는 조류의 선두에 서겠지요. 저는 지금 철새처럼 대지로 돌아갑니다. 저보다 위대한 '생명'으로 돌아갑니다. '인간혁명'의 의미를 알기 위해.

이케다 SGI운동에 대한 박사님의 깊은 이해와 진심 어린 성원에 깊이 감사드립니다. 우리 함께 '희망의 천년'을 향해 출발합시다.

그래서 이번 장에서는 박사님도 언급하신 바 있는 '인간혁명의 기반을 이루는 석존의 깨달음'을 둘러싸고, 세계를 대표하는 불교학자이신 찬드라 박사님께 여러 가지 의견을 여쭙고자 합니다.

찬드라 아니, 이케다 선생님이야말로 불교의 정수를 이해한 '불교철학자'이십니다. 석존에 대해 선생님과 대화를 나누게 되어 제가 오히려 영광스러울 따름입니다.

이케다 진실한 지성(知性)을 가진 사람은 겸허합니다. 박사님이야말로 진정한 지성이십니다. 세계적 지성을 갖춘 박사님과 대화를 나누게 되어 저야말로 더없는 명예입니다. 자, 대화를 시작합시다. 박사님의 이야기를 세계의 독자들이 기다리고 있습니다.

먼저 석존이 인도 정신사(精神史)에 등장한 의의와 배경에 대해 이야기를 나누고자 합니다. 석존시대에 이르기까지 바라문교(婆羅門敎)[1]는 형식화되어, 왕족들은 바라문에게 의식(儀式)을 의뢰했습니다. 바라문들은 의식을 행하면서 신에게 현세적인 이익을 기원했습니다.

찬드라 그 의식에서는 살아 있는 동물을 제물로 쓰기 위해 자주 죽였습니다.

시대가 흐르면서 바라문교에 타락한 성직자가 나타났습니다.《베다 Veda》의 삼히타(Samhita:《베다》본집本集)에서 그 주석서인《브라흐마나 Brahmana》[2] 문헌, 그리고《우파니샤드 Upanishads》[3]로 이어진 진실한 정신적·종교적 기축은 오히려 그 타락한 성직자들이 아니라 석존에게 이어졌습니다.

이케다 저는 석존이 '의식의 내면화'를 지향했다고 생각합니다. 초기 불전인《상윳타 니카야》[4]에서 석존은 불을 다루는 의식을 하는 바라문에게 이렇게 말했습니다.

"바라문이여. 나뭇조각을 태워야만 청정함을 얻을 수 있다고 생각하지 마라. (…) 바라문이여. 나는 (외적으로) 나뭇조각을 태우는 일을 그만두고, 내면적으로만 환하고 아름다운 불을 밝힌다."《붓다 악마와의 대화》, 나카무라 하지메 역)

찬드라 석존의 의도는 명확합니다. '의식을 정교하고 치밀하게 하거나 호화롭게 하지 말고, 내적인 생명을 연마하라'는 것이 석존의 메시지였습니다. 이것이 이케다 선생님이 말씀하시는 '의식의 내면화'라고 생각합니다.

이케다 그렇습니다. 그리고 창가학회의 이념인 '인간혁명'은 석존의 마음을 계승한 것입니다.

찬드라 여기서 창가학회로 계승된 고귀한 정신의 발전사를 저 나름대로 되돌아보고자 합니다.

인류의 위대한 유산인 《리그베다Rigveda》[5]에는 여신 아디티(Aditi: 무한)[6]에 대해 이렇게 적혀 있습니다.

"아디티는 하늘이요, 아디티는 공계(空界)이다. 아디티는 어머니요, 아디티는 아버지요, 아디티는 자식이다. 아디티는 모든 신이요, 다섯 종족(모든 아리아인)이다. 아디티는 이미 태어난 자요, 아디티는 아직 태어나지 않은 자이다."《리그베다 찬가》, 쓰지 나오시로 역)

이케다　아디티는 모든 것을 통일하고, 모든 것에 널리 가득 찬 '진리'와 같은 존재이군요.

찬드라　그렇습니다. 그리고 우파니샤드의 철인(哲人)들이 주장한 '근본진리', '근본법칙'이 나타납니다. 그러한 역사의 흐름 속에, 종교는 의식을 집행하는 성직자만으로는 불완전하며, 인생의 관점을 깊게 해줄 철인이 필요하다고 생각하기 시작했습니다.

이케다　요컨대 시대와 함께 두 가지 흐름이 나타났다는 말이군요. 하나는 '진리'를 추구하는 철학적인 사고이고, 다른 하나는 과도한 의식주의(儀式主義)입니다.

찬드라　의식을 집행하는 사람은 바라문이지만, 복잡한 의식의 막대한 비용을 부담한 사람은 크샤트리아[7]였습니다. 그리고 이 왕족들이 철학적인 '브라만(Brahman)'[8]의 원리를 구성해서, 바라문들은 그것에 관심을 기울일 수밖에 없었습니다.

이케다 요컨대 '이전에는 성직자인 바라문에게 권위가 있었고, 바라문이 최고의 신분을 자랑했다. 그런데 우파니샤드의 철학사상이 나타나자 역전되기 시작했다'는 말이군요. 의식에서 철학으로, 형식에서 내면으로, 그리고 그 역사는 석존에게로 이어졌습니다.

찬드라 그렇습니다. 지금 말씀하신 우파니샤드처럼 위대한 사상을 낳은 정신의 대지가 석존을 성장시켰습니다.

확실히 불교사상은 우파니샤드와 다르며, 어떤 점에서는 정반대입니다. 하지만 불교에 대한 여러 가지 사고방식에 길을 열었다는 점은 사실입니다.

예를 들면 초기 우파니샤드는 인간을 초월한 '인격신'을 부정했습니다. 불교도 절대적인 인격신을 부정합니다. 또 석존은 베다에 나와 있는 의식을 거부했습니다.

형식주의와 의례주의를 비판

이케다 베다의 의식중심주의(儀式中心主義)에서는, 바라문에게 공양을 하고 성대한 의식을 치름으로써 선업(善業)을 쌓아 천국에 태어난다고 했습니다. 석존은 그러한 형식주의와 맞섰습니다.

찬드라 그렇습니다. 또 석존은 번거로운 형이상학적인 의론에 대항하고, 현실세계에서 고뇌와 맞서 싸우며 살아가기 위해 끊임없이 노력했습니다.

이케다 그런 의미에서 불교는 현실의 인간고(人間苦)를 결코 벗어나지 않습니다. 불교는 의식에 불을 피우면서 기적을 기대하는 그런 종교가 아닙니다. 자신을 계속 연마하고, 고뇌를 극복하면서 스스로 사회를 비추는 등명(燈明)이 되기 위한 가르침입니다.

찬드라 이케다 선생님이 지적하셨듯이 석존이 우리에게 말하고 있는 바는 그야말로 '인간혁명' 사상입니다. 거꾸로 말하면 인류 역사에서 석존이 처음으로 '인간혁명' 사상을 제창했다고 할 수 있겠지요.

인간을 초월한 신 따위는 없습니다. 기적을 행하는 '의식'

도 필요 없습니다. 창가학회는 석존의 이 간명한 정신에 직결하는 단체입니다.

이케다 높은 평가와 깊은 이해에 감사합니다.

찬드라 특히 제가 창가학회를 높이 평가하는 점은 '사회성'입니다. 공리공론(空理空論)을 즐기지 않고 현실생활 속에서 불법을 전개하고 있는 점입니다.

이케다 우리에게 사회성은 석존과 대승불교의 보살도(菩薩道), 또 니치렌 대성인의 '입정안국(立正安國)' 정신에 직결하는 행동의 기축입니다.

아무리 훌륭한 가르침이라도 현실 속에서 사람을 구제하지 못하면 아무런 소용이 없습니다. 진정한 불교는 괴로워하는 벗, 혼미한 사회에 대해 적극적으로 관여해야 합니다.

찬드라 동감합니다. 《디가 니카야》[9]의 마하 파리니바나 수탄타[대반열반경大般涅槃經]'에 유명한 일화가 있습니다. 석존은 사회의 안정에 대해 제자 아난다(Ananda: 아난타阿難陀)에게 이렇게 말했습니다.

"아난다여. 밧지인이 자주 회의를 열고, 회의에 많은 사람이 모이는 동안에는 밧지인에게 번영을 기대할 수 있으며 쇠망은 없을 것이다."

"아난다여. 밧지인이 협동하여 모이고, 협동하여 행동하고, 협동하여 밧지족으로서 해야 할 일을 하는 동안에는 밧지인에게 번영을 기대할 수 있으며 쇠망은 없을 것이다."《붓다 최후의 여행》, 나카무라 하지메 역)

타자(他者) 속에서 존엄을 보다

이케다   석존은 유명한 '칠불퇴법(七不退法)'[10]을 설하며 밧지족이 오래도록 번영할 수 있는 조건을 열거했는데, 그 첫머리에 나오는 구절이군요. 저도 그 구절을 하와이 동서센터에서 강연할 때 언급했습니다.

컬럼비아대학교의 서먼 종교학부장은 이 '칠불퇴법'을 높이 평가하여 "21세기가 되면 강연 때 언급하신 일곱 가지 불퇴법이 세계에 유포되고 실천될 것입니다"라고 말했습니다.

찬드라   그 이야기는 잘 알고 있습니다. 석존이야말로 인도의 사상과 사회적 행동의 정점입니다. 석존은 인간을 사랑했습니다. 왕자의 자리에서 내려온 석존은 홀로 깨달은 법열(法悅)의 자리에서 일어섰습니다. 그리고 현실의 고뇌 속으로 뛰어들어갔습니다.

이 석존의 중도사상(中道思想)에 인류가 실천할 수 있는 새로운 구도(求道)의 길을 열어주신 분이 바로 이케다 선생님입니다. 인류에게 인간을 초월한 신이 아닌, 자기 자신을 믿는 길을 제시하셨습니다. 연화(蓮華)처럼 서서히, 그러나 확실히 개화하는 이미지를 가진 존재로서 인간이 지닌 가능성에 빛을 비추셨습니다.

이케다 인간과 동떨어진 곳에 국가 같은 절대적인 것을 놓게 되면, 반드시 사람과 사람의 관계가 분단되고 맙니다. 또 최고의 가치를 오로지 자신에게만 두면, 이기주의(에고이즘)에 빠집니다.

그에 비해 불교가 설하는 보살도(菩薩道)는 타자 속에서 존엄을 발견합니다. 그 예로 《법화경》 '불경품(不輕品)'에 나오는 불경보살(不輕菩薩)[11]은, 만나는 사람에게서 '불성(佛性: 부처로서의 본성)'을 보았습니다.

찬드라 '나-당신'처럼 자기와 타자를 대립적으로 인식하는 관계가 아닌, '나-우리'라는 관계는 사람들에게 인간성을 부여합니다.

'나-우리'의 관계 속에서 인간은 더 높은 차원의 존재가 되고, 더 높은 차원의 공존에 이르기 위해 언제나 자기 스스로를 이기게 되는 법입니다.

석존이 출가한 동기 ― 불교의 원점

이케다 그러면 이제부터 석존의 깨달음은 무엇이었는지, 불교의 핵심으로 이야기를 옮겨볼까 합니다.

찬드라 그것은 불교의 원점을 추구하는 일이기도 합니다.

이케다 불전에는 왕자였던 석존이 출가한 동기에 대해 이렇게 쓰여 있습니다.

　"나는 이처럼 유복하고, 이처럼 더없이 다정하고 유연한데도 이렇게 생각하게 되었다. '어리석은 범부(凡夫)는 자신 또한 늙는 것을 피할 수 없는 존재인데도 타인의 노쇠한 모습을 보면 이를 망각한 채 생각에 잠기고, 고민하고, 부끄러워하고, 혐오한다. 실은 자기 또한 늙어가는 존재인데도 늙음은 자기와 어울리지 않는다고 생각한다. 내가 이렇게 고찰했을 때, 청년시절에 품은 청년의 의기(젊음의 교만)는 완전히 사라져버렸다."《고타마 붓다》1권, 나카무라 하지메 역)

석존은 왕궁의 네 개의 문을 나와 유원(遊園)으로 향하는 도중에 생로병사(生老病死)라는 사고(四苦)를 눈앞에서 보고 '출가하여 득도하겠다'고 소망했다고 한다. 사진은 석존이 출가하기 전에 유원으로 향하는 모습을 묘사한 것(산치 제1탑의 북문北門 문주門柱, 1세기경).

'젊음의 교만'에 대한 반성입니다. 그리고 '병(病)'과 '사(死)'를 계속 고찰하면서 병자에 대한 '건강의 교만', 죽은 자에 대한 '살아 있음의 교만'을 지적합니다.

인간은 생로병사(生老病死)를 피할 수 없는 존재인데도 '노(老)', '병(病)', '사(死)'에서 눈을 돌리고 이것들을 혐오합니다. 저는 하버드대학교에서 강연할 때, '사(死)'를 혐오하면서 피하려고 한 현대문명이 반대로 '대량사(大量死)'를 일으키고 있는 현실을 지적했습니다. 인간의 마음속에 숨어 있는 이러한 교만, 다시 말해 '근원적 에고이즘'이야말로 괴로움의 원인이고, 사회를 혼미하게 만드는 원인이기 때문입니다.

찬드라 그 교만은 선생님이 강연에서 언급하신《수타니파타》¹²에 나오는, 사람들의 마음속에 박힌 '보이지 않는 번뇌의 화살'을 가리키는군요.

이케다 그렇습니다. 저는 이 '보이지 않는 번뇌의 화살'을 '차이(差異)에 대한 집착'이라고 표현했습니다. '근원적 에고이즘'에 사로잡혀 타자를 차별하고, 멸시하고, 배제하는 것을 말합니다. 불교적으로 표현하면, 이것이 바로 생명 깊은 곳의 '무명(無明:아비디야)'입니다.

찬드라 그렇습니다. 동감합니다.

'태양의 불법'의 현현(顯現)

이케다 석존은 성도(成道)함으로써 생로병사의 '고(苦)'가 '무명'에 따른 것이고, 이 무명을 멸(滅)할 때 고(苦)가 멸한다는 '연기법(緣起法)'을 깨달았습니다.

찬드라 '석존의 성도'라고 하면 왠지 정적(靜寂)의 이미지가 늘 따라다니는데 실제는 다릅니다. 그야말로 목숨을 건 투쟁이었습니다. 성도에 이르기까지 석존은 인생의 아픔, 고뇌, 고생, 눈물을 오랜 시간 숙려하고 깊이 명상해야 했습니다. 석존은 '마(魔)의 유혹'을 이겨내야 했습니다.

이케다 그렇습니다. 불법은 승부(勝負)입니다. 부처를 '승자(勝者: 지나)'라고 합니다. 마와 맞서 싸우는 투쟁 없이 깨달음을 이룰 수 없습니다.

많은 불전에는 선정(禪定)에 들어간 석존에게 '마'가 교묘히 다가오는 상황이 기록되어 있습니다.

예를 들면 《상윳타 니카야》의 제1편 제4장은 '악마에 대한 전승(傳承)의 집성(集成)'이라고 일컬어집니다. 거기에는 마가 석존에게 "애써 알게 된 진리를 타인에게 설하면 안 된다"라고 말하면서 설법을 그만두게 하려는 장면이 나오기도 하고, '애집(愛執)', '불쾌', '쾌락'이라는 이름을 가진 마(魔)의 세 딸이 석존을 유혹하는 장면도 나옵니다. 더욱이 폭력으로 목숨을 빼앗으려 하거나, 석존이 속지 않자 제자를 속이려는 장면이 묘사되어 있습니다. 그리고 결국은 마가 패퇴합니다.

불전에는 "석존이 마(원품元品의 무명無明[13])와 벌인 격투에서 승리한 순간은 동쪽 하늘에 뜬 샛별의 반짝임과 같은 시간이었다"라고 쓰여 있습니다.

요컨대 "생명 오저(奧底)에 있는 '원품의 무명'이라는 가장 깊은 어둠을 '원품(元品)의 법성(法性)'[14]이라는 광명(光明)이 꿰뚫는다"라는 것입니다. 석존의 성도는 그야말로 '의정불이(依正不二)'[15]이고, 극한까지 깊어진 대우주의 암흑에 나타난 샛별의 '반짝임'과 같았습니다.

석존의 생명이 '암(暗)'에서 '명(明)'으로 바뀐 것과 대우주가 '어둠'에서 '빛'으로 반전한 '동시성'이야말로 부처의 깨달음이 우주대(宇宙大)의 내실(內實)을 품고 있다는 점을 나타냅니다.

찬드라 '마'는 인간의 마음속에 있습니다. 석존이 내면에서 벌인 치열한 싸움을 생각해보면, 부처는 '신'이 아닌 인간으로서 우리에게 다가옵니다.

이케다 석존이 '마'와 한창 맞서 싸우고 있을 때, '일몰'과 '한밤중' 그리고 '새벽'에 걸쳐 석존의 입에서는 시(詩) 세 수가 나왔습니다.

일몰 때 읊은 시에는 "실로 담마(dhamma)[16]가 열심히 명상하고 있는 수행자에게 나타날 때, 그때 그의 모든 의혹은 사라진다. 왜냐하면 그는 연기(緣起)의 법(法)을 알고 있기 때문에"라는 말이 있습니다. 그러나 '한밤중'에는 그 갖가지 연(緣)도

사라져 없어집니다.

그리고 '새벽의 시'에 이르러 "그는 악마의 군대를 분쇄하여 안립(安立)했다. 마치 태양이 허공을 비추는 듯하다"라고 선언합니다. 석존이 악마의 군대를 모조리 분쇄한 '성도'의 순간입니다.

이 불전에는 '원품의 법성', 다시 말해 부처의 위대한 생명이 '태양'으로 표현되어 있습니다. 인류의 어둠을 영겁 동안 비추어 밝힐 '태양의 불법'이 현현(顯現)한 순간입니다. 그리고 그 순간 석존은 지혜와 자비 그리고 환희의 조류(潮流)로 가득한 '깨달음'의 대경지를 획득하고, 각자(覺者: 부처)의 생명을 드러냈습니다. 이 태양의 불법은 대승불전에서 법화경으로 결정체를 이루고, 다시 니치렌 대성인으로 이어졌습니다.

찬드라 석존의 일생을 그린 유명한 불전《랄리타비스타라Lalitavistara》[17]에는 다음과 같은 석존의 사자후(獅子吼)가 나옵니다.

"나는 결코 격정(激情)과 함께 살지 않는다. 또 죄와 함께 살지도 않는다. 나는 언제나 그 본질에서, 상쾌한 것과 살지 않는다. 또 유쾌한 것과도, 불쾌한 것과도 친구가 되지 않는다. 내 정신은 하늘에 부는 바람처럼 완전히 해방되었다."

"설령 이 세계가 너희(마魔를 말함) 같은 존재로 가득 채워졌다고 해도, 또 내가 한 칼파(겁劫)에 걸쳐 너희와 같이 지내게 되었다고 해도 내게는 악도 없고, 격정도 없고, 광기(狂氣)도 없다. 지나(승자勝者, 성자聖者)는 평등하고, 우주의 정기(精氣)와 같은 정신을 갖추었다."《붓다의 경애》,미조구치 시로 역)

이케다 태양의 불법의 빛을 받은 우주대에 걸친 자유자재의 경애, 차이에 대한 집착을 극복한 평등대혜(平等大慧)의 정신, 살아 있는 모든 것을 포괄하는 대자비심이 넘쳐흐릅니다. 각자(覺者:부처)의 생명공간(生命空間), 다시 말해 니르바나[열반涅槃][18]를 멋지게 묘사한 문장입니다.

찬드라 우리가 믿어야 할 불법의 말은 사람의 마음속에 있습니다. 그것은 경전의 메시지를 통해 비쳐졌습니다. 경전은 닫혀 있지 않습니다. 경전에서는 자각한 인생에 대한 태도나 행동을 환기시키는 영감이 떠오릅니다.

이케다 그렇습니다. 경전은 결코 과거의 유물이 아닙니다. 또 고고학적, 문헌학적인 연구 대상으로만 삼아서도 안 됩니다. 니치렌불법에서는 '경문의 신독(身讀)'이라고 말합니다. 올바른 경문에 쓰여 있는 가르침을 올바르게 실천해야 합니다. 그 점이 가장 중요합니다.

찬드라 불교의 메시지는 이렇습니다.

"당신의 신체는 그대의 감각과 존엄의 전당입니다. 그리고 그곳은 당신이 인간의 보편성과 보편적인 인간상을 구하는 곳입니다. 안으로 눈을 돌립시다. 당신은 부처입니다."

자기실현은 불법의 진수(眞髓)입니다. 《상윳타 니카야》에 이러한 이야기가 나옵니다. "숲에 들어간 사람이 옛길을 발견하여 그 길을 따라가자, 유적이 된 옛 도읍에 이른다. 그리고 머지않아 옛 도읍이 다시 부흥한다."

이케다 유명한 '성읍(城邑)의 비유'이군요. 그 비유는 석존도 영원한 옛날부터 존재하는 '진리', '법'을 발견했음을 나타냅니다. 요컨대 석존은 새로운 법칙을 만든 것이 아니라 진리를 발견했습니다. 뉴턴이 발견하기 전에도 만유인력의 법칙은 있었습니다. 그 법칙을 뉴턴이 발견해서 모든 사람이 이용할 수 있는 형태로 공식화했습니다. 이와 마찬가지로 석존은 진리를 만든 것이 아닙니다. 석존 자신이 궁극의 진리를 태양의 불법으로써 체득했습니다.

찬드라 그렇습니다. 부처는 천지창조의 신이 아닙니다. 부처는 진리를 발견하고, 그 진리를 모든 사람이 실천할 수 있도록 몸소 솔선해 보였습니다.

그 실천은 양극단(兩極端)을 버리고 계(戒)·정(定)·혜

(慧)[19]를 실천함으로써 지고(至高)의 지혜에 이르는 길입니다. 불교의 목표는 '성불', 다시 말해 자기실현, 자기완성입니다.

자기실현은 관념론이나 일시적인 위안이 아닙니다. 현실 세계에서 자신에게 즉(卽)하여 인간적 가치관을 경험하는 일입니다. 또 타자에게 봉사함으로써 인간적 가치관과 대화하는 일입니다. 그리고 그 일은 '인간혁명'을 뜻합니다.

카슈미르의 위대한 철학자이자 시인인 아비나바 굽타[20]가 이렇게 말했습니다.

"그는 그 산을 자주 바라보았는데, 처음 본 것처럼 그는 놀라움으로 가득 차 있었다. 순간순간 새로워진다는 것은 미(美)의 본질이다."

'가치창조'야말로 행복의 본질

이케다 인도는 정신의 대국이자 시심(詩心)의 대국입니다. 장대한 서사시 〈마하바라타〉[21], 〈라마야나〉[22] 그리고 칼리다사[23]와 아시아 최초로 노벨문학상을 받은 타고르 등 고금(古今)의 위대한 시인을 많이 배출했습니다. 박사님의 나라가 인류에 얼마나 많은 공헌을 해왔는지 모릅니다.

핵무기와 네이팜탄의 발명은 인류의 비극으로 이어졌지만, 인도의 시심은 인류의 평화와 행복으로 이어집니다. 아비나바 굽타도 시(詩)와 시작이론(詩作理論), 미학이론(美學理論)을 통해 인류의 평화와 행복에 커다란 업적을 남긴 인물입니다.

위대한 미학자이자 종교인인 아비나바 굽타가 말한 것처럼, 순간순간 새로워진다는 것은 '미의 본질'이자 '행복의 본질'이기도 합니다. 그것을 우리는 가치창조(價値創造)라고 부릅니다.

찬드라 '창가학회'라는 이름에는 확실히 인간의 본질적인 가능성을 환기하고 공명(共鳴)하는, 더없이 존귀한 인간적 가치가 나타나 있습니다. 또 다른 관점에서 말하면, 불교에서 최고의 지혜를 나타내는 '보디(Bodhi: 보리菩提)'는 자연의 영위에 참여하는 것입니다. 각성한 마음과 환경, 요컨대 인간과 자연은 별개의 존재가 아닙니다. 생명의 자연환경을 공유하고 있습니다. 인간의 내부와 외부 세계는 서로 관련이 있습니다.

이케다 그 진리는 석존이 우주와 일체가 된 성도(成道)로서 나타났습니다. '의정불이(依正不二)'입니다.

찬드라 의정불이의 사상이야말로 지구환경 문제에 대해 커다란 전망을 연다고 할 수 있겠지요.

이케다　지금이야말로 인류에게 불교의 예지(叡智)가 필요한 때라고 생각합니다. 그 지혜에서 늘 새로운 가치를 창조할 수 있기 때문입니다.

찬드라　선생님의 생각에 동의합니다. 석존의 각성은 인류에게 새로운 철학을 불어넣었습니다. 그것은 다음과 같은 사상입니다.

(1) 각성한 지혜는 신체를 가진 남성과 여성을 근본으로 한다.

(2) 각성한 지혜는 개인적 경험을 통해 상상할 수 있는 것이고, 구체적인 신체로 얻을 수 있는 숭고함이다.

(3) 각성한 지혜는 자신의 내면과 인간, 다른 생물, 환경 전체를 포함하는 외계와 서로 작용한다.

이케다 선생님은 늘 미래를 응시하며 사색하고 행동하십니다. 선생님의 손안에는 석존의 '각성한 지혜'라는 참으로 구체적이고 간명한, 내재하는 빛이 있습니다. 개인 안에 있으면서도 타자를 비추는 빛입니다. 그 빛은 선생님과 저, 그리고 인류 생명의 진수입니다. 이케다 선생님은 그 진수를 얻기 위해 얼마나 많은 경험을 하셨고, 얼마나 많은 괴로움을 극복하셨을까요.

이케다 불전에 "일념(一念)에 억겁(億劫)의 신로(辛勞)를 다하면"(《어서》, 790쪽)이라고 나와 있습니다. 제게는 위대한 스승과, 신뢰하는 동지와, 사랑하는 벗이 있었습니다. 스승 슬하에서 동지와 함께 모든 어려움을 이겨낼 수 있었습니다.

찬드라 확실히 인간은 약하고 불완전한 존재입니다. 그러나 이케다 선생님은 그 한계가 있는 인간에게서 아름다운 '영원'을 찾아내셨습니다.

주

1 바라문교 고대 인도에서 카스트(사성제도四姓制度)의 최상위 계급인 바라문이 주체가 된 종교를 말한다.《베다》를 성전(聖典)으로 한다.

2 《브라흐마나》 '제식(祭式)의 설명'이라는 뜻.《베다》를 구성하는 요소 중 하나로, 제식 집행의 규정과 제식의 신학적 설명을 주된 내용으로 한다.

3 《우파니샤드》 '베단타(베다의 끝)'라고도 하며 '오의서(奧義書)'라고 번역한다. 어원에 대해서는 여러 가지 설이 있는데, 본래는 '스승에게서 은밀하게 전수되는 오의(奧義)·비전(秘傳)'을 뜻했다.

4 《상윳타 니카야》 상응부경전(相應部經典). 북전불교에서 한역된 아함경전(阿含經典)은 남전불교에서 팔리어로 기록되었는데 '니카야(部)'라고 부르며 5부가 있다. 한역 '잡아함(雜阿含)'에 대응하는 것이 '상윳타 니카야'이고 '상응부(相應部)'라고 번역한다.

5 《리그베다》 네 가지《베다》중 하나. 가장 오래된 성전(聖典)으로서 바라문교도들에게 존중되었다.

6 아디티《리그베다》의 신들에 대한 찬가 속에서 최고신으로 칭송받는 인드라를 낳은 모신(母神)이다.

7 크샤트리아 왕족을 뜻하는 말로 인도 카스트에서 바라문계급 다음인 왕후(王侯)와 무사계급의 호칭이다.

8 브라만 '범(梵)'이라고 음역하고, 우주의 '근본원리'를 뜻한다.

9 《디가 니카야》 장부경전(長部經典). '5니카야(部)' 가운데 하나로 '장부(長部)'라고 번역한다. '디가'는 '길다'라는 뜻. 비교적 긴 경(經)을 담고 있어 이

이름이 붙었다.

10 칠불퇴법 석존이 문하의 질문에 답변한 가르침으로, 공동체의 쇠퇴를 막는 일곱 가지 원칙. 그 내용을 현대적으로 해석하면 ① 회의·협의, ② 협동·연대, ③ 법률·전통, ④ 연장자, ⑤ 여성과 어린이, ⑥ 종교성·정신성, ⑦ 문화인·철학인과 나누는 교류의 일곱 가지 항목을 중시하고 있는지 여부를 말한다.

11 불경보살 상불경보살품. 위음왕불이 멸한 뒤, 상법시대 말에 출현했다. "일체중생에게 불성이 있다"라고 하면서 중생을 예배하는 수행을 실천했다.

12 《수타니파타》 가장 오래된 불교경전 중 하나로 '경집(經集)'이라고 번역한다. 《수타니파타》에는 자비의 실천의 중요성에 대해 "마치 어머니가 자기 외아들을 목숨을 걸고 지키듯, 살아 있는 모든 것에 한없는 자애심을 일으켜야 한다"라고 쓰여 있다.

13 원품의 무명 중생의 생명이 본연적으로 가지고 있는 근본의 미혹(迷惑)을 이른다. 원품은 '근본·원초(元初)'라는 뜻이고, 무명은 미혹을 말한다.

14 원품의 법성 '원품의 무명'에 상대되는 말. 근본의 깨달음을 이른다. 중생의 생명 깊은 곳에 있는 일체의 진리, 지혜의 근본이 되는 법성을 말한다.

15 의정불이 '의보(依報: 환경)'와 '정보(正報: 생명주체)'가 둘이면서 둘이 아니라는 뜻. '보(報)'는 과보(果報)를 이른다. 과보를 받는 주체인 중생의 신심(身心)을 정보라고 하고, 정보의 의처가 되는 환경·국토를 의보라고 한다.

16 담마 팔리어로 '법(法)'이라고 한역한다. 산스크리트어로는 '다르마'이다. 진리, 이법(理法), 질서, 법칙, 본성 등의 뜻으로 사용된다.

17 《랄리타비스타라》 석존의 전기(傳記)를 그린 경전으로, 불전문학의 최고 걸작이라는 마명(馬鳴)의 《붓다=차리타》와 동시대 또는 그 이후의 것으로 추정된다.

18 니르바나 번뇌의 불을 끈 상태를 말한다.

19 계·정·혜 불도(佛道)를 수행하는 자가 반드시 수학해야 하는 '계학(戒學)', '정학(定學)', '혜학(慧學)'의 세 가지를 말하며, '삼학(三學)'이라고 한다.

20 아비나바 굽타 생몰연대 불명. 9세기경에 인도 카슈미르 지방에서 일어난 시바파(派)의 가장 대표적인 사상가이며, 10세기 말에 활약했다.

21 〈마하바라타〉 두 부족 간의 전쟁을 묘사한 고대 인도의 서사시.《라마야나》와 함께 인도의 국민적 서사시로 유명하다.

22 〈라마야나〉 코살라국의 라마 왕자가 마왕에게서 시타 왕비를 되찾는 이야기를 묘사한 고대 인도의 서사시. 후대의 사상과 문학에 지대한 영향을 미쳤다.

23 칼리다사 인도 고전문학 사상 최고의 시인, 극작가. 생몰연대 불명. 굽타 왕조의 전성기인 4~5세기경에 활약했다고 추정된다. 가장 유명한 작품은 《샤쿤탈라》이다.

제 9 장

민중을 위해
– 석존이 전개한 홍교(弘教)의 여행

세계 학문의 중심에서 보내는 경의의 칭호

찬드라 '가치의 법륜(法輪)'을 전개하는 이케다 선생님은 세계 오대양 육대주에 있는 대학과 학술기관이 수여하는 명예학술 칭호를 받으셨습니다.

선생님이 백 개 이상 받으신(2000년 기준) 명예박사 칭호와 명예교수 칭호는 마치 법화경(法華經) 백(百)의 행운의 증표[1]로 장엄하게 장식된 세계와 같습니다. 참으로 이 칭호들은 선생님이 펼치시는 창가(創價)의 개념이 얼마나 중요한지를 보여주는 확실한 증거입니다. 그 개념은 '생명의 고동'이고, 생명의 본질을 형성하는 미래의 실재(實在)가 될 것입니다.

이케다 세계 최고 학자이신 찬드라 박사님께 과분한 평가를 받으니 이보다 더 큰 영광은 없습니다. 이 칭호들은 창가학회 마키구치 초대 회장, 도다 제2대 회장의 제자로서 오로지 스승의 가르침을 따라 생사를 초월하여 계속 투쟁한 결과 받게 된 영예라고 생각합니다.

찬드라 선생님에게 명예박사·명예교수의 영예를 수여할 때, 전 세계 학문의 중심은 선생님이 전개하신 광범위한 행동과 미래에 대한 전망에 경의를 표할 것입니다.

이케다 박사님의 말씀을 격려로 받아들여 인류와 민중을 위해 더욱 노력하겠습니다.

찬드라 《법화경》 '화성유품' 제7에는 열여섯 명의 왕자들이 대통지승불(大通智勝佛)[2]에게 부처가 득한 최고의 깨달음(보리菩提)을 전 세계 중생들에게 설하기를 간청하는 장면이 나옵니다. 부처는 살아 있는 모든 생명체가 가슴 깊이 생각하는 마음을 알고 있었습니다.

마찬가지로 선생님은 법화경의 자비와 선정(禪定)을 생활상에 나타내고, 그 빛을 세계에 비추고 계십니다.

이케다 '화성유품'에는 대통지승불의 열여섯 번째 왕자가 인도에서 태어난 석존(釋尊)이라고 나옵니다.

"열여섯째는 나 석가모니불이니, 사바국토(娑婆國土)[3]에서 아뇩다라삼먁삼보리(阿耨多羅三藐三菩提)[4]를 이루었느니라" 《법화경》, 306쪽)라고 쓰여 있습니다. 이 지구상에서 무상(無上)의 정등각(正等覺)[5], 다시 말해 최고의 깨달음(보리)을 이루었다고 나옵니다.

박사님과의 대화는 '마(魔)와 맞서 싸우는 석존의 격투'를 거쳐 우주 근원의 법을 깨닫고 득도하는 데 이르렀습니다.

그 뒤로 불전은 시사적인 이야기를 전합니다. 원시경전(原

始經典)인《율장律藏》의 '대품(大品)'에는 석존이 보리수 밑에서 깨달음에 이른 뒤의 일이 쓰여 있습니다. 석존이 깨달음의 경지에 도달하여 붓다가 된 직후 5주 동안 결가부좌(結跏趺坐)[6]한 채로 있을 때, 석존의 마음에 다음과 같은 생각이 일어났다고 합니다.

"내가 고생 끝에 얻은 깨달음을 지금 사람들에게 설할 필요가 있겠는가. 탐욕과 증오로 가득한 이들이 진리를 이해하기란 쉽지 않다."

찬드라 그 결과 석존은 민중들에게 깨달음의 진리를 전하려는 생각을 잃었다고《율장》에 쓰여 있습니다.

석존에게 홍교를 권한 '범천'

이케다 불전에는 이때 세계의 주(主) 범천(梵天)이 천계(天界)에 모습을 나타내서 석존에게 진리를 설법하도록 권했다고 나옵니다. 범천이 세 번에 걸쳐 요청하자 석존은 일어서서 민중에게 홍교를 시작합니다.

찬드라 유명한 '범천권청(梵天勸請)'의 설화입니다.

석존은 한 차례 설법을 거절합니다. 범천이 두 번째 권청했지만 석존은 두 번째 청도 거부했습니다. 하지만 범천이 세 번째로 권청하자 석존은 드디어 설법을 결의합니다. 경전에는 그 결의가 이렇게 쓰여 있습니다.

"귀가 있는 사람들에게 불사(不死)를 위한 모든 문(門)이 열렸다."

이케다 석존은 만인에게 가르침의 문을 열었습니다. 불교에는 비전(秘傳)이나 비의(秘儀) 같은 것은 없습니다. 바라문교의 최고 가르침은 비교(秘敎)였습니다. 한 사람에서 한 사람으로 상전(相傳)되었습니다. 하지만 불교는 그렇지 않습니다.

석존은 "나는 내외(內外)에 차별을 두지 않고 (모든 사람에게) 빠짐없이 이법(理法)을 설했다. 완전한 사람의 가르침에는 제자에게 무엇인가 감추는 교사(敎師)의 주먹7은 존재하지 않는다"라고 선언했습니다.

찬드라 불교의 특질을 밝힌 유명한 말입니다.

이미 거론했지만 저는 1998년 11월에 이케다 선생님에게 인도문화국제아카데미의 최고명예회원 칭호를 수여했습니다.

이케다 다시 한 번 감사드립니다. 정신의 대국을 대표하는 연구기관에서 받은 영예는 분에 넘치는 영광입니다.

찬드라 저는 수여식에서 "소프트파워로 세계를 결합하고, 각 국의 우호유대를 만들고 계신다"라고 선생님의 활동을 소개 했습니다. 그리고 "이 소프트파워야말로 감로(甘露: 암리타)"라 고 덧붙였습니다.

이케다 상장에 선명한 주홍색 한자로 쓰인 '감로'라는 글자가 지금도 저의 뇌리에 새겨져 있습니다. 감로는 석존이 '범천권 청'을 받고 민중구제를 위해 떠나며 결의한 말에서 유래했습 니다.

찬드라 그렇습니다. 석존이 실천한 '암리타의 가르침', 영원 한 가치창조를 계속하는 불사(不死)의 가르침은 사람들의 건 조한 마음을 치유하는 감로로서 지금 이케다 선생님에 의해 새로운 자비의 빛이 되어 세계를 비추고 있습니다.

'범천'은 무엇을 뜻하는가

이케다 박사님을 비롯한 귀 아카데미의 현창에 부응하기 위 해, 인류를 위해 가치를 창조하는 감로의 빛을 밝히겠습니다.

그런데 '범천권청'의 설법이 뜻하는 바에 대해서는 예부터 여러 가지 해석이 있습니다. '진리를 각지(覺知)한 기쁨을 홀로 조용히 맛보느냐, 아니면 비록 박해를 당해도 사람들에게 가르침을 설하느냐'를 두고 크게 망설이다가 결국 설법을 하기로 결의하기까지, 석존에게 일어난 갈등을 석존과 범천이 대화하는 형식으로 표현한 것이 '범천권청'이라고 생각합니다. 박사님은 어떻게 생각하십니까?

찬드라 저도 같은 의견입니다.

이케다 그리고 석존에게 '깨달음'의 자리에서 일어나 사람들을 위해 '진리'를 설하도록 요청한 범천은, 우주와 생명에 내재하는 근원적인 창조력을 바라문교 신의 모습을 빌려 나타낸 것이라고 생각합니다. 은사 도다 선생님은 '우주는 자비의 당체(當體: 직접 쓴 그 본체를 이르는 말)'라고 말씀하셨습니다. 범천은 만물을 키우고 창조하는 대자비의 작용을 상징합니다.

찬드라 따라서 범천의 권청은 "석존이 욕망에 집착하는 민중을 어떻게 구제해야 하는지 거듭 생각하면서, '자기 생명에 내재하고 더구나 자기 생명을 초월하여 우주로 확대하는 창조력'에 촉진되어 민중구제라는 인류적인 사명을 위해 여정을 나서는 모습을 보여주는 것"이라고 생각합니다.

이케다 우주 근원의 창조력은 우주생명에 넘치는 대자비력입니다. 석존은 '태양의 불법'에서 넘쳐흐르는 대자비력에 촉구되어 민중구제의 길을 떠났습니다.

그렇지만 석존이 성도(成道)한 후부터 전도(傳道)하기까지의 과정은 불교 역사상 가장 중요한 사건 중 하나입니다. 만약 그때 석존이 전도를 결의하지 않았다면 불교는 지구상에 출현하지 않았을 것입니다.

그래서 박사님께 '우주의 창조력, 자비력의 상징'으로서 바라문교의 많은 신 가운데 범천을 택한 까닭은 무엇인지 여쭙고자 합니다.

찬드라 범천을 택하게 된 몇 가지 이유가 있다고 생각합니다.

'범천권청'이 경전에 기록된 것은 인도사상에서도 획기적인 사건이었다고 생각됩니다. 범천은 바라문교에서 최고의 신(神) 중 하나입니다. 그 신이 불교의 창시(創始)를 석존에게 간절히 원합니다. 이는 바라문교가 태어난 인도에서 새로운 위대한 사상이 탄생했음을 상징합니다.

이케다 요컨대 '범천권청'의 첫 번째 의미는 정신의 대국인 인도의 정신적인 토양에서 위대한 사상, 세계종교가 탄생했음을 나타낸다고 할 수 있군요.

'세계가 멸망한다!'—'범천'의 한탄

찬드라 그렇습니다.《앙굿타라 니카야》[8]의 '성구경(聖求經)'에는, 성도(成道)한 후에 가르침을 설하지 않으려는 석존을 보고 범천이 이렇게 한탄했다고 기록되어 있습니다.

"아, 세계는 멸망하고 만다."

당시는 바라문교의 오랜 의식중심(儀式中心)의 사회가 근본부터 붕괴되던 시대였습니다. 앞에서도 바라문의 의식중심주의에 관해 대화했지만, 신에게 제물을 올리는 의식이 무슨 의미가 있는지에 대해 의심하기 시작한 시대입니다. 사람들은 새로운 사상을 원했습니다.

이케다 또 그 당시는 오랜 부족국가가 마가다국[9]이나 코살라국[10]에 의해 합병되던 시대였습니다. 많은 나라가 멸망했습니다. 사람들이 '세계는 정말로 멸망하고 만다'라고 실감하던 시대였지요. 사람들은 이런 시대적 배경 속에서 인생의 의미와 목적에 관해 진지하게 생각하기 시작했습니다.

찬드라 그래서 이 시대에는 석존을 비롯하여 자이나교[11]의 개조(開祖)인 마하비라 등 많은 사상가와 종교인이 출현했습니다.

이케다 민중에게 삶의 목적과 의미를 명확하게 대답해줄 사상과 종교가 필요했던 것입니다.

동란으로 멸망의 위기에 빠진 혼란한 사회를 구제하기 위해, 석존은 범천의 요청에 부응하여 선정(禪定)의 좌(座)에서 일어나 민중 속으로 뛰어들었습니다. 석존이 살던 시대의 사람들이 느낀 것은 21세기에 들어선 오늘날의 세계 인식과도 상통합니다.

범천이 "아, 세계는 멸망하고 만다"라고 비탄하는 모습은 현대의 뜻있는 사람들이 실감하는 바이기도 합니다. 핵과 전쟁, 지구생태계의 파괴, 에너지 문제 등의 과제를 안고 있는 인류의 위기와 '자아정체감 위기(Identity Crisis)'[12]로 인해 위협받고 있는 현대인에게는 인생의 목적과 의미를 제시해주는 사상과 종교가 요구됩니다.

찬드라 그렇습니다. 범천이 등장한 두 번째 까닭은 다음과 같습니다. 인도의 전통신화에서 범천은 언어(言語)를 신격화한 신(神) '바치'[13]와 깊은 관계가 있습니다. 그러므로 언어와 깊은 관계가 있는 범천 사함파티[14]가 석존의 설법에 임할 필요가 있었습니다.

이케다 요컨대 '범천권청'의 두 번째 의의를 알기 쉽게 말하면, 언어에 깊이 관계하는 신이 새로운 시대를 여는 석존의 설법을 듣기를 바라고 요청했다는 점입니다. 그리고 불법(佛法)의 증인이 되었습니다. 후일 범천은 대승불교에서 '제석(帝釋: 인드라신)'[15]과 함께 제천선신(諸天善神)의 대표로 자리 잡았습니다.

석존은 '말'을 절묘하게 구사하는 달인입니다. 여기에 "불교를 홍교(弘敎)하려면 어디까지나 말을 구사하는 '대화'로 해야 한다"라는 점이 명시되어 있습니다.

'가치창조'의 길을 요청

찬드라 세 번째로 지적하고 싶은 점은 '성구경' 등 경전에서 석존을 처음으로 '여래(如來)'라고 부른 존재가 범천이라는 것입니다. 여래는 진여(眞如: 진리), 요컨대 '궁극적인 본질'에 도달한 사람을 말합니다.

이케다 동시에 여래는 '진여'의 세계에서 현실세계로 사람들을 구제하러 온 사람이라는 뜻입니다.

찬드라 진여의 세계는 덧없이 변화하는 현상세계(現象世界)와 다른 '상주(常住)의 세계'입니다. 물론 '천국(天國)'처럼 다른 어딘가에 있는 곳은 아닙니다. 위대한 부처의 생명에 내재하는 세계입니다.

그런데 석존이 성도할 때 나타난 범천 사함파티는 '지구의 왕'이라는 의미가 있습니다. 결국 범천 사함파티는 지구상에서 실현해야 할 '현실세계의 여러 가치'를 의미합니다.

이케다 그러면 '범천권청'의 세 번째 의의는 범천으로 상징되는 '현실세계의 여러 가치'가 그 원천의 '진여'로서 나타나는 '석존의 지혜'를 요청했다는 점이군요.

그리하여 불교에서는 '진여(진리)'에서 현현(顯現)하는 지혜에 의한 '가치창조의 길'이 나타나게 됩니다.

찬드라 말씀하신 바와 같습니다. 부처의 전기에서 '범천권청'의 범천은 예부터 전해지던 베다의 교의를 초월한 새로운 관점을 상징합니다.

베다와 우파니샤드의 전통인 브라흐만[16]에서 비롯된 범천은 해탈, 다시 말해 궁극적인 인간해방, 인간혁명을 나타내는 존재로 비약했습니다.

이케다 가치창조의 큰 뜻은 그야말로 인간혁명입니다.

찬드라 또 범천이 석존에게 설법해달라고 탄원한 까닭은 석존이 선택받은 사람, 엘리트이기 때문이 아닙니다. 모든 인류가 사회적 지위나 경제적인 상태 따위에 의해 차별받지 않고 법(法:진리)을 받을 권리가 있음을 나타내는 예입니다. 모든 인간이 '불계'라는 훌륭한 덕을 꽃피울 수 있는 가능성이 있다는 상징입니다.

이케다 니치렌 대성인은 "한 사람을 본보기로 하여 일체중생평등(一切衆生平等)함이 이와 같다"(《어서》, 564쪽)라고 말씀하셨습니다.

'범천권청'의 네 번째 의의는 모든 사람의 인간혁명을 호소한다는 점입니다.

찬드라 이케다 선생님은 범천을 근원적인 창조력이라고 표현하셨습니다. 유례가 없는 표현입니다. 그만큼 범천을 깊이 표현한 말도 없습니다. '범천권청'은 석존 설법의 시작입니다.

'홀로 서는 정신'으로 민중 속으로

이케다 범천의 요청에 부응하여 석존이 드디어 홍교를 시작합니다. 이로 인해 불교는 이 설화에 담긴 네 가지의 중대한 의의를 실현하는 세계종교로서 첫걸음을 내딛게 되었습니다.

찬드라   시사적인 에피소드가 불전에 있는데 이번에는 석존 자신이 제자들에게 범천의 역할을 했다는 이야기입니다.

이케다   석존이 제자들에게 홍교를 요청한 일을 말하는군요.

찬드라   그렇습니다. 베나레스 교외에 있는 사르나트의 녹야원(鹿野苑)에서 첫 단계의 각종 설법이 끝날 무렵이었습니다. 석존은 제자들에게 가르침을 먼 곳까지 널리 설하러 가라고 지시했습니다.

　"많은 사람의 이익을 위해, 많은 사람의 행복을 위해, 세상 사람을 사랑하기 위해, 신들과 인간의 이익을 위해, 행복을 위해 이곳저곳 널리 다녀라. 하나의 길을 두 사람이 가지 마라. 수행승들이여. 시작도 훌륭하게, 중간도 훌륭하게, 끝도 훌륭하게 '의의 있고, 문구도 훌륭한 가르침'을 설하라. 완전하고 깨끗한 청정행을 나타내 보여라."

이케다   석존의 '전도선언(傳道宣言)'으로 널리 알려진 말입니다. 《상윳타 니카야》에 나옵니다. 석존이 제자들에게 한 범천의 역할에는 사람들의 행복을 위한 홍교, 민중구제를 촉구하는 의미가 담겨 있습니다.

찬드라   같은 내용이 《율장律藏》의 '대품(大品)' 등에도 기록되어 있습니다.

이케다 "하나의 길을 두 사람이 가지 마라"라는 말에는 제자 한 사람 한 사람이 자립해서 모든 책임을 지는 존재로 성장하기 바라는 석존의 마음이 담겨 있습니다. 창가학회는 석존의 이 마음과 니치렌 대성인의 마음을 '홀로 서는' 정신으로 이어받았습니다. 그리고 제자에게 "사람들 속으로 뛰어 들어가라"라고 요청한 뒤, 석존의 '전도선언'은 이렇게 계속됩니다.

"나 또한 가르침을 설하기 위해 우루웰라[17]의 세나 마을[18]에 간다."

찬드라 석존이 솔선해서 홀로 걸었습니다. 그리고 제자들에게 나도 똑같이 걷겠다고 말했습니다.

우기가 끝난 푸른 숲과 들. 모내기도 이미 끝났습니다. 장마로 끊긴 길이 다시 열리고, 낮에는 제법 따뜻하고 밤에도 온난했습니다. 그곳에서 석존은 누구보다도 앞장서서 사람들 속을 누볐습니다. 남녀 제자들 역시 주거지도 정하지 않은 채 '설하는 사람', '구제하는 사람'이 되어 사람들 사이를 계속 걸었습니다.

홍교를 위해 계속해서 걸은 제자들

이케다 마치 한 폭의 명화 같은 광경입니다. 석존이 처음으로 법을 설한 초전법륜(初轉法輪)의 장소라는 사르나트의 녹야원은, 전 생애에 걸친 '중생구제의 여행'에서 거의 중간에 해당하는 도시입니다.

그곳을 기점으로 하면, 석존이 여러 번 발걸음을 옮긴 슈라바스티[사위국舍衛國][19]까지는 이백수십 킬로미터, 마가다국의 라자그리하[20]까지는 약 삼백 킬로미터, 캄마사담마 지방까지는 칠백 킬로미터가 넘습니다.

찬드라 그렇게 석존은 걷고 또 걸었습니다. 저에게는 그 모습이 세계적인 규모로 행동하시는 이케다 선생님의 모습과 겹쳐 보입니다.

사람들을 위해서 어디라도 간다

이케다 그렇게 말씀해주셔서 영광입니다. 저도 '그곳에 사람이 있기 때문에'라는 생각으로 걷고 달렸습니다. 그런데 당시 사람들은 그 많던 석존의 제자들이 보이지 않자 이상하게 생각한 모양입니다.

"고타마(붓다)의 제자들은 어디 갔는가?"

"어떤 이는 마가다국에 가고, 어떤 이는 코살라국에 가고, 또 어떤 이는 밧지족이 사는 곳에 갔습니다. 수행승들은 마치 사슴처럼 한곳에 머물지 않고 각지를 돌아다니며 거주할 집도 없이 살고 있습니다."

석존의 제자들은 앉은 자리가 따뜻해질 틈도 없이 민중 속으로 뛰어들었습니다. 부루나(富樓那)[21]는 그러한 대표적인 예라고 할 수 있습니다.

부루나는 베나레스에서 서쪽으로 천 킬로미터나 떨어진 곳에서 태어났습니다. 아라비아해와 맞닿은 이 지역은 해양 무역으로 번영했습니다. 부루나도 무역상인으로서 슈라바스티(사위국)에서 장사를 했습니다. 거기에서 석존의 가르침을 듣고 제자가 되었다고 합니다.

부루나는 스승 석존에게 "불교가 아직 미치지 못한 서쪽 지역을 홍교하겠습니다"라고 간청했습니다. 그리고 부루나는 서원한 대로 홍교 첫해에 약 오백 명 정도의 사람에게 불교를 전했습니다.

석존이 홍교할 무렵의 인도 모습

찬드라 석존의 어느 여성 제자는 오십여 년 동안 앙가[22], 마가다, 밧지, 카시[23] 등 여러 나라를 다녔다는 기록이 남아 있습니다.

이케다 그 당시 여성은 요리와 재봉 등 가사일만 하도록 제한되어 있었습니다. 사회에서 행동하거나 발언하는 일은 허락되지 않았습니다. 석존의 여성 제자들은 그런 비인간적인 현실을 타파했습니다.

찬드라 선생님이 인용하셨듯이 석존은 임종을 앞두고 "나는 내외를 가리지 않고 (모든 사람에게) 빠짐없이 이법(理法)을 설했다"라고 말하고, 이렇게 유언했습니다. 참으로 중대한 유언입니다.

"아난다(阿難陀)[24]여. 지금도, 또 내가 죽은 후에도 배우려는 사람은 누구나 자신을 섬으로 여기고, 자신에게 의지해야 한다. 남에게 의지하지 말고, 법을 섬으로 삼아야 한다. 또 법에 의지하고, 다른 것에 의지하지 않아야 한다. 그러면 우리는 수행승으로서 최고의 경지에 있으리라."

이케다 후세의 불교인이 '자도(自島: 자등명自燈明)', '법도(法島: 법등명法燈明)'라고 전한 석존의 유명한 유언입니다.

찬드라 석존은 이렇게 아난다에게 유언하고, 베사리[25] 마을의 영장(靈場)인 차파라[26]를 찾아갑니다. 그리고 감개하여 베사리의 아름다움을 말하며, 이제 이 마을에는 두 번 다시 올 수 없을 것이라고 말합니다.

이케다 '가치창조'의 대도를 걷는 '자기'는, 우주 근원의 '법'과 일체가 된 '자기'입니다. 이는 대아(大我)라고도 할 수 있는 자유자재의 대경애를 가리킵니다. 생사의 고난을 용감하게 극복해가는 석존의 '자기'가 위에서 아래를 내려다보듯 주위의 정경을 유연히 돌아봅니다.

당시 교역으로 번성한 베사리는 석존의 가르침이 널리 퍼진 마을이기도 합니다. 그곳에서 석존은 대단히 존경받았습니다. 인생의 최후를 맞이해도 좋을 곳이었지요.

하지만 석존은 생사를 초월한 대경애에 서서, 계속 전진했습니다. "아름다운 베사리 마을을 이제 두 번 다시 볼 수 없다"라고 말하는 석존의 모습에서 불퇴(不退)의 결의가 넘칩니다.

민중에게 희망의 종교를!

찬드라 석존은 애정과 자비의 눈길로 주위를 둘러보았습니다. 석존의 가르침은 베사리 사람들에게 평화를 주었습니다.

그의 가르침은 사람들에게 평화와 번영을 약속했고, 모든 사람에게 평등하게 부여되었습니다. 사회의 지도자인 크샤트리아(왕족)에게 '인간으로서의 책무를 가르치는 불법의 윤리성'이 지지를 받았고, 석존은 크샤트리아가 나아가야 할 길을 가르쳤습니다. '미신을 배척한 합리성과 탁월한 명석함'이 지식인들에게 지지를 받았고, '바라문교의 완고한 차별주의에 대한 불교의 평등주의'가 장인이나 노동자들에게 지지를 받았습니다. 즉, 불교는 '희망의 종교'였습니다. 불교는 민중을 자비로 가득 채웠습니다.

이케다 불교는 민중에게 희망과 용기를 주는 종교입니다. 모든 사람에게 '가치창조의 길'을 가리키고, '홀로 서는 자율(自律)의 강인함을 배양하는 휴머니즘'을 관철하는 종교가 불교입니다.

불교 휴머니즘의 근원에는 인간생명에 내재한 부처의 지혜와 자비가 있습니다. 남녀를 불문하고, 민족·인종·직업·이데올로기·문화를 초월해서 모든 사람들이 평등하게 자유자재로 부처의 지혜와 자비를 체현하고, 타인과 함께 '공존'의 길을 걸을 수 있습니다.

더구나 불교 휴머니즘은 살아 있는 모든 생명체에 그 기반을 두고 있습니다. 생명존엄의 사상입니다. 만물의 생명에 뿌리내린 휴머니즘, 여기에 지구생태계와 하나가 되는 인류 공생의 길이 나타나 있습니다.

가치창조의 길은 인류가 공존하고 만물이 공생하는 '평화를 향한 대도(大道)'입니다.

찬드라 불교의 '자비'는 인간뿐 아니라 살아 있는 모든 생명체의 세계로 향해 있습니다. 식물에게도 향해 있습니다. 올바른 생활은 마음의 평정과 창조적인 사회관계를 가져다줍니다. 석존의 가르침은 남녀를 불문하고 모든 인간을 해방시키는 힘이 있습니다.

현재에서 세계를 편력하는 분은 바로 이케다 선생님이십니다. 민족과 이데올로기의 벽을 넘어 부처의 가르침인 '진리'를 사람들의 가슴속에 채우고 계십니다. 진리는 사람과 교제하는 속에, 서로 봉사하는 속에, 숭고한 휴머니즘 속에, 그리고 섬세한 문화 속에 있다는 석존의 메시지를 전하고 있는 분은 다름 아닌 이케다 선생님이십니다.

그리고 석존은 설법이 끝나고 임종할 때, 사람들에게 "더욱더 노력해야 한다"라고 말했습니다. 저는 늘 감복하고 있지만, 이케다 선생님도 각종 연설·대담·제언 등을 통해 인류에게 "모든 악의 힘을 초월하여 당당히 계속해서 전진하라"라는 메시지를 끊임없이 발신하고 계십니다. 부디 앞으로도 건강하시고, 영원한 가치창조의 메시지를 계속 발신해주시기 바랍니다.

1 **법화경 백의 행운의 증표** 《법화경》 '화성유품'에 석존이 수행할 때 '백의 복덕(福德: 백복百福)'을 쌓은 일에 대해 "세웅(世雄)에게는 비할 바 없는 온갖 복으로써 스스로 장엄(莊嚴)하시고, 무상(無上)의 지혜를 얻으셨으니"(《법화경》, 280쪽)라고 쓰여 있다.

2 **대통지승불** 삼천진점겁(三千塵點劫)의 옛날에 출현해서 법화경을 설한 부처. 출가하기 전 국왕일 때 열여섯 명의 왕자가 있었는데, 열여섯 번째 왕자가 석존 과거세의 모습이라고 한다.

3 **사바국토** '사바'는 산스크리트어 '사하(Saha)'의 음역이며, 인(忍)·능인(能忍)으로 번역한다. 고뇌가 충만한 인간세계를 말한다.

4 **아뇩다라삼먁삼보리** 아뇩다라는 '무상(無上)', 삼먁은 '정등(正等)', 삼보리는 '정각(正覺)'이라는 뜻. '무상정등각(無上正等覺)' 등으로 번역하며 최고의 깨달음을 말한다.

5 **정등각** '삼먁삼보리'의 번역. 등정각(等正覺), 정각(正覺)으로도 옮기며, 부처의 평등하고 올바른 깨달음을 이른다.

6 **결가부좌** 부처가 앉는 방법의 하나. 발등을 좌우의 넓적다리 위에 얹고 앉는 것.

7 **교사의 주먹** 고대 인도의 바라문교에서는 중요한 가르침을 비전(秘傳)으로만 전수했는데, 이를 '교사의 주먹'이라고 불렀다.

8 **《앙굿타라 니카야》** 북전불교(北傳佛敎)에서 한역한 아함경전(阿含經典)은 남전불교(南傳佛敎)에서는 팔리어로 기록되었는데, 남전불교에서는 '니카야부'

라고 부르며 5부가 존재한다. 앙굿타라 니카야는 그중의 하나로서 '증지부(增支部)'라고 번역하며, 한역의 '증일아함경(增一阿含經)'에 해당한다.

9 **마가다국** 고대 인도의 16대국 가운데 하나. 현재 인도 비하르주 남부에 해당하며 가야(伽耶), 왕사성(王舍城) 등이 있던 고대 인도문화의 중심지. 석존 재세 시에는 정반왕(淨飯王), 아사세왕(阿闍世王)이 다스렸다.

10 **코살라국** 고대 인도 16대국 가운데 하나. 마가다국과 어깨를 나란히 한 강국이었으며 사위성을 도읍으로 하고, 석존 재세 시에는 바사닉왕(波斯匿王)이 통치했다.

11 **자이나교** 불교와 같은 시대에 인도에 성립한 종교. 불교와 똑같이 반(反)베다, 반(反)바라문적인 사상적 토양에서 태어났다. 교조(敎祖)는 마가다국에 태어난 '바르다마나'이고, 마히비라(위대한 용자勇者)라는 존칭을 받았다.

12 **자아정체감 위기** 자신의 실태와 소속을 모르게 되어 불안해지는 것. 미국의 정신분석학자 에릭슨 등이 제기했다.

13 **바치** 인도에서 가장 오래된 베다에 나오는 언어의 여신.

14 **사함파티** 사바세계(娑婆世界)의 주(主)를 산스크리트어로 사함파티라고 부른다. 대범천(大梵天)을 말한다.

15 **제석** 불법을 수호하는 제천선신(諸天善神)의 하나로 베다 신화에서 최고의 신이자 뇌신(雷神:인드라신)이다.

16 **브라흐만** '범(梵)'이라고 음역하며, 우주의 근본원리를 의미한다.

17 **우루웰라** 부다가야의 옛 이름. 석존은 이 땅의 보리수 아래에 앉아서 깨달음을 얻었다.

18 **세나 마을** '세나'는 군대라는 뜻. 그곳에 군대의 주거지가 있었기 때문에 세나 마을이라 불렸다고 한다.

19 **슈라바스티** 사위국(舍衛國). 고대 인도의 코살라국의 도읍지. 물자가 풍부하고 인심이 좋아서 사람들의 구도정신(求道精神)이 높았다. 왕은 불법에 귀의했으며 일반 사람들 가운데에도 석존의 가르침을 받는 자가 많았다.

20 **라자그리하** 왕사성(王舍城). 고대 인도 마가다국의 도읍. 현재의 비하르주의 라지기르에 해당한다. 빈바사라왕, 아사세왕 부자가 도읍으로 정했으며, 석존이 설법을 한 중심지였다. 제1회 불전결집을 한 칠엽굴(七葉窟)과 영취산(靈鷲山), 죽림정사(竹林精舍) 등 불교 유적이 많다.

21 **부루나** 스나파란타국의 바이샤(서민계급) 출신의 비구(比丘). 고향인 스나파란타에 홍교(弘敎)하여 많은 사람을 귀의시켰다고 한다. 석존의 10대 제자 중 바라문 출신의 부루나와는 다른 사람이다.

22 **앙가** 고대 인도의 16대국 중 가장 동쪽에 있었으며, 서쪽의 마가다국과 찬파강을 경계로 하고 있었다. 석존 재세 시에는 마가다국의 지배를 받고 있었다.

23 **카시** 고대 인도의 16대국의 하나로, 갠지스강 중류에 있었다. 수도는 바라나시(지금의 베나레스)였고, 향료와 직물의 명산지로 유명했다.

24 **아난다** 한역불전에는 아난(阿難)으로 음역되었다. 석존의 10대 제자 중 한 사람으로, 다문제일(多聞第一)이라고 했다. 석존이 입멸할 때까지 20여 년 동안 상수급사(常隨給仕)했다. 교설(敎說)을 기억하는 데도 가장 뛰어났다.

25 **베사리** 밧지국을 구성했던 부족의 하나인 릿차비족의 수도.

26 **차파라** 베사리에 있던 성스러운 장소. 석존이 여기에서 입멸하기로 결의했다고 전해지고 있다.

제 10 장

고대세계의 '문명 간 대화'
– 불교가 서방에 끼친 영향

헬레니즘 시대의 불교

이케다 박사님께서 주신 이 인도 불교사 지도는 인도와 스리랑카에서 시작하여 서북 인도, 아프가니스탄, 서역(西域)에 이르는 상세한 지도입니다. 1927년에 제작된 것으로 당시 최고의 불교학자가 교열자로 이름을 올렸습니다.

《대당서역기大唐西域記》[1]에 나오는 모든 지명을 망라한 일급 자료입니다. 다시 한 번 감사드립니다.

찬드라 천만의 말씀입니다. 저야말로 기쁩니다. 꽤 오래된 지도여서 곳곳에 파손된 부분이 있었는데, 이케다 선생님의 배려로 일본의 뛰어난 기술로 복원된 것만으로도 기쁘게 생각합니다.

이케다 복원된 지도의 사진판을 박사님께 전해드리게 되어 저도 기쁩니다.

찬드라 정말 깨끗하게 복원되어 기쁩니다. 선생님이 원본을 보존해주셔서 대단히 감사합니다.

이케다 이 지도도 부친의 진심이 담긴 최고의 보물이라고 들었습니다. 덕분에 많은 연구자들의 불교사 연구에 더욱 깊이가 더해지리라 생각됩니다.

찬드라 훌륭하게 복원된 사진판으로 저도 앞으로 더 많이 연구하겠습니다.

이케다 박사님의 연구에 도움이 되신다니 영광입니다.

불교는 이 지도에도 나오는 서북 인도와 서역을 거쳐 실크로드로 퍼져나갔습니다.

지금까지 불교가 전해진 경로를 서역, 중국까지 더듬어갔으므로, 이번에는 불교가 서방세계에 영향을 끼친 헬레니즘[2] 시대를 중심으로 이야기를 나누고자 합니다.

많은 사람이 불교의 동점(東漸), 다시 말해 불교가 서역과 중국을 거쳐 일본과 동방(東方)으로 전해졌다는 사실을 잘 알고 있습니다. 하지만 불교가 고대 그리스 사상이나 특히 기독교 형성 과정에 영향을 끼쳤다는 사실은 그다지 알려지지 않았습니다.

찬드라 서양 사상은 본질적으로 그리스가 기원인 헬레니즘의 전통에 바탕을 두고, 유대교에서 파생한 기독교가 이끌어왔습니다. 헬레니즘의 전통과 기독교라는 두 흐름이 서양의 철학과 윤리의 주류를 이루었습니다.

이케다 인도와 그리스의 만남은 역사적으로 중대한 사건이었지요.

찬드라 인도가 중동, 근동(近東), 아나톨리아[3]의 헬레니즘 문화권과 그리스 여러 국가와 접촉한 시기는 아주 오랜 옛날로 거슬러 올라갑니다. 처음 접촉한 시기가 정확히 언제인지 알기는 어렵습니다.

서방세계로 불교가 유전(流傳)

이케다 일반적으로 인도와 그리스가 교류하기 시작한 시기는 알렉산드로스 대왕의 원정(기원전 327년) 때라고 합니다. 하지만 박사님께서 말씀하신 대로 그보다 앞서 두 나라가 접촉하고 있었고, 그리스인이 이미 서북 인도에 정착했다고 추측됩니다. 저는 불교를 중심으로 쌍방의 교류를 세 단계로 나누어 생각하고 있습니다.

제1단계는 그리스 사람과 접촉함으로써 불교가 내포한 '관용성'을 차츰 자각하게 되었다는 점입니다. 불교는 인도의 다른 여러 종교에 비해 보편적인 종교라는 사실이 점차 분명해졌습니다.

제2단계로 알렉산드로스 대왕의 원정이 끝난 뒤 '헬레니

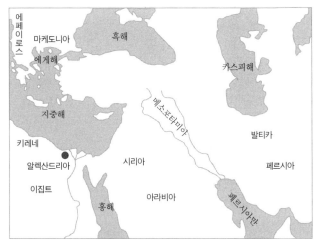

기원전 2세기경 지중해, 중국 등 주변

즘 시대'가 도래합니다. 제2단계에 대해서는 이미 이야기한 바 있습니다. '밀린다왕과 나가세나의 대화'가 상징하듯 불교와 그리스 사상이 교류하던 시기입니다.

찬드라 그 뒤 이들의 관계는 기원전 3세기에 접어들어 아소카왕의 활약으로 활성화되었습니다.

아소카왕은 시리아의 안티오코스 2세, 이집트의 프톨레마이오스 2세 필라델포스, 마케도니아의 안티고노스 2세 고나다소, 키레네의 마가스, 에페이로스의 왕 또는 코린토스의 왕등이 통치하던 여러 왕국에 불교 전도사들을 파견했습니다.

이들 나라에서 불교가 광범위하게 존재했다고 생각되는데, 그 증거가 될 만한 유물은 거의 파괴되었습니다.

이케다 그 시기가 제가 말하는 제3단계입니다. 아소카왕이 불교를 전파하여, 다양한 민족의 차이점을 초월한 불교의 세계성을 증명했습니다. 아소카왕이 그리스에 불교 포교단을 파견함으로써 서방의 헬레니즘 문화에 정신적 영향을 주었고, 나아가 기독교 세계의 성립에도 커다란 영향을 미쳤습니다.

저는 알렉산드로스 대왕의 출현으로 시작된 헬레니즘 시대가 '종래의 사상과 종교의 권위가 추락하고, 기독교가 세계 종교로서 출현하기까지의 시대'라고 봅니다. 그 중심이 이집트의 알렉산드리아입니다.

찬드라 그렇습니다. 이집트의 알렉산드리아는 기원전 332년 알렉산드로스 대왕의 동방원정 때, 함대(艦隊)의 근거지로 건설되었습니다. 그는 죽은 뒤 이 도시에 매장되었고, 알렉산드리아는 유럽과 동방의 최대 교역거점이 되었습니다.

이케다 저도 1992년 6월에 알렉산드리아를 방문했습니다. 지중해에 면한 라스엘틴 궁전 아래에 알렉산드로스 대왕의 묘가 있을지도 모른다는 말을 들었습니다.

찬드라 그렇군요. 이 도시는 헬레니즘 문화의 중심지이고, 유대인이 가장 많은 곳이기도 합니다. 그리스어로 가르치는 일류 대학과 프톨레마이오스 1세가 건립한 알렉산드리아 도서관이 있고, 대외무역에 중요한 역할을 했던 등대도 있습니다. 기원전 400년 무렵에 칼리만탄섬(보르네오)의 왕 무라발만은 알렉산드리아에 있는 등대와 똑같은 '아카샤 디파(허공의 등명)'를 건설했는데, 이 등대는 극동무역을 위해 떠나는 배들의 항해에 도움을 주었습니다.

불교 신자들이 중국에 건너갔듯이 당시 그들은 무역상들과 함께 바닷길을 따라 알렉산드리아에 들어간 것이 분명합니다. 이처럼 알렉산드리아는 사람들이 마음을 나누는 만남의 장소이자, 각지의 경제 교류가 이루어지는 장소였습니다.

초기 기독교에 끼친 영향

이케다 이 무렵에 탄생한 사상과 철학을 말하자면 에피쿠로스학파[4], 스토아학파[5], 디오게네스[6]의 키니코스학파[7]를 들 수 있습니다.

여러 사상과 철학이 불교의 영향을 받았는데, 여기에는 알렉산드리아를 중심으로 전개된 동서교류가 큰 몫을 했다고 볼 수 있습니다. 박사님께서 말씀하셨듯이 알렉산드리아에는 인도인, 그리스인, 시리아인, 유대인도 있었습니다. 그야말로 세계적인 분위기가 물씬 풍겼지요. 그중에서 불교는 보편성을 가진 종교로서, 유대교나 그 뒤에 성립한 초기 기독교 형성에 많은 영향을 끼쳤다고 생각합니다.

찬드라 먼저 유대교의 에세네파를 거론할 수 있습니다. 에세네파는 고대 유대교의 한 분파로 금욕주의를 추구했습니다. 그들은 기원전 2세기에 등장했는데, 사해(死海) 지방에 살면서 금욕주의적 수행을 실천했습니다. 시리아 사람들은 그들을 '하센(경건한 사람들)'이라고 불렀습니다.

유대사상을 체계화한 신학자로 알려진 알렉산드리아의 필론[8]은 그들을 '경건한 사람들'이라고 지칭하면서, 이 세계에 아직도 고결한 사람들이 존재한다고 말했습니다.

그는 페르시아의 마기(현인)와 인도의 자이나교 나형파(裸形派)에 관해 보고한 뒤, 팔레스타인과 시리아의 에세네파를 언급했습니다. "에세네파 사람들은 동물을 제물로 바치지 않고, 성스러운 규범을 지키며 정신이 일탈하지 않도록 힘쓰고 있다"라고 전했지요. 그들은 도시생활을 피하고 생활에 꼭 필요한 물건만 갖추고 있었습니다. 불교의 금욕적인 경향이 에세네파의 특질을 형성하는 데 영향을 주었는지도 모릅니다.

이케다 불교가 에세네파에 미친 영향에 대한 연구가 기대되는군요.

찬드라 기독교 이전의 유대교 중에 에세네파와 어깨를 나란히 하는 급진적인 일파가 또 있었습니다. 알렉산드리아 부근에 살며 이집트에서 활동하던 테라페우타이[9] 사람들입니다.

그들의 몇 가지 특징은 불교의 사찰생활을 연상케 합니다. 예를 들면 공동생활과 채식주의를 지키면서, 학습과 명상에 전념하는 것 등입니다.

기원전 3세기 이후에 알렉산드리아와 인도의 교역으로, 불교와 중근동(中近東)의 종교가 서로 영향을 주었으리라 생각됩니다.

이케다 유대교 뒤에 성립된 초기 기독교에서도 불교의 영향을 받은 부분이 있습니다. 알렉산드리아를 중심으로 일어난 기독교 신학이 그렇다고 할 수 있겠지요.

그노시스파[10]의 신학과 클레멘스[11] 철학에서 불교의 영향을 엿볼 수 있습니다. "그노시스파의 교의가 '이 세상은 고(苦)'라고 설함과 동시에 '윤회와 인과응보 사상'을 설한 점에서 인도의 사상과 불교의 영향을 받았다"라고 말하는 학자도 있습니다.

그렇지만 서방의 전통 중에도 오르페우스교[12]와 피타고라스[13] 파의 유파(流派)가 윤회전생(輪廻轉生)을 설했으므로, 그 영향을 받았다고 생각할 수도 있습니다. 하지만 클레멘스의 스승인 판타이노스[14]가 인도까지 다녀온 사람이므로, 제자인 클레멘스 역시 인도의 영향을 받았을 것이라는 점은 충분히 추측할 수 있습니다.

찬드라 알렉산드리아의 클레멘스가 불교와 접촉했다는 견해는 자연스러운 것입니다. 기독교를 믿지 않는 부모에게서 태어난 클레멘스는 그리스·로마사회의 고귀한 전통을 몸에 익혔습니다. 클레멘스가 살던 시대에는 정통과 이단 사이에 뚜렷한 경계선이 있었습니다.

그는 중도를 걸으며, 신지(神智)가 시간을 초월한 특질을 가지고 있다고 주장했습니다. 신앙의 본질에 관한 클레멘스의 사색은 그노시스파의 비교적(秘敎的) 통찰, 그리스·로마의 고전기 철학자들의 지적 특성, 그 밖의 다른 문명의 사상에까지도 이르렀습니다.

이케다 클레멘스는 '신의 로고스'[15]가 구약성서나 헤브라이[16]

철학 외에도 나타나 있다고 말했습니다. 그는 이집트인, 칼데아인, 갈라티아인, 페르시아인, 인도인 등의 이름에 신의 로고스가 있다고 했습니다.

"신의 로고스의 현시(顯示)나 작용은 기독교도뿐만 아니라 이교도나 이방인에게도 있다"는 그의 주장은 불교의 '법(法)의 사고방식'과도 통한다고 할 수 있습니다.

찬드라 클레멘스는 독립적인 교사였습니다. 방금 이케다 선생님이 소개하신 글에서 클레멘스는 "인도인 중에는 붓다의 교시를 준봉(遵奉:받들어 지키다)하는 사람들이 있다"라고 말했습니다.

저는 나카무라 하지메 박사의 "클레멘스가 쓴 저작물은 서양 사상사에서 붓다를 언급한 최초의 저작이다"라는 견해에 동의합니다.

이케다 그러나 그노시스파 신학이나 클레멘스처럼 '이교도를 인정하는 관용성 있는 알렉산드리아의 초기 기독교 신학'은 이단으로 배척당합니다. 그 결과 기독교는 더욱더 일신교적(一神敎的) 색채가 농후해졌습니다.

지금 보았듯이 헬레니즘 시대는 알렉산드리아를 통해 들어온 불교와 인도사상에 큰 영향을 받았습니다. 하지만 기독교가 서방에서 강력한 지도권을 갖게 되자 파르티아[17]제국이 인도와 서방의 교류를 방해합니다. 그리고 7세기에는 이슬람교가 탄생하고 이윽고 중근동(中近東)을 석권합니다. 앞서 말씀드린 바처럼 이슬람교는 인도에도 진출했습니다. 그 결과 중세에 이르러 불교 및 인도사상과의 교류가 차츰 자취를 감추었습니다.

불교의 간접적인 영향은 이어졌겠지만, 대승불교 사상이 서방으로 유통되지 못한 것은 분명합니다. 불교의 영향이라고 해도 원시불교나 부파불교에 그쳤다는 점은 참으로 유감스러운 일입니다.

'붓다의 전설' 기독교화

찬드라 이어서 '붓다의 전설'이 서양에 전해진 경위에는 매우 인상 깊은 점이 있습니다. 1893년에 E. 쿤(E. Kuhn)[18]이 불교가 전파된 역사를 《바를람과 요아사프 – 문헌학·문학사 연구》에 담았습니다. 아마도 어느 마니교[19] 교도가 중세 페르시아어로 '붓다의 전설'을 이야기했겠지요.

아바스 왕조[20] 초기(800년경)에 어느 무명인(無名人)이 아라비아어로 '붓다의 전설'을 창작했습니다. 그리고 9세기에 그 '붓다의 전설'이 그루지아어로 의역되었는데, 여기서 '붓다의 전설'은 처음으로 기독교적인 색채를 띠게 됩니다.

그리고 그리스어로 《바를람과 요아사프》로 번역되고, 이것이 기독교 문학의 고전이 되었습니다. 바를람은 '바가빈(세존)'을 말하고, 요아사프는 '보디삿드바(보살)'를 말합니다.

이케다 그러면 결국 바를람과 요아사프 이야기는 세존과 보살의 이야기이군요.

찬드라 그렇습니다. 세존과 보살을 기독교 성자의 이름으로 나열한 셈입니다.

이케다 독자를 위해 박사님께서 그 이야기의 내용을 조금 소개해주셨으면 합니다.

찬드라 이 이야기는 요아사프가 인도 왕의 태자로 태어난 때부터 시작합니다. 태자가 태어난 날에 칼데아의 점성가가 아이의 장래를 점치면서, 태자가 위대한 지자(智者)가 될 것이라고 예언합니다.

그래서 왕은 태자가 이 세상의 비참과 노병사(老病死)의 고뇌를 보고 듣지 못하게 하려고, 웅장하고 화려한 궁전을 지어 현실사회에서 격리하려고 애썼습니다. 그러나 성장한 태자는 몸이 불편하거나 병든 사람, 죽은 사람을 보게 되고, 결국 인생의 고뇌에서 이탈하는 길을 찾게 됩니다.

이케다 석존의 전기와 완전히 부합하는군요. 석존이 출생했을 때 아사다 선인이 아이의 장래를 예언한 일, 국왕이 석존의 출가를 막으려고 궁전 세 개를 지은 일, 그러나 석존은 생로병사의 고통을 극복하기 위해 수행자의 길에 들어선 일 등이 꼭 닮았습니다.

요아사프의 경우도 석존의 '사문유관(四門遊觀) 설화'처럼 인간의 네 가지 고통에 초점이 맞추어져 있다는 점이 참으로 흥미롭습니다.

'부처의 전기'를 번안한 이야기

찬드라 이야기는 이렇게 이어집니다. 어느 날 바를람이 보석상으로 가장해서 태자를 찾아가서는 그를 설득하여 기독교 신자로 삼습니다.

화가 난 왕은 마술사를 불러 미녀의 유혹으로 태자의 마음을 돌리려고 했지만, 마술사가 오히려 기독교에 귀의해버리고 이윽고 왕 자신도 세례를 받게 됩니다.

그리고 요아사프는 부왕이 죽은 뒤 바를람의 은거지를 찾아갑니다. 그리고 그와 함께 평생을 참회하며 살다가 삼십오 년 뒤에 승천했다는 이야기입니다.

이케다 석존의 경우는 이미 '석존의 성도'에서 이야기한 바와 같이 '마(魔)'와 맞서 싸우는 격투가 보리수 아래에서 전개한 '생명 내면의 변혁'으로 기록되어 있습니다. 석존이 제육천마왕(第六天魔王)에게 승리한 순간 위대한 부처의 대생명을 현현하였는데, 지금 이야기에서는 오랫동안 참회 생활을 한 뒤에 승천했다고 되어 있군요.

하지만 세례나 승천이라는 기독교적인 부분을 제외하면, 부처의 전기 그대로라고 말할 수 있을 정도입니다. 그야말로 부처의 전기를 번안했다고 할 수 있습니다. 불전과 석존, 보살이 이와 같은 형태로 서양 사람들에게 전해지게 되었군요.

기독교전(傳)에 영향을 준 불교문학

찬드라 요아사프와 바를람은 인도에서 기독교의 사도 역할을 맡았다고 생각할 수 있습니다.

중세 페르시아어로 쓰인 이 이야기의 원전은 전하지 않습니다. 아랍어판인 《바를와라와 부다후스》가 기독교적으로 각색되지 않은 가장 오래된 번역서입니다.

이 아랍어판이 17세기의 이스마일파(이슬람교의 일파)의 성전 목록에 들어 있습니다. 이 책은 서사(書寫)되어 인도의 이스마일파에게 계속 전해져서 현재까지 남아 있습니다.

그 내용에는 붓다의 생애를 묘사한 부분이 있고, '자타카'[21]의 이야기를 알 수 있는 부분도 있습니다.

이케다 자타카는 인도민족이 창조한 수많은 설화를 석존의 전세(前世) 이야기 속에 흡수하여 종교적으로 승화한 이야기입니다.

찬드라 성서와 불전에도 공통점이 많습니다. 마르코[22] 복음서와 마태오[23] 복음서에서 사탄이 예수를 유혹하며 시험하는 이야기는 마라(악마)가 붓다를 유혹하며 시험하는 이야기와 대비됩니다.

신약성서와 불전에 등장하는 두 가지 유혹 장면은 가장 주목할 만한 유사점인데, 윈디쉬[24]와 가르베[25]가 이에 대해 자세히 논했습니다.

불교는 세계종교가 되고, 불교문학은 세계문학의 일부가 되었습니다. 불전과 자타카에 나오는 부처의 전세 이야기와 설화는 기독교의 전기를 형성하는 데 영향을 주었다고 생각합니다.

이케다 한 가지 의문은 기독교의 전기를 창작한 사람이 어떻게 불전의 내용을 알았느냐는 점입니다.

2~3세기 무렵부터 문명의 십자로인 동이란이나 중앙아시아 여러 지역에는 갖가지 종교를 신봉하는 사람들이 모여 살았으므로, 거기에서 다채로운 교류가 있었으리라 생각합니다. 기독교도, 조로아스터교[26]도, 마니교도, 불교도가 서로 얼굴을 맞대고 살았으므로 당연히 각 종교가 영향을 주고받았을 것입니다.

지금까지 박사님과 함께 논한 것에 대해 인도의 제2대 대통령이자 탁월한 철학자인 라다크리슈난[27] 박사도 이렇게 지적하셨습니다.

"교통과 통신수단이 발달하지 못한 시대에서조차 동방의

문명은 서양으로 침투했다. 이란과 그리스는 서로 접촉하고 있었고 수많은 인도인이 그곳을 통해 그리스로 갔다."

또 "아소카왕이 서방에 보낸 사절단이나 알렉산드로스 대왕의 이집트, 이란, 서북 인도에 대한 영향이 동서문화의 풍요로운 교류를 가져왔다"라는 지적도 있습니다.

찬드라 동서교류는 지금 우리가 상상하는 것 이상으로 활발했습니다.

이케다 그리고 라다크리슈난 박사는 인도의 방문자와 소크라테스가 회견한 내용을 아리스토크세노스[28] 등이 보고한 사실을 소개했습니다.

"그 방문자는 소크라테스가 인격의 발달에 흥미가 있다는 사실을 알고는 '인간의 정신적 차원을 충분히 배려하지 않으면 인격이 완성되지 않는다'라고 말했다. 그러므로 세속적인 휴머니즘도 영성적(靈性的)인 지혜의 뒷받침이 필요하다."

그리스의 지성을 대표하는 소크라테스와 인도 현인 간의 지혜로운 대화입니다. '인격 완성'을 위한 깊은 정신적 차원에 '빛'을 비춘 대화였다고 할 수 있습니다.

또 라다크리슈난 박사는 '알렉산드로스 대왕과 인도사상가의 대화 기록'에 대해서도 말씀하셨습니다.

'사랑'의 종교와 '자비'의 종교

이케다　이처럼 불교는 그리스, 유대교, 기독교와 여러 형태로 교류하면서 각각의 사상, 종교의 형성에 적지 않은 영향을 주었습니다. 특히 불교가 다방면에 걸쳐 서방에 영향을 끼쳤다는 사실이 밝혀졌습니다.

그래서 끝으로 기독교와 불교의 특질인 '사랑'과 '자비'에 대해 말씀드리고자 합니다. 세계종교로서의 기독교는 사랑의 종교라고 합니다. 한편 마찬가지로 세계종교인 불교, 특히 대승불교의 특질은 자비입니다. 기독교의 사랑과 불교의 자비는 흔히 비교되는 개념인데, 박사는 그 차이에 대해 어떻게 생각하십니까?

찬드라　기독교의 신은 사랑이고, 사랑은 신의 본질입니다. 하지만 그 사랑은 신을 사랑한 자에게만 돌아갑니다. 구약성서의 '예레미야서'에는 "영원한 사랑으로 나는 당신을 사랑했다. 그래서 나는 당신에게 자애를 계속 베풀었다"라고 쓰여 있습니다.

그에 비해 자비는 보편적이고, 신앙에 따라 구분하지 않습니다. 불교는 자비와 지혜의 종교입니다. 자비는 자식에 대한 어머니의 애정처럼 살아 있는 모든 생명체에게 베푸는 것입니다. 자비는 곧 타인의 행복으로 이어집니다.

이케다 니치렌 대성인은 "대비(大悲)란 어머니가 자식을 생각하는 자비와 같으며"《어서》, 721쪽)라고 말씀하셨습니다. 똑같은 사랑이라고 표현해도, 불교에서 말하는 사랑은 '갈애(渴愛)'라고도 하며 번뇌 속에 포함됩니다.

찬드라 그렇습니다. 불교에서 사랑은 이분법적 사고에 바탕을 두고 있습니다.

새로운 시대의 영지(英智)도 동쪽에서

이케다 용수(龍樹)는 《대지도론》에서 자비의 본질에 대해 이렇게 밝혔습니다.

"대자(大慈)는 일체중생에게 낙(樂)을 주고, 대비(大悲)는 일체중생의 고(苦)를 뽑는다."

대승불교의 보살도는 모든 사람의 '고'에 공감하고, 함께 '고뇌'를 극복하여 '낙(행복)'의 탐구를 지향합니다.

찬드라 '자비'는 보살이 서원하는 바의 핵심입니다. 보살은 자기보다 먼저 타인을 피안(彼岸)으로 건너게 합니다.

또한 자비는 자신과 타인의 절대적인 평등성을 인정합니다. 그러므로 보살은 타인의 고뇌를 자진해서 떠맡습니다. 그리고 모든 인간의 내부에는 자비의 마음이 존재합니다.

이케다 선생님은 석존의 깨달음을 상징하고, 보살의 바라밀(수행)을 실천하고 계십니다.

선생님은 니치렌 대성인의 결의를 품고, 새로운 시대를 밝히고 계십니다. 동쪽은 태양이 떠오르는 방향이고, 영지(英智) 또한 동쪽에서 떠오르겠지요. 동아시아에서 정신의 빛을 구한 토인비 박사의 말씀이 현실이 되고 있습니다.

1 《대당서역기》 중국 당나라의 승려 현장의 여행기로 총 12권이다. 629년부터 645년에 걸쳐 서역을 지나 인도 여러 나라를 유력(遊歷)한 기록을 엮은 책이다. 당시 여러 나라의 상황이 자세히 기록된 귀중한 자료다.

2 헬레니즘 오리엔트 문화와 융합한 그리스 문명을 말한다. 역사적으로는 알렉산드로스 대왕의 동방원정(기원전 334년) 또는 대왕이 사망한 해(기원전 323년)부터 로마가 이집트를 병합(기원전 30년)하기까지의 약 300년 동안이라고 한다. 지리적으로는 그리스, 마케도니아부터 대왕이 정복한 동방지역을 포함한다.

3 아나톨리아 아나톨리아라는 지명은 비잔틴 제국의 지방인 '아나토리콘'의 주명(州名)에서 유래하며, 소아시아 반도 중부지방에 해당한다. 아나톨리아는 가장 오래된 철기 사용지 및 밀의 원산지로 알려져 있다. 그 역사는 기원전 2000년으로 거슬러 올라간다.

4 에피쿠로스학파 원자론(原子論)과 쾌락주의로 유명한 고대 그리스 철학자 에피쿠로스가 창시한 학파다.

5 스토아학파 제논이 창시한 그리스·로마시대 철학의 일파다. 초기 무렵, 아테네의 스토아(열주랑)에서 강의했기 때문에 스토아학파라고 부른다.

6 디오게네스(기원전 400년경~기원전 325년경) 그리스 키니코스파의 대표적인 철학자다. 정신의 자립을 표방하고, 물질적 허식을 배척했다. 자연상태로 사는 것이야말로 인간의 최고 행복이라고 했다.

7 키니코스학파 견유학파(犬儒學派), 냉소파라고도 한다. 소크라테스의 제자

안티스테네스가 제창한 철학이다. 사회규범을 멸시하고 자연에서 주어진 것만으로 만족하는 '개(그리스어로 키니코스)'처럼 생활하는 태도를 이상(理想)으로 삼았다. 영어의 시니시즘(냉소주의)이 여기에서 유래한다.

8 **필론** 알렉산드리아의 저명한 철학자(기원전 13년경~기원후 54년경)다.

9 **테라페우타이** 서력기원의 조금 전, 알렉산드리아 근처에서 일어난 유대교의 일파다.

10 **그노시스파** 그노시스는 그리스어로 '지식'을 뜻한다. 종교학 관점에서는 '지고신(至高神)과 본래의 자기가 본질적으로 동일하다고 인식함으로써 구제받을 수 있다'는 사상을 가리킨다. 동양의 여러 종교관념의 영향을 받아 탄생했으며, 기독교에도 영향을 끼쳐 기독교 그노시스파를 형성했다.

11 **클레멘스**(150년경~215년경) 초기 기독교 신학자. 그리스 사상, 특히 플라톤 철학에 의해 기독교 신학을 강화하고, 알렉산드리아학파를 형성했다.

12 **오르페우스교** 고대 그리스에서 우주와 인간의 생성에 대한 독특한 교의로서 민들 사이에 널리 퍼졌던 종교.

13 **피타고라스**(기원전 575년경~기원전 495년경) 그리스의 수학자, 철학자, 종교인. 혼의 윤회·전생 사상과 수(數)를 만물의 근본원리로 삼는 그의 수학적 자연관은 후세에 큰 영향을 주었다.

14 **판타이노스** 스토아주의에서 기독교로 개종한 사람으로, 알렉산드리아의 기독교 교리학교 교장을 지냈다.

15 **로고스** '이성'을 뜻하는 그리스어. 헤라클레이토스는 인간 속에 있는 이성능력과 유사한 형성능력을 우주에서 발견하고, 인간의 혼도 우주의 객관적 이성, 로고스의 일부라고 여겼다.

16 **헤브라이** 고대 이스라엘을 말한다. 헤브라이철학은 헤브라이즘을 말하

며, 헬레니즘과 함께 유럽 사상의 이대(二大) 원류다. 헬레니즘이 휴머니즘과 본질적으로 관련된 것에 비해, 헤브라이즘은 신이 사람에게 내린 계시(啓示)를 근간으로 한다.

17 파르티아 기원전 3세기 중엽부터 이란, 메소포타미아를 지배한 이란계 바르니족의 왕조(기원전 247년~기원후 226년)다. 전성기는 기원전 2세기의 미트리다테스 1세 시대로, 인도부터 유프라테스까지 영토를 넓혔다. 이 나라가 중국과의 비단교역을 독차지하면서 로마를 견제했다.

18 E. 쿤(E. Kuhn: 1846~1920년) 독일의 인도학자. 하이델베르크대학교와 뮌헨대학교의 교수를 지냈다.

19 마니교 3세기에 마니가 이란에서 창시한 종교. 교리는 당시 조로아스터교를 교의의 모체로 삼고, 여기에 기독교와 메소포타미아의 그노시스주의(영지주의)와 전통적 토착신앙 그리고 불교까지 흡수·융합한 종교다.

20 아바스 왕조 750년부터 1258년까지 존속한 아랍, 이슬람 왕조다. 수도 바그다드는 9~10세기에 군사력과 경제력을 배경으로 인구 150만 명에 이르는 대도시로 발전했다. 또 헬레니즘 문화와 함께 중국 당나라 문화를 받아들여 다채로운 이슬람 문화를 꽃피웠다.

21 자타카 인도의 민화를 소재로 한 석존의 과거세 이야기. 자타카는 산스크리트어로 '태어난 것에 관한'이라는 뜻이다.

22 마르코 초기 기독교도의 한 사람. 헤브라이명은 요하네. 신약성서 '마르코복음'의 저자다.

23 마태오 예수 12제자 중 한 사람. 신약성서의 '마태오복음'의 저자다.

24 윈디쉬(1844~1918년) 독일의 인도학자, 켈트학자, 인도유럽 비교언어학자.

25 가르베(1857~1927년) 독일의 인도학자. 베다학, 육파철학의 대가였다.

26 조로아스터교 고대 페르시아의 예언자 조로아스터를 개조(開祖)로 하는 고대 페르시아의 민족종교. 아랍이 이란을 정복(7세기 전반)할 때까지 이란의 국교였다.

27 라다크리슈난 인도의 정치가, 철학자. 1962년부터 1967년까지 대통령을 역임했다.

28 아리스토크세노스 기원전 4세기 후반경의 고대 그리스 철학자. 피타고라스파 철학을 배운 뒤 아리스토텔레스의 수제자가 되었다.

제11장

'제3의 천년'을 여는
인도와 중국의 정신적 전통

휴머니티를 낳는 근원

찬드라　이케다 선생님이 발표하시는 'SGI의 날' 기념제언을 매년 흥미롭게 읽고 있습니다. 2001년의 기념제언도 우리의 말과 영원성 그리고 휴머니티를 구현한 내용입니다. 선생님은 휴머니티를 고양하는 전권대사로서 현실적인 방안을 제시하고 계십니다.

이케다　제 제언을 박사님께서 읽고 높이 평가해주시니 영광입니다.

찬드라　선생님의 평화제언은 우리가 공유하는 지구에 참된 휴머니티를 낳는 근원의 빛입니다. 그 빛은 미래가 사막화되는 것을 막기 위해 사람들의 내면 깊숙이 내재한 정신을 빛나게 하고, 과학기술의 어둠을 몰아냅니다.

이케다　황송합니다. 이번에는 '생명의 쇠퇴와 파괴'라는 현대문명의 근원적인 과제에 메스를 댄다는 뜻에서 '생명'을 키워드로 삼았습니다. 그리고 생명의 소생과 약진을 바라며 '생명의 세기를 향한 크나큰 조류'를 제목으로 제언했습니다.

찬드라　선생님은 미래를 낙관적으로 바라보십니다. 제언에서 말씀하신 창조적 공생이나 내발적 의지라는 신개념은 사람들의 마음을 규합하고, 헌신을 끌어내리라고 생각합니다. 또 '상호작용이라는 정신적 극치가 모든 문화의 심적 작용을 형성한다'라는 표현은 참으로 주옥같은 말씀입니다.

이케다 이번 주제와도 관련이 깊지만, 특히 인도와 중국에 초점을 맞추고 양국의 오랜 역사가 나타내는 정신성을 논구(論究)했습니다.

인류문명이라는 관점에서 보자면 '제3의 천년'의 귀추(歸趨)를 좌우하는 존재는 인도와 중국이고, 또 해를 거듭할수록 두 나라의 역할이 더욱 중요해지고 있기 때문입니다.

세계 철학사를 보아도 중국 철학과 인도 철학은 유구한 역사를 자랑하는 거탑으로서 우뚝 서 있습니다.

그리스에서 소크라테스, 플라톤, 아리스토텔레스 등이 뜨거운 토론을 전개하던 시대에 인도에서는 석존을 비롯하여 많은 사상가가 활약했습니다. 중국에서도 유가(儒家)[1], 도가(道家)[2], 법가(法家)[3], 명가(名家)[4], 묵가(墨家)[5] 등 제자백가(諸子百家)가 잇달아 등장해서 백가쟁명(百家爭鳴)을 벌이는 가운데 장대한 철학사가 막을 열었습니다. 야스퍼스[6]는 이를 두고 '추축시대(樞軸時代)'라고 했습니다.

중국에서는 그 뒤에도 유교와 도교(노장사상老莊思想)를 양대 조류로 삼아 철학적 사유를 끊임없이 거듭했습니다. 그 심후한 전통과 광대한 내용에 견줄 수 있는 철학은 인도 철학이 아닐까 생각합니다.

의식을 표현하는 새로운 '말'

찬드라 지적하신 대로입니다. 무릇 철학의 흐름은 인류가 동물적인 상태를 벗어나 끊임없이 발전한 장대한 과정입니다. 인간의 두뇌와 언어는 복잡한 사고를 가능케 했습니다.

인류는 대지를 경작하면서 풍작을 가져오는 비를 기대하고, 하늘을 올려다보았습니다. 농업은 인류에게 하늘과 땅을 주었습니다. 《리그베다》에는 "하늘은 아버지, 땅은 어머니" 라고 노래하는 장면이 나옵니다.

이케다 《리그베다》는 장대한 천지창조의 찬가입니다. 거기에는 대자연에 대한 동경과 두려움이 있습니다.

찬드라 당시 생활은 자연 속에 있었습니다. 자연에는 온순함과 흉포함이라는 두 얼굴이 있습니다. 자연이 맹위를 떨치면 인간은 압도적인 힘을 가진 초월적인 질서가 있음을 느꼈습니다. 생활과 자연을 통해서 '존재'와 '초월성'의 관계를 생각하게 되었지요.

이케다 그래서 철학의 원천이 요구되었군요.

찬드라 그렇습니다. 생활이 변화하면서 다양한 사고의 양식이 계발되었습니다. 떠오르는 의식(意識)을 표현하기 위해 새로운 '말'이 생겨나기 시작했습니다.

새롭게 고도화된 언어능력은 끊임없이 복잡해지는 사고를 표현하는 수단이 되었습니다. 언어를 통해 침묵하고 있던 마음을 표현하게 된 것입니다.

이케다 인간정신의 여명을 말해주는 장대한 드라마입니다. '철학'이라는 말의 개념은 각 문화권에 따라 다릅니다. 영어의 '필로소피(philosophy: 철학)'는 본래는 그리스어로 '지혜를 사랑하는 일'이라는 뜻이었습니다. 피타고라스가 이 말을 처음 썼다고 합니다. 일본어의 '철학'은 '필로소피'의 번역어인데, 메이지 시대에 새롭게 만들어진 말입니다.

철학적인 과제는 인류 전체에 공통된 것입니다. 하지만 그 현실은 시대와 사회에 따라 크게 다릅니다.

찬드라 인도인은 일상생활에서의 '세속적인 차원'이 이 세상의 존재를 뛰어넘는 '초월적인 차원'과 서로 조화를 이루며 움직일 거라고 생각했습니다. 두 차원이 상호작용함으로써 인생은 풍요로워지고 실질적인 모습이 갖춰집니다. 그리고 여러 사건에 그것을 초월한 하나의 의미가 부여되었습니다.

인도에서는 철학을 '다르샤나'라고 불렀습니다. 다르샤나는 '통찰하는 일'이라는 뜻입니다. 요컨대 여러 현실의 배후에 있는 '순수하고 성스러운 것'에 대한 통찰을 의미합니다.

《개목초開目抄》에서 '유외내(儒外內)'의 사상을 비교

이케다 석존의 불교도 그러한 풍요로운 철학의 요람에서 출현했습니다. 인도에서는 불교도 다르샤나라고 생각한 듯합니다. 이 시대에 중국에서는 공자(孔子), 노자(老子)[7]가 출현했습니다.

찬드라 공자와 노자는 간결하고 함축적인 금언(金言)을 남겼습니다. 그 금언에 표명된 사상과 이념은 그 뒤 크게 전개되어 정밀한 사상체계를 꽃피웠습니다.

이케다 그럼 중국 철학에 대해 구체적으로 이야기를 나누어 볼까요.

니치렌 대성인은 목숨까지 위협받는 박해 속에서, 일체중생을 진리에 눈뜨게 하겠다는 마음으로《개목초開目抄》를 저술하셨습니다.《개목초》에서 당시의 사상과 종교를 철저히 파헤쳤지요.

첫머리에는 모든 사람이 배우고 익혀야 할 것으로서 '유외내(儒外內)' 세 가지가 나옵니다. 유외내는 유교와 도교의 중국사상, 바라문교와 육사외도(六師外道)[8]라고 불리는 자유사상가가 설한 인도사상, 그리고 불교입니다.

찬드라 저는《개목초》에 '심원한 차원을 열기 위한 몇 세기에 걸친 과정'이 담겨 있다고 생각합니다. 심원한 차원을 열어야 현실의 생명경애(生命境涯)를 높일 수 있습니다.

이케다 그야말로 인류에게 경애혁명을 가져온 책이라고 생각합니다.

대성인은《개목초》에서 중국사상을 전통에 따라 "유교는 유(有)의 현(玄)이고, 노자의 사상은 무(無)의 현(玄)이며, 장자(莊子)[9]의 사상은 역유역무(亦有亦無)의 현(玄)이다"라고 말씀하셨습니다.

그리고《개목초》에는 "일(一)은 유(有)의 현(玄)·주공(周公) 등이 이를 세웠고, 이(二)는 무(無)의 현(玄)으로 노자 등이며,

삼(三)에는 역유역무(亦有亦無) 등, 장자(莊子)의 현(玄)이 이것이니라"《어서》,186쪽)라고 쓰여 있습니다. 현(玄)은 '말로는 명확히 표현할 수 없는 것', '심원한 것'이라는 의미입니다.

각각의 본질을 직관적으로 파악하고, "유교는 존재·실재의 철학, 노자의 사상은 비실재(非實在)·비일상(非日常)의 철학, 장자의 사상은 존재와 비존재를 뛰어넘는 초월의 철학"이라고 평가하셨습니다.

신비성을 물리치고 현실에 다가서다

찬드라 저는 《개목초》에 나타난 해석을 보고 현장이 번역한 《성유식론成唯識論》을 떠올렸습니다. 《성유식론》에는 유(有), 무(無), 진여(眞如)를 논한 부분이 있는데, 중국의 성인·현인의 가르침과 불교사상의 조화를 지향하고 있습니다.

이케다 중국에서는 유교를 정통 사상으로 여겨왔습니다. 공자는 《논어》에서 "괴력난신(怪力亂神)을 말하지 않으며", "아직 생(生)을 모르는데 어찌 죽음을 알리요", "귀신을 공경하되, 이를 멀리하라"라고 말했습니다. 이 말에는 신비성을 물리치고 현실사회를 사는 인간 그 자체에 다가서는 철저한 자세가 선명하게 드러납니다.

찬드라 공자의 사상에서 두드러진 특징인 '인간주의'는 중국 철학에 지대한 영향을 끼쳤습니다. 공자는 어디까지나 인간에 초점을 맞추었습니다. 도(道)를 위대하게 할 수 있는 존재는 인간이라고 설했습니다.

공자는 신적인 존재나 사후 생명에 대해서는 말하지 않았습니다. 그의 관심사는 선한 정치를 바탕으로 한 선한 사회, 가족 간의 효(孝), 예의에 맞는 행위였습니다.

이케다 그렇습니다. 공자는 선한 정치, 선한 사회, 선한 가족, 요컨대 선한 인간관계는 '덕(德)'으로 다져진다고 생각했습니다. 어디까지나 내발적인 정신성을 중시했습니다.

공자가 말하는 '인(仁)'은 휴머니티입니다. 거기에는 인류애를 향한 자각이 있습니다.

찬드라 공자는 모든 인간에게 '완성을 향하여 나아가는 능력'이 있다고 믿었습니다. 공자의 기본적인 사고방식은 정명(正名)[10], 중용(中庸)[11], 도(道), 천(天), 인(仁)입니다. 공자와 그 제자들은 언행을 바르게 하고 남을 배려하는 '덕(德)', 사람이 행해야 할 '도(道)'를 실천했습니다. 그리고 자기와 사회가 균형과 조화를 이루는 방향을 설정하고, 중국사상의 원형을 구축 했습니다.

이케다 나아가 공자에게는 '천(天)'의 사상이 있었습니다.

"군자(君子)에게 삼외(三畏)가 있으니 천명(天命)을 두려워 하고, 대인(大人)을 두려워하고, 성인(聖人)의 말을 두려워한 다."

"하늘을 원망하지 않고, 남을 책망하지 않고, 하학상달(下學上 達)[12]한다. 나를 알아주는 이는 저 하늘뿐이로다."

공자에게 '하늘'은 일체의 궁극적인 기반이었습니다. 그러 므로 천명에 대해서는 현세적인 공리주의를 훨씬 뛰어넘는 경건한 태도로 임했습니다.

'현실세계에서 자신의 사명을 반드시 완수한다.' 공자가 나타낸 이러한 삶의 자세에는 현실사회에 방향을 잡으면서 도 절대적인 것에 다가가는 종교적 신념이 약동합니다.

참된 자기를 묻는 '호접몽(胡蝶夢)'

찬드라 도가는 초월적인 원리로 유교의 현세주의에 대항했습니다. 이 사상은 인생의 길을 깊이 탐구했는데, 사마천(司馬遷)[13]은 이를 '도(道)'라고 명명했습니다.

　도는 간소함, 자연스러움, 평정함을 말합니다. 그리고 자연에 반하는 행위를 하지 않음을 뜻합니다.

이케다　대성인이 '무(無)의 현(玄)'이라고 표현하신 의미가 여기에 있습니다. 대자연과의 공생을 나타내는 '도'는, 지구환경을 파괴하는 현대문명의 소생까지도 촉구하고 있습니다.

찬드라　도교의 고전인《도덕경道德經》에는 우주를 있는 그대로 예리하게 통찰하는 부분이 나옵니다.

이케다　노자를 이은 장자의 사상에는 '호접몽(胡蝶夢)'이라는 한자성어를 만든 유명한 일화가 있습니다.

　니치렌 대성인도 '삼세제불총감문교상폐립(三世諸佛總勘文教相廢立)'에서 중국 천태대사(天台大師)가 쓴《마하지관摩訶止觀》의 말을 인용하셨습니다.

　"옛날 장주(莊周)라는 자가 있어, 꿈에 호접(胡蝶)이 되어 일백 년을 지냈는데, 고(苦)는 많고 낙(樂)은 적으며, 땀투성이가 되어 놀라서 보니, 호접으로도 되지 않고 백 년도 지나지 않았으며, 고도 없고 낙도 없고, 모두 허사이며 모두 망상이니라."

《어서》, 565쪽)

장자는 나비가 된 꿈을 꾸고 "나비가 진정한 나인가, 꿈에 본 내가 진정한 나인가?"라고 자문했습니다. 이는 고도로 형이상적인 '초월' 사상을 나타내려고 했다고 할 수 있습니다.

찬드라 그렇군요. 장자는 세속세계를 초월하는 한편 일상생활에 깊이 관여했습니다. 그 사상은 신비적이지만, 동시에 이성(理性)으로 이끄는 빛이 있습니다.

장자는 도교를 새롭게 고양시켰습니다. 그는 불교용어와 표현법에 매우 큰 영향을 끼쳤습니다. 또 유교가 신유교(新儒教)로 변용되는 데에도 영향을 미쳤습니다.

국가의 문화와 성자의 문화

이케다 중국사상 속에서 유교와 도교는 '실재'와 '초월'이라는 대비적인 지향점을 가지고 있습니다.

흔히 인도사상과 중국사상을 대비할 때 "인도사상은 초월적 지향을 가지고, 중국사상은 실재적 지향을 가진다"라고 말하는데, 박사님께서는 어떻게 생각하십니까?

찬드라 저는 중국은 국가의 문화이고, 인도는 성자(聖者)의 문화라고 생각합니다.

이케다 과연 그렇군요. 국가의 문화라는 말은 참으로 명쾌한 표현입니다. 유교는 한나라 무제(武帝) 때에 유일한 전통사상으로 수용되었습니다. 이 유교의 국교화(國教化)가 큰 전환점이었습니다.

찬드라 중국 문화의 영역은 한자(漢字)라는 문자가 지배했습니다. 학자는 이 영역의 관리자라고 할 수 있습니다. 그리고 중국에서 학문을 닦는 것은 관직에 진출하는 것을 의미했습니다.

이케다 유교에서는 내면적 도야(陶冶)를 목적으로 하면서도, 그 내면적 도야를 경세제민(經世濟民)으로 바꾸기를 항상 요구합니다. 이렇게 하여 국가의 문화가 형성되었겠지요.

찬드라 이에 비해 인도의 성자의 문화는 '삼림(森林)의 문화'이기도 합니다.

인도에서 위대한 성선(聖仙)들은 사람들의 존경을 받았습니다. 그들은 학식과 축복으로 민중의 마음과 생활에 광명을 주었습니다.

우파니샤드 성전과 매우 관련 있는 철학문헌을 '알라니야카'라고 부르는 까닭은 그 철학문헌이 숲(알라니야)에서 만들어지고, 학습되고, 사색되었기 때문입니다.

이케다 '인간을 꿰뚫는 보편적인 것, 절대적인 것'을 바라는 마음은 중국뿐 아니라 어느 사회에서도 볼 수 있습니다. 다만 중국에서는 개별적인 인생의 현실을 통해 보편적인 것, 절대적인 것에 다가가는 태도로 일관되어 있습니다.

찬드라 인도 철학이 탐구한 바는 '인간의 가장 깊숙한 곳에서 전개하는 초월적 실재로서의 브라만'이고, 또 불교의 '무상(無常)', '공(空)'이었습니다. 중국에서는 도덕·사회적 윤리를 강조했지만, 인도에서는 최고의 자기의식을 개화시키는 데 목적을 두었습니다.

다시 말해 인도는 '눈에 보이는 모든 형태를 초월한 재통합'을 탐구했고, 중국은 '눈에 보이는 사회질서의 완성'을 주요과제로 하여 탐구했습니다.

또 인도는 우주 및 초월적 존재와의 합일을 지향하는 '정신적 일체성'을 추구했고, 중국은 황제를 중심축으로 나선형으로 형성된 '사회적 일체성'을 지향했습니다.

읽고 배우는 나라, 듣고 배우는 나라

이케다 명쾌한 대비입니다. 그런데 중국은 문필을 숭상하던 나라입니다. 사서(史書)에 나타나 있듯이 글로 쓴 문서를 중요하게 여겼습니다. 중국의 지식인은 예부터 독서인이라고 불렸습니다. 이에 비해 인도는 옛날부터 슈루티(sruti: 천계성전天啓聖典)[14]의 '들은 것', 다시 말해 구승(口承)을 존중했습니다. 입에서 입으로 전해지는 것을 중요하게 여긴 것이죠.

찬드라 인도에서는 스승을 직접 배알하고 그 언설(言說)을 배우는 일이 인간의 내면적 비약을 가져오는 방법이었습니다. 단지 귀로 듣는 것이 아닌, 현상계를 초월한 본질적 인식을 획득하는 일이었습니다.

이케다 불교에서도 사리불(舍利佛)[15] 등 불제자들을 '성문(聲聞)'이라고 불렀으며, 경전의 전승도 처음에는 구송(口誦)했습니다. 현실적인 학문서도 스므리티(성전문학聖傳文學), 다시 말해 '기록된 것'이라고 부릅니다. 스므리티는 '쓰여진 것'이 아닙니다. 법화경에도 "여시아문(如是我聞: 이와 같이 나는 들었다)"(《법화경》, 70쪽)이라고 쓰여 있습니다. 또 니치렌 대성인은 "성불사(聲佛事)를 함"(《어서》, 400쪽 등)이라고도 말씀하셨습니다.

찬드라 선생님이 말씀하셨듯이 사리불과 목련(目連)[16]은 '성문'이라고 불렸습니다. 이 위대한 두 제자를 계발(啓發)한 것은 마음 깊은 곳까지 도달하는 스승의 소리였습니다.

불교 철학과의 만남에서 비롯한 충격

이케다 인도사상이 중국에 전해지는 불교유전(佛敎流傳)의 역사에 대해서는 끝없는 로망이 펼쳐집니다.

중국에 불교가 전래된 것은 후한(後漢) 명제 때인 영평 10년(67년)이라는 설이 있습니다.

일반적인 실증연구에 따르면 《삼국지》 '위지(魏志)' 권30의 주석에 인용된 《위략魏略》 서융전(西戎傳)에 "한나라 애제(哀帝)의 원수원년(元壽元年: 기원전 2년)에 대월지왕의 사자(使者)가 불교경전을 구수(口授)했다"라고 나오는데, 이 기록이 가장 오래된 연대를 나타낸다고 되어 있습니다.

찬드라 기원전 3세기 이후, 아소카 대왕의 아들과 대신들이 세운 호탄국으로부터 불교가 중국에 전해지지 않았나 생각합니다.

법에 근거한 이상국가를 목표로 한 아소카 대왕이 세운 산치 대탑.

이케다 《대당서역기》에 그와 같은 기술(記述)이 있습니다. 아소카 대왕의 불탑이 주나라 시대에 중국 각지에 건립되었다는 설도 있습니다. 또한 《역대삼보기歷代三寶記》에 진시황제가 분서(焚書)할 때 불탑도 파괴했다는 기록이 남아 있습니다.

찬드라 달베르진테파 유적을 발굴조사하는 데 참여한 소카 대학교의 젊은 고고학자가 어느 날 저를 찾아왔습니다.

그는 저에게 하야브비하라(말의 사찰)라고 적힌 비문을 보여주며 "말과 불교는 어떤 관계가 있습니까?"라고 물었습니다. 저는 "말과 불교는 끊으려야 끊을 수 없는 관계가 있다"라고 대답했습니다. 중국 최초의 불교사찰의 이름은 백마사(白馬寺)입니다. 말 교역을 담당한 월지족(月氏族)[17]은 불교도였고, 산스크리트어 불교경전에 정통했습니다.

이케다 백마사는 후한의 명제 시대에 도읍인 낙양에 세워진 사찰입니다. 명제가 성인의 가르침을 구하려고 서역에 파견한 사자가 월지국에서 마등가(摩騰迦)[18]와 축법란(竺法蘭)[19]을 만나, 이 두 사람과 함께 불상과 경전을 백마에 싣고 돌아왔다는 데서 유래한다고 합니다.

찬드라 불교는 월지족과 사마르칸트의 소그드인[20]과 함께 전래하여, 중국과 밀접하게 결부되었습니다. 중국인은 월지족이 불교에 의해 고도의 문화를 꽃피웠다고 판단했습니다. 이와 같이 불교는 '덕'의 상징으로 도입되어, 중국에 숭고함을 가져왔습니다.

이케다 불교가 전래된 연대에 대해서는 옛 가설부터 새로운 가설까지 살펴보면 무려 천 년 정도 차이가 납니다.

중국은 워낙 영토가 광대하므로 서역과의 모든 교류가 역사서에 기록되지는 않았을 것입니다. 하지만 민중 차원에서 불교의 전래가 선행했다는 사실은 틀림없다고 생각합니다. 어쨌든 불교라는 최고 철학과의 만남은 중국인에게 큰 충격을 주었을 것입니다.

찬드라 중국인에게 불교는 참으로 새로운 인생관이었습니다. 한편 철학의 무대에서도 불교가 우세해졌습니다. 도교와 불교의 가교가 된 사람은 승조(僧肇)[21]입니다. 중국의 지식인들은 도교의 '무(無)'라는 교리를 넓히고 있었으므로, '공(空)'의 철학에 매력을 느꼈습니다.

불교의 가르침에 의해 중국이 세계의 중심이라는 중화사상이 허물어진 면도 있었습니다. 또한 불교가 중국의 예술, 생활, 사상에 끼친 영향은 후대에 길이 남았습니다. 불교에는 모든 민족이 공유할 수 있는 보편성이 있고, 중국의 문인과 시인을 계발하는 깊이가 있었습니다.

이케다 실재성을 지향하는 중국문화 속에서 불교 역시 실재성을 중시하는 방향으로 나아갔습니다. '현실의 한복판에서 사회와 인간에게 활력을 주고, 가치적인 방향으로 이끌어간다.' — 이러한 변화는 불교의 새로운 가능성의 전개라고도 말할 수 있겠지요.

찬드라 불교는 중국의 전통에 새로운 심원성과 초월성을 주었으며, 철학적 사고를 표현하기 위한 언어능력의 발전을 가져왔습니다.

또 불교는 유교 등의 해석학(解釋學)에서도 새로운 사고의 조류를 가져왔고, 고색창연한 고전을 신선한 높이로 밀어올렸습니다.

생명은 모두 동포 ― '대동사상(大同思想)'

이케다 저는 최근 중국을 대표하는 두 학자와 '동양의 지혜를 말한다'라는 주제로 대화하고 있습니다(《동양의 지혜를 말한다》로 발간).

베이징대학교의 지셴린(季羨林)[22] 교수와 중국사회과학원의 장중신(蔣忠新)[23] 교수입니다. 21세기를 맞아 인류의 미래를 열기 위한 중국사상의 역할에 대해 이야기를 하고 있습니다. 지셴린 교수는 중국의 대동사상(大同思想)을 언급하며 이렇게 말했습니다.

"중국에는 고대부터 '대동'이라는 사상이 있습니다. 아마도 많은 단계와 오랜 시간을 거쳐 어떠한 형태를 취하더라도, 인류는 반드시 '대동'의 경지로 향하게 되겠지요."

그리고 캉유웨이가 저술한 《대동서》를 언급했습니다.

찬드라　캉유웨이의《대동서》는 새로운 인도적 질서를 위한 강고한 기반을 제공했습니다.

이케다　장중신 교수도《대동서》에 나타난 대동사상에는 확실히 흡수해야 할 점이 많다고 동의하셨습니다.

찬드라　캉유웨이는 고전적인 규범을 개혁하는 데 힘쓰면서 특히 통치자와 인민으로 구성되는 지배기구의 변혁을 시도했습니다.

이케다　캉유웨이는 유교의《예기禮記》의 '예운(禮運)' 편에 나타난 '대동'의 세계를 이렇게 전개합니다.

"대지에 생을 받은 이상 지구상의 모든 인류는 모두 나의 동포다. 그들을 알면 친애의 정이 생긴다."

여기에는 모든 사람과 서로 공감하고 고락을 함께 나누는 '인(仁)'의 마음이 맥동합니다. 이 '대동'의 이념은 훗날 쑨원 (孫文)[24]에게도 계승되어 삼민주의(三民主義)[25]의 궁극이 되었습니다.

찬드라　그들은 유교체제의 주류에 몸을 두면서도 "인간성이야말로 전 국민을 대동단결시키는 힘"이라고 주장했습니다. 인간성은 '보편적인 사랑'을 말합니다. 그들은 최대한 개방적인 관점에서 전통을 선양했습니다.

새로운 인류적 질서 구축을 향한 관점

이케다 오늘날 인류는 지구적 규모의 문제들에 직면해 있습니다. 특히 환경에 있어서는 '자연과 인간은 본래 일체이며, 자연 그 자체가 존귀한 존재다'라는 동양적 자연관 및 세계관이 인류적 규모로 전개되기를 바라고 있습니다.

찬드라 인류의 여러 문명은 수천 년 동안 별개의 역사를 거친 뒤, 이제 일체화라는 상황에 직면했습니다. 천연자원의 감소, 환경오염, 이기주의가 지배하는 사회관계, 국경분쟁…. 이 모든 것이 인간의 생명을 위협하고 있습니다.

과학기술의 발달이 생태계를 파괴하는 방향으로 나아가고 있습니다. 이제 인류에게는 대담한 개혁이 필요합니다. 서로 다른 질서 사이에서 조정하지 않으면 안 됩니다. 그러기 위해 다양한 '공생'과 다원적인 '의식(意識)'이 요청되고 있습니다.

이케다 여기에 특히 주목하고 싶은 것은 중국에 맥맥이 이어지고 있는 '공생의 에토스'입니다.

대립보다 조화, 분열보다 결합, 나보다 우리를 기조로 인간과 인간, 인간과 자연이 저마다의 다양성·다원성을 존중하면서 함께 살고 함께 번영하려는 지향성입니다.

캉유웨이 등이 펼친 사상은 이 공생의 에토스를 계승했다고 말할 수 있겠지요.

찬드라 저는 새로운 인류적 질서를 구축하기 위해 다음의 다섯 가지를 주장합니다.

첫째, 우리는 '인간과 자연은 상호의존 관계'라고 의식을 전환해야 합니다. 자연은 인류에게 경외의 마음을 불러일으킵니다. 석존이 깨달음을 얻은 곳은 보리수 아래에서였습니다.

둘째, 우리는 욕망을 통제해야 합니다. 자연은 '필요'에는 부응하지만, '탐욕'에는 부응하지 않습니다.

셋째, 인간은 동포와 자연에 서로 양보해야 합니다. 그렇게 하면 모든 존재가 번영합니다.

넷째, 불교가 말하는 지혜와 자비는 생명의 환희와 아름다움을 가져옵니다.

다섯째, 몇 가지 전통의 숭고한 정신성이 합류하여 각각의 영역에서 힘을 발휘하면 '생명과 자연, 그리고 자신에게 내재하는 초월성'을 깨닫는 과정에 조화를 이룰 수 있습니다.

이케다 박사님께서는 현대문명이 나아가야 할 길을 매우 명확히 제시하셨습니다. 저도 이 다섯 항목에 모두 동의합니다. 그중에서도 다섯 번째인 '인류의 위대한 정신적 전통을 융합하면서 한층 더 창조적 비상을 이루는 일'이야말로 인류문명의 핵심입니다.

저는 이 조건들을 풍부하게 갖춘 인도와 중국의 심원한 정신적 전통이 상호 계발되면서 '제3의 천년'의 인류문명이 확립되기를 희구합니다. 그러므로 저는 이번 제언에서 '생명론'의 전개를 통해, 이 양국의 정신성에 무한한 기대를 표명했습니다.

찬드라 저는 이케다 선생님과 대화하면서, 중국의 위대한 성인들과 마하트마 간디가 뇌리에 떠오릅니다. 그 성인들과 마찬가지로 이케다 선생님도 바른 말(正語)과 바른 행동(正業)으로 생명의 깊숙한 차원으로 들어가, 활기차게 흐르는 '우주애(宇宙愛)'의 흐름에 합류하고 계십니다.

이케다 선생님은 인류의 운명을 짊어진 '도(道)'와 '덕(德)'을 상징하신다고 생각합니다. 이케다 선생님은 존재하는 모든 것을 초월적인 경지로써 풍요롭게 하시는 아시아의 빛입니다.

1 **유가** 유교(공자의 가르침)를 신봉하는 사람 또는 그 학파.

2 **도가** 불로장생을 추구하는 도교를 신봉하는 사람. 노자가 도교의 개조라고 한다.

3 **법가** 중국 춘추전국시대의 제자백가 중 하나. 천하를 다스리는 핵심은 인·의·예 등이 아닌 법률이라고 설했다. 한비자가 법가를 집대성했다.

4 **명가** 중국 춘추전국시대의 제가백가 중 하나. 명(名: 명사名辭·개념槪念)과 실(實: 사물事物·실체實體)의 관계를 밝히려는 논리학파로 공손룡, 혜시가 대표적 인물이다.

5 **묵가** 중국 춘추전국시대의 제가백가 중 하나. 개조인 묵자는 '자기를 사랑하듯이 남을 사랑하는 겸애'를 설하고, 허식을 물리치고 검약을 권장했다.

6 **야스퍼스**(1883~1969년) 독일의 철학자. 실존철학의 대표자 중 한 사람이다.

7 **노자** 기원전 4세기 춘추시대 사상가. 갖가지 규제와 습관에 속박당하는 인간사회를 비판하고, 인간 본래의 모습은 무위자연(無爲自然)이라고 설했다.

8 **육사외도** 석존 재세 당시, 중인도에 세력이 있던 여섯 명의 자유사상가를 말한다. 육사는 바라문교의 권위를 부정하고 자유로운 사상을 전개하여 신흥 왕후귀족과 상인들의 지지를 받았다.

9 **장자**(기원전 370년경~기원전 300년경) 중국 전국시대 중기에 활약했다. 노자와 쌍벽을 이루는 대표적인 도가 사상가다.

10 **정명** '명분을 세우다'라는 뜻. 말이 가진 개념과 구체적으로 나타난 내용을 일치시키는 일.

11 **중용** 유교의 덕목. '중'은 치우치지 않는 것, '용'은 항상 일정한 것을 말한다.

12 **하학상달** 아래를 배워 위에 달한다는 뜻으로, 낮고 쉬운 것을 배워 깊고 어려운 것을 깨달음을 말한다. '아래로는 인간의 사리를 배우고, 위로는 하늘의 도리에 통함'을 이르는 말이다.

13 **사마천**(기원전 145년경~기원전 86년경) 한나라 전성기인 무제(재위 기원전 141년~기원전 87년)의 치세에 살았던 중국의 역사가. 흉노에 항복한 이릉을 변호하다 형을 받았지만, 아버지의 뜻을 이어 《사기史記》 130권을 완성했다.

14 **슈루티** 저작자에 의해 쓰이거나 읽히는 것이 아닌, 신성한 계시를 듣는 것을 의미한다. 《베다》의 삼히타(본집本集), 브라흐마나(제사서祭祀書), 《우파니샤드》 등을 '슈루티'라고 일컫는다.

15 **사리불** 석존의 10대 제자 중 한 사람. 불설(佛說)의 진의를 잘 이해했기 때문에 '지혜 제일'이라고 불린다.

16 **목련** 석존의 10대 제자 중 한 사람. '신통 제일'이라고 불린다.

17 **월지족** 중국 춘추전국시대 무렵부터 지금의 간쑤성 지역에 세력을 확장한 이란계 유목민족. 실크로드 교류의 선구적 역할을 했다.

18 **마등가** 중국 한나라에 불교를 전도했던 중인도 사람. 축법란과 함께 중국에 처음으로 불법을 전했다고 한다.

19 **축법란** 중국 후한시대의 승려. '축(竺)'은 '인도(천축) 출신'을 의미한다.

20 **소그드인** 중앙아시아 소그디아나 지역(지금의 우즈베키스탄 공화국과 타지키스탄 공화국 일부)의 이란계 주민.

21 **승조**(384~414년) 중국 장안 사람. 젊은 나이에 중국 고전에 정통하고 노장사상을 좋아했지만, 《유마경》을 읽고 불교에 귀의하여 출가했다. 구마라습을 사사하여 역경사업을 도왔다.

22 지셴린(1911~2009년) 중국 산둥성 출생. 중국의 언어학자, 문학자, 동방학자. 베이징대학교 부총장, 중국언어학회 회장 등을 역임하고 중국 둔황 투루판학회 회장 등을 역임했다.

23 장중신(1942~2002년) 중국 상하이 출생. 베이징대학교 동방언어학부 졸업. 중국사회과학원 아시아태평양연구소 교수를 역임했다.

24 쑨원(1866~1925년) 중국의 혁명가, 정치가. 열강의 중국 침략이 격화하는 속에서 혁명운동에 몸을 던져 생애를 구국에 바쳤다.

25 삼민주의 쑨원이 주장한 민주주의 혁명 사상. 민족주의, 민권주의, 민생주의로 이루어졌으므로 삼민주의라고 총칭한다.

제 12 장

'생명우주'에 대한 탐구

– 천태의 '일념삼천(一念三千)'

'약초유품'의 영어 번역

이케다　저는 2001년 5월 5일, 사상가이자 시인이며 미국 르네상스의 원천인 헨리 소로의 정신을 계승한 '소로협회' 관계자분들을 소카대학교에서 만났습니다. 보스코 회장과 마이어슨 사무총장 모두 소로와 그 스승 에머슨의 정신을 이어받아 행동하는 지성인입니다.

찬드라　소로협회가 이케다 선생님에게 종신명예회원 칭호를 수여했다고 들었습니다. 이 일은 오랜 역사를 자랑하는 소로협회에 길이 남을 축제이며, 시인으로서 가장 큰 기쁨입니다.

이케다　박사님께서 이렇게 축하해주시니 영광입니다.

찬드라　인류가 나아가야 할 르네상스의 방향을 위해 이케다 선생님이 끊임없이 힘쓴 점을 생각하면 이 칭호는 당연한 결과라고 생각합니다.

이케다　보스코 회장은 "소로의 철학은 인간혁명과 일치합니다"라고 말씀하신 뒤 "창가학회가 추진하는 인간혁명 운동은 소로가 주장한 자기변혁의 철학과 공명한다"라고 통찰하셨습니다.

찬드라　소로와 이케다 선생님 두 분 모두 '내적인 원리'로 자신을 도야하신 시인입니다. 두 분의 생명과 인생은 그 자체가 예술이며, 깊은 통찰과 광범위한 행동에 뿌리를 두고 있습니다. 소로가 언제나 '강물처럼 싱그러운 인생'을 살았듯이, 선생님은 언제나 '생명의 원천'으로 되돌아가는 삶을 살고 계십니다.

이케다 법화경은 보편적 생명의 원천을 설한 최고의 경전입니다. 법화경의 대학자이신 박사님께 확인하고 싶습니다. 소로도 편집에 참여했던 초월주의자[1]들의 기관지 〈다이얼〉이 법화경의 일부[2]를 영어로 번역하여 소개했다고 들었습니다.

찬드라 일본의 유야마 아키라 씨와 미와 히사에 씨가 연구한 결과에 따르면 서양에서 법화경을 최초로 번역한 것은 프랑스인 뷔르누프[3]라고 합니다. 뷔르누프는 1837년 네팔 주재 영국 변리공사인 호지슨에게서 법화경을 포함한 산스크리스트어 사본 스물네 점을 입수했습니다. 뷔르누프는 1839년까지 법화경을 프랑스어로 번역했으며, 이 불역 법화경은 1841년에 인쇄되었다고 합니다. 유럽의 언어로 처음 번역된 법화경인 것이지요. 그 후 1843년에는 '약초유품'을 불역하여 〈르뷔 엥데팡당트〉(독립잡지라는 뜻)에 두 번에 걸쳐 발표했습니다. 이 잡지를 본 소로는 '약초유품'을 영어로 번역해서

'부처의 가르침'이라는 제목으로 1844년 〈다이얼〉 1월호에 게재했습니다.

이케다 소로협회의 마이어슨 사무총장(사우스캐롤라이나대학교 교수)은 "약초유품은 '생명의 다양성'과 '평등한 존엄성'을 노래한 장입니다"라고 말씀하셨습니다.

찬드라 초월주의자들이 발간한 잡지 〈다이얼〉의 편집은 걸출한 사상가 에머슨이 맡았습니다.

초월주의자들은 인간의 내적인 정신과 자연에 내재된 정신을 조화시키려 했고, 과학을 인간적인 것으로 개선하려고 했습니다. 그들은 여러 문화가 갖는 보편성을 탐구했고, 그 운동은 눈부신 성과를 올리며 사람들에게 활기를 주었습니다.

이케다 에머슨도, 소로도 살아 있는 모든 것이 연대하는 삼라만상의 조화를 발견했습니다. 그리고 모든 문화의 바탕이 되는 '보편성'을 소생시키려고 했습니다.

찬드라 그렇습니다. 그리고 법화경은 초월주의자들의 기본적인 정신을 구체적으로 표현한 경전입니다.

생명의 불가사의를 밝히다

이케다 중국의 천태대사 지의(智顗)는 법화경에 나타난 부처의 진정한 깨달음에 다가가, 그 법리를 '일념삼천(一念三千)'[4]으로 체계화했습니다. 이는 천태교학(天台教學)의 백미입니다.

칸트[5]의 《실천이성비판》에 이런 말이 있습니다.

"생각하면 할수록 두 가지가 내 마음을 가득 채운다. 하나는 하늘에 빛나는 별이고, 다른 하나는 내재적 도덕률이다."

니치렌 대성인은 "생명의 불가사의야말로 모든 경론(經論)이 밝히려고 한 핵심이다"(《어서》, 564쪽, 취의)라고 말씀하셨습니다. '일념삼천'의 법문(法門)은 모든 경론의 핵심인 생명의 진리를 깊이 탐구한 철학입니다.

찬드라 인간의 마음은 무한합니다. 끝없이 펼쳐진 대해와도 같습니다. 깊이 탐구하면 할수록 더욱 드넓게 확대되고, 그 끝없이 펼쳐진 수평선에 도달하기 어렵습니다.

또한 생명은 영원하며, 시간도 무한합니다. 인간은 그 안에서 생사유전(生死流轉)을 반복합니다.

이케다 불전에도 '생사(生死)의 대해'라는 말이 나옵니다.

《상윳타 니카야》 등에는 석존도 보리수 아래에서 명상할 때 무수한 과거세를 관상(觀想)했다고 나옵니다. 석존은 그 무한한 생사를 관통하는 근원의 법(法)을 깨달았고 거기서부터 불교가 시작되었습니다.

찬드라 인간의 마음은 그 대해를 이루는 무한한 그물망입니다. 여러 생각들은 결국 하나로 이어져 있기 때문에 함께 움직입니다. 확실히 모습을 드러냈다고 생각하는 순간, 순식간에 가라앉아 보이지 않습니다.

'삼천(三千)'이라는 수로 표현한 광대한 시공(時空) 속에서 사람의 마음은 순간순간 변합니다. 게다가 그 '한순간'의 마음은 무한한 시공과 이어져 있습니다.

그 영원하고 보편적인 깨달음의 세계는 살아 있는 모든 중생의 생명오저(奧底)에 있습니다. 그 세계는 마치 자유로운 정신이 쓰는 한 편의 시나리오 같습니다. 이는 절대적인 신의 계시에 의한 것이 아닙니다. 산스크리트어로 말하면 사다나(성취, 달성)입니다. 다시 말해 각지(覺知)이고, 자기실현입니다.

만인의 행복을 실현하는 법

이케다 '일념삼천'의 요점을 풍부한 표현으로 잘 설명해주셨습니다. '일념'은 순간순간 어지러울 만큼 빠르게 바뀌는 우리 생명 그 자체입니다. '삼천'은 '십계호구(十界互具)'[6], '십여시(十如是)'[7], '삼세간(三世間)'[8]이라는 항목으로 파악된 우주의 삼라만상입니다. 자신의 내적인 '생명우주'를 자각하고 실현하는 것이 바로 '일념삼천'의 실천입니다.

아시다시피 일념삼천의 법문은 《마하지관摩訶止觀》에 나와 있습니다. 《마하지관》 제5권에는 이렇게 쓰여 있습니다.

"대저 일심(一心)에 십법계(十法界)를 갖추었느니라. 일법계(一法界)에 또 십법계를 갖추면 백법계(百法界)이니라. 일계(一界)에 삼십종(三十種)의 세간(世間)을 갖추면 백법계에 즉(卽) 삼천종(三千種)의 세간을 갖춤이라. 이 삼천은 일념(一念)의 마음에 있느니라. 만약 마음이 없으면 불가하지만, 조금이라도 마음이 있다면, 즉 삼천을 갖춤이라. 일심(한순간의 생명)은 십계를 갖추고 있다. 그중 일계는 십계를 갖추고 있다. 그러므로 백계가 된다. 그 백계의 일계는 (십여시에 각각 삼세간, 즉 세 가지 상위相違를 갖추었기 때문에) 삼십 가지 세간을 갖추었다. 그러면 백계는 삼천 가지 세간을 갖추게 된다. 이 삼천 가지의 세간이 일념의 마음에 갖추어져 있다. 만약 마음이 없으면 이 삼천은 없다. 반대로 조금이라도 마음이 있으면 거기에는 삼천이 갖추어진다."

십법계(십계), 십여시, 삼세간 등 불교용어가 많이 나왔습니다. 이 용어들은 나중에 이야기했으면 합니다.

요컨대 일념삼천은 우리의 '순간의 생명'에 '우주의 삼라만상'이 들어 있다는 법리입니다. 생명우주의 내실(內實)을 철학적으로 체계화한 것이지요.

그리고 천태대사는 사람들이 이 진리를 깨달을 수 있도록 지관(止觀)의 수행을 정비하여 《마하지관》을 서술했습니다. 여기에서 그는 '평범한 인간이 부처와 똑같은 위대한 경애를 열 수 있다'는 사실을 만인이 체득하여 얻을 수 있도록 생명의 오저(奧底)를 탐구할 것을 촉구했습니다.

찬드라 더욱이 이 길은 외부에 있는 마크로코스모스(대우주)를 정복하겠다며 우쭐대는 것이 결코 아닙니다. 오히려 인간이 생명으로서 성장하고, 인간과 모든 사물이 서로 깊이 스며드는 길입니다.

이케다 그렇습니다. 인간 역시 같은 우주에서 태어난 존재로

어떤 작은 생물도 일념삼천 그 자체이며, 모든 생명에는 각자의 이야기가 있다. 잠자리 또한 작은 '살아 있는 지구'다(이케다 SGI 회장 촬영).

서 다른 사물과 조화를 이루고 있습니다.

찬드라 '환경과 함께 성장하고, 환경 속에서 발전하는 것'을 목표로 삼아야 합니다.

이케다 그렇습니다. '만물이 서로를 키우고, 소생시키는 것'을 목표로 해야 합니다. '자타 모두의 행복'이야말로 만물이 본성(本性)으로 추구하는 바입니다. '모두 함께 행복해지자'는 바람이야말로 살아 있는 모든 것의 공통된 바람입니다. 법화경은 그렇게 갈파하고 있습니다.

찬드라 천태대사가 일념삼천으로써 법화경의 철학적 기반을 체계화하면서 전하려고 한 메시지가 바로 그것입니다.

이케다 깊이 공감합니다. 누구나 성불할 수 있다는 법리가 법화경의 근본 가르침입니다. 그 점을 천태는 '일념삼천'의 이론으로 나타냈습니다. 그래서 니치렌 대성인은 일념삼천을 성불의 요체라는 의미로 사용하셨습니다.

언제나 우리 생명에 희망이!

이케다 《개목초》에는 "일념삼천의 법문은 다른 곳에서는 설하지 않고, 다만 법화경의 본문(本門)에 있는 수량품(壽量品)의 문저(文底)에 잠겨 있다. 용수(龍樹)나 천친(天親)은 이 점을 알고 있었지만, 일부러 일념삼천의 법문을 설해 나타내지 않았다. 다만 중국의 천태대사만이 마음에 품고 있었다. 이 일념삼천의 법문은 십계호구(十界互具)를 근본으로 전개되었다"(《어서》, 189쪽, 취의)라고 쓰여 있습니다.

'오랜 불교 역사에서 법화경에 잠겨 있는 성불의 법리를 처음으로 명확히 설한 사람이 천태대사다. 그 일념삼천이라는 이론의 핵심이 십계호구에 있다'라고 지적하셨습니다.

찬드라　천태는 법화경의 문저에 잠겨 있는 철학적 체계를 해명하려고 했습니다. 그러기 위해 천태는 구마라습이 번역한 《법화경》과 반야바라밀(般若波羅蜜)[9] 사상을 한역한《대지도론大智度論》[10]을 늘 곁에 두었습니다. 용수의《중론中論》도 사상을 구축하기 위한 기반이 되었습니다.

이케다　천태의 '일념삼천론'의 사상적 기반을 간단히 요약해 주셨습니다. 이제 일념삼천론의 출발점인 '십계'부터 이야기했으면 합니다.

　잘 아는 분도 많겠지만 만약을 위해 확인하자면 십계는 생명이 현현(顯現)하는 경애를 열 가지로 분류한 것입니다. 지옥(地獄), 아귀(餓鬼), 축생(畜生), 수라(修羅), 인(人), 천(天), 성문(聲聞), 연각(緣覺), 보살(菩薩), 불(佛), 이렇게 열 가지입니다.

찬드라　'지옥'부터 '천'에 이르는 여섯 가지를 육도(六道)라고 부릅니다. '인계'는 우리가 사는 세계입니다. '인계' 이외는 고대 인도인이 내세에 생을 받는 세계로 상정한 '경애'입니다.

이케다　그렇습니다. 다만 내세에 태어나는 경애로 한정지으면, 결정론적 운명론에 빠질 우려가 있습니다. 또 금세(今世)에 나타나는 고뇌의 경애를 타개할 길도 없어지고 맙니다. 그 폐해를 타파하고 우리 현실에 맞게 이해하는 실천적 관점이

'관심(觀心)'입니다.

천태대사도 관심을 중시했습니다. 저는 그 까닭이 현실에서 고뇌에 빠진 모든 사람을 구제하고 행복으로 이끌기 위해 진지하게 힘썼기 때문이라고 이해하고 있습니다.

사람들의 기대에 부응해야 진정한 불법자

찬드라 예리한 관점입니다. 천태대사는 남북조(南北朝) 말의 동란기에 활동했습니다. 천태의 스승인 혜사선사(慧思禪師)[11]는 몇 번이고 암살당할 뻔했습니다.

천태는 575년, 사람들을 구제하는 제자를 육성하기 위해 남조(南朝) 진(陳)나라[12]의 도읍 금릉(현재 난징)을 떠나 천태산으로 들어갔습니다. 천태는 "제자는 늘었지만 법을 깨달은 사람이 적다"라며 스스로 한탄했습니다. 또 그 한 해 전에는 북방에서 북주(北周)의 무제(武帝)[13]가 폐불(廢佛)을 단행했습니다. 그 참상을 듣고 더욱 호법(護法)의 마음을 굳히지 않았을까 생각합니다.

다행히도 진나라와 진을 멸망시킨 수(隋)나라[14]의 왕들은 천태를 존숭하고 보호했습니다. 그러나 천태는 지위나 명성을 추구하지 않았고, 사람들을 구제하는 '진리'를 탐구했습니다.

천태는 자신의 실천을 바탕으로 그 진리 탐구의 이치를 《마하지관》에서 정교하고 치밀하게 나타냈고, 일찍이 그 유례를 찾아볼 수 없을 만큼 명석했습니다.

《마하지관》을 정리한 제자 장안(章安)[15]은 첫머리에 "지관(止觀)의 명정(明靜)함은 전대미문이니라"라고 찬탄했습니다. 또 그는 "천태지자(天台智者)는 기심중소행(己心中所行)의 법문(法門)을 설하고"라고 언급하면서, 천태 자신이 실천한 요체를 설했음을 나타냈습니다.

이케다 그렇습니다. 천태는 사람들의 성불을 바라며, 자신의 모든 것을 쏟아 설했습니다. 이것이 천태의 출세(出世)의 본회(本懷)[16]입니다.

어려운 시대일수록 누구나 행복을 소망합니다. 그 소망에 부응하여 시대를 개척하는 일이야말로 불법자의 진정한 사명입니다. 천태는 그 모든 책임을 떠안고 진지하게 투쟁했습니다.

천태를 선각자로 자리매김하신 니치렌 대성인은 자신이 최악의 시대인 말법시대(末法時代)[17]에 태어났음을 자각하셨습니다. 말법시대는 천태가 살았던 상법시대(像法時代)[18]보다 더욱 혼란한 시대였습니다. 그런 시대와 정면으로 맞서 타개하려고 하셨습니다.

《관심본존초 觀心本尊抄》 첫머리는 조금 전에 살펴본 일념삼천의 법문을 설하는 장면에서 시작됩니다. 그리고 천태의 관심보다 더욱 우리 일상을 끌어당겨 밝히셨습니다. 그럼으로써 우리 평범한 인간이 현실에서 성불하는 길을 확립하셨습니다.

대성인은 현실 변혁의 발걸음을 크게 내디디셨습니다. 그 발걸음은 변혁을 방해하는 기존 세력과 맞서 싸우는 끝없는 투쟁의 시작이기도 했습니다.

고경 속에도 행복해지는 희망이 있다!

찬드라 잘 알았습니다. 이케다 선생님이 보여주신 행동을 통해 더욱 깊이 이해할 수 있었습니다.

이케다 과찬이십니다. 《관심본존초》를 바탕으로 '십계'를 설명하자면, '지옥'은 고뇌로 가득한 경애입니다. '아귀'는 탐욕에 따라 움직이는 경애, '축생'은 본능대로 살아가는 경애, '수라'는 이기주의에 지배당한 경애입니다. 또 '인'은 평온한 경애, '천'은 물질이나 지적인 욕구가 충족된 기쁨의 경애입니다.

나머지 네 가지는 불교가 설하는 '진리'를 부분적으로 체득한 경애입니다. 그러므로 사성(四聖)이라고 부릅니다. '성문'은 설한 진리를 듣고 구도하며 사는 경애입니다. '연각'은 현상을 통해 어떤 깊은 지혜를 얻은 경애, '보살'은 타인을 구제하는 데 자신을 바치는 경애입니다. '불'은 보살적 생명의 원천이기도 하고, 우주 궁극의 진리를 각지(覺知)한 경애라고도 할 수 있습니다.

찬드라 이케다 선생님은 불교용어에 현대적인 의미를 부여하셨습니다. 천태대사의 그 어려운 고도의 철학개념을 현대에 맞게 전개하셨습니다. 참으로 대단하십니다.

이케다 박사님께서 인정해주시니 저도 안심입니다. (웃음) 십계는 본래 모든 생명에 존재합니다. 순간순간 변화하는 환경에 대응하면서 무엇인가의 경애를 현현합니다.

그리고 지금 이 순간에 어떤 경애를 나타냈다고 해도 내면에는 다른 모든 경애가 잠재해 있으므로, 상황에 따라 순식간에 다른 경애로 바뀔 가능성이 있습니다. 이것을 '십계 안에 각각의 십계가 있다'라고 표현합니다.

찬드라 천태는 《마하지관》에서 이것을 십계호구라고 하고, 백법계 또는 백계라고도 표현했군요.

이케다 그것을 실천에 즉(即)해서 말하면 '그 어떤 괴로움의 경애, 그 어떤 어려운 상황에 직면해도 행복해질 수 있다'는 뜻이 됩니다. 반대로 '아무리 즐겁고 유쾌한 상황이라도 방심하면 불행으로 전락한다. 그러므로 계속 투쟁해야 한다'는 측면도 있습니다.

물론 천태대사도, 니치렌 대성인도 '악세에서 순간의 괴로움에 허덕이는 민중을 어떻게든 구제하고 싶다'는 마음으로 불법을 설하고 넓히셨습니다. 그러므로 어디까지나 '행복해질 수 있다'가 핵심이고, '무슨 일이 있어도 지지 않겠다. 자신과 우주를 꿰뚫는 묘법을 근본으로 살아가자'라는 희망의 메시지를 전하려고 하셨음이 틀림없습니다.

찬드라 저도 같은 의견입니다. 행복의 원천은 우리 생명 속에 있습니다. 희망의 광명은 우리 안에서 빛납니다.

깨달음의 원천은 어딘가 저편에 있는 것이 아닙니다. 자신의 불성은 어딘가 멀리 있는 것이 아닙니다. 우리는 자신의 내면, 다시 말해 이 '일념'에 탐구의 눈을 돌려야 합니다.

진지한 실천이 진리를 실현

이케다 '십계호구'의 생명은 열 가지 측면을 갖추고 있습니다. 여시상(如是相), 여시성(如是性), 여시체(如是體), 여시력(如是力), 여시작(如是作), 여시인(如是因), 여시연(如是緣), 여시과(如是果), 여시보(如是報), 여시본말구경등(如是本末究竟等)의 '십여시(十如是)'입니다. 십여시는 모든 존재, 제법(諸法)에 갖추어진 열 가지 모습을 말합니다. 백계가 이러한 십여시를 갖추고 있으므로, 이를 천여시(千如是)라고 표현합니다.

찬드라 십여시는 구마라습이 번역한 법화경에 나오는 말입니다.

"부처가 성취하신 바는 제일 희유(稀有)하고 난해한 법(法)[19]이니라. 오직 부처와 부처만이 곧 능히 제법의 실상(實相)을 구진(究盡)하셨느니라.[20] 이른바 모든 법은 이와 같은 상, 이와 같은 성, 이와 같은 체, 이와 같은 역, 이와 같은 작, 이와 같은 인, 이와 같은 연, 이와 같은 과, 이와 같은 보, 이와 같은 본말구경등이니라."《법화경》, 108쪽)

부처가 도달한 궁극적 진리를 열 가지로 나타냈습니다.

이케다 니치렌 대성인은 '일념삼천법문(一念三千法門)'에서 "이 일념삼천의 법을 각지하기 위한 일심삼관(一心三觀)[21]의 법문은, 법화경 제일권 방편품에 쓰여 있는 십여시를 바탕으로 전개된다"《어서》, 412쪽, 취의)라고 지적하셨습니다. 법화경의 이 십여실상(十如實相)[22]에 관한 글이 일념삼천 법문의 근거입니다.

《어서》의 다른 곳에서 대성인은 이렇게도 말씀하셨습니다. "일체중생 모두 성불하는 가르침의 근원이라고 해도, 오직 이 제법실상(諸法實相)[23]의 네 글자 이외에는 전혀 없다."《어서》, 1139쪽, 통해)

요컨대 십여시로 나타나는 '제법실상'이야말로 만인성불(萬人成佛)의 근원이라고 지적하셨습니다. 십여실상은 부처가 깨달아 갖추고 있는 특성인 동시에 사람들을 성불로 이끄는 근본입니다.

찬드라 제법(모든 현상)과 실상(본질)은 일체이며, 구분할 수 있는 것이 아닙니다. 또한 부처의 특성인 실상은 하나의 사물도,

중생도 본래부터 갖추고 있는 법입니다.

천태는 "이 진실을 깨달아 내적인 본질·실상을 열어 나타내고, 부처의 경지를 실현해야 한다"라고 지적했습니다. 천태가 일념삼천을 설한 까닭은 중생에게 잠재해 있는 불성을 불러일으키기 위해서였습니다.

하지만 그렇다고 해도 현대의 우리 자신에게 맞추어 생각하려고 하면 단지 십여시의 나열만으로는 부족합니다. 조금 더 설명해주시지 않겠습니까?

이케다 매우 어려운 문제입니다. (웃음) 최대한 노력해보겠습니다.

'여시상'은 표면에 나타난 형태이고, '여시성'은 내면의 성질입니다. '여시체'는 그 양면을 갖춘 생명 그 자체, 본체입니다. 이것은 생명의 본질적 측면을 언급한 것입니다.

'여시력'은 잠재적 힘, '여시작'은 힘이 현현하여 다른 곳에 영향을 미치는 작용입니다. 이것은 기능적 측면을 언급한 것입니다.

'여시인'은 결과를 가져오는 직접적 원인, '여시연'은 인(因)을 돕는 보조적 원인, '여시과'는 인에서 생긴 결과, '여시보'는 결과가 구체적인 현상으로 나타난 것입니다.

여기에는 연기설(緣起說)²⁴이 들어 있습니다. 다시 말해 생명의 인과율이 나타나 있습니다.

끝으로 '여시본말구경등'은 본(本: 여시상)에서 시작해서 말(末: 여시보)까지, 생명활동에서 조화·율동하고 있다는 통일성의 원리입니다.

대성인은 '십여시사(十如是事)'에서 "이 여시상, 여시성, 여시체의 삼여시(三如是)를 근본으로 해서, 이 삼여시에서 나머지 일곱 가지 여시(如是)가 나와서 십여시(十如是)가 된다. 이 십여시가 근본이 되어 백계(百界)로도 되고, 천여(千如)로도 되고, 삼천세간(三千世間)으로도 되었다"《어서》, 410쪽, 취의)라고 말씀하셨습니다.

이 '삼여시'는 생명 그 자체이고, 당체입니다. '칠여시(七如是)'는 그 생명에 갖추어 작용하는 역용(力用)입니다.

생명의 여러 작용으로 십계라는 경애의 차이가 나타납니다. 십여시는 십계의 차이를 여실히 보기 위한 관점입니다. 그리고 자신의 현실과 불계라는 이상(理想)을 응시하고 무한한 향상을 도모하는 출발점입니다.

찬드라 잘 알았습니다. 만인의 행복을 바라는 부처는 만인이 고뇌하는 현실을 꿰뚫어보는 한편, 자신이 도달한 경지를 응시하여 모든 사람을 그곳에 도달하게 하려고 합니다. '십여실상'은 이를 위해 설한 것입니다.

범부야말로 부처라고 깨닫다

이케다 그렇습니다. 특히 '본말구경등'에 대해서는, 실천이라는 관점에서 살펴보면 다르게 포착하는 방법이 생깁니다.

니치렌불법(日蓮佛法)의 '일념삼천법문'에는 이렇게 쓰여 있습니다.

"'본(本)'이라 함은 불성(佛性)이고, '말(末)'이라 함은 아직 부처의 생명을 나타내지 않은 구계(九界)의 경애를 말한다. 구경등(究竟等)이라고 함은 '묘각(妙覺)', 다시 말해 구경(究竟)의 여래(如來)[25]와 이즉(理卽)의 범부(凡夫)[26]인 우리가 차별이 없음을 뜻하고, 또 이것을 평등대혜(平等大慧)의 법화경이라고도 한다."(《어서》, 413쪽, 통해)

이는 '부처가 깨달은 실상에서는 부처의 생명(본)도, 중생이 가진 구계의 생명(말)도 결국(구경하여) 묘법의 당체로서 평등하다'는 뜻입니다. '본'에는 깨달음을 얻은 결과인 불계가,

'말'에는 '인이 되는 수행'을 해야 하는 경애의 구계가 배치되어 있습니다.

구마라습의 직제자인 축도생(竺道生)[27]이 쓴《묘법연화경소》에는 이 배당(配當)에 통하는 해석이 쓰여 있습니다. 축도생은 '본'을 '불혜(佛慧)의 끝', '말'을 '만선(萬善)의 시작'이라고 보았습니다. 요컨대 도달해야 할 불계의 지혜를 '본', 성불하기 위한 여러 가지 선(善)의 수행을 '말'이라고 보았습니다. 축도생이 해석한 십여시는 천태에게 영향을 미쳤다고 합니다.

찬드라 무척 흥미로운 해석입니다. 이것은 인간이 본질적으로 평등하게 존엄하다는 점을 나타냅니다. 또 동시에 그러한 '존엄'을 현실에 나타내려면 '실천'이 필요하다는 사실을 가르칩니다.

이케다 그렇습니다. 어떤 중생도 자신이 묘법의 당체라는 실상을 깨달으면 부처가 됩니다.

'자기 생명의 실상을 깨닫는다', 즉 묘법의 당체라고 깨닫느냐 깨닫지 못하느냐가 부처와 중생의 차이입니다. 그러나 진정으로 그렇게 믿고, 도전하고, 향상하기는 어렵습니다. 그러므로 실제로 끝까지 해낸 부처만이 알 수 있습니다. 난신난해(難信難解)입니다.

찬드라 '일념삼천'은 진지한 실천, 깊은 사색, 청렴한 도덕적 행위로써 모든 사람이 갖추고 있는 불성을 현현하게 하는 법문(法門)입니다. 일념삼천의 실천으로써 평등, 존엄, 자유를 동반한 빛나는 생명을 순간순간 발견할 수 있는 셈이군요.

이케다 십계의 각 경애가 십여시의 법에 따라 구체적으로 나타나는 장소가 오음(五陰), 중생, 국토의 삼세간(三世間)입니다.

찬드라 이 삼세간에 관해서도 이케다 선생님이 해석을 덧붙여 설명해주시겠습니까?

이케다 박사님이 말씀하시니, (웃음) 독자들을 위해 간단히 설명하겠습니다. 먼저 오음은 생명을 구성하는 다섯 가지 요소인 색(色)·수(受)·상(想)·행(行)·식(識)을 말합니다. '색'은 물질적·신체적 측면이고, '수·상·행·식'은 정신적 측면입니다.

이 가운데 '수'는 감각기관으로 사물을 지각하는 작용입니다. '상'은 그 감각을 정리하여 사물의 상을 떠올려 그리는 작용입니다. '행'은 그 상을 정리하여 완성하는 작용이고, 그와 동반하여 일어나는 여러 마음의 작용을 말합니다.

그리고 '식'은 '수·상·행'에 바탕을 두면서 사물을 종합적으로 인식하고 판단하는 작용을 말합니다.

이 '오음세간'이 연에 따라 임시로 결합하는 존재가 각각의 생명이며, 이를 중생세간이라고 합니다. 그리고 국토세간은 그 '중생'이 생명활동을 전개하는 환경세계를 말합니다.

생명의 깊은 곳에 감추어진 여러 가능성이 연을 만나면 밖으로 펼쳐집니다. 그 상태를 적확히 파악하고 있습니다.

찬드라 여기에서 말하는 세간은 '다름, 차이'를 뜻하는군요.

'선의 연대'를 확대하는 대화를

이케다 그렇습니다. 이것은 오음, 중생, 국토가 각각 연에 반응하여 십계 중 어느 경애를 나타낸다는 뜻입니다.

누구에게나 지옥계부터 불계까지의 십계 중 어떤 경애로도 될 가능성이 있습니다. 그러므로 자신의 일념과 자신이 무엇을 연으로 삼느냐가 중요합니다.

자신의 일념을 불계를 목표로 굳게 정하지 않으면, 세간의 거센 파도에 휩쓸려 고뇌의 대해에 가라앉습니다. 또 조금 다부진 사람이라도 선(善)의 연대에서 벗어나 악에 물들면 성불의 궤도에서 벗어나고 맙니다. 그러므로 선을 추구하고 넓히는 용기와 '서로 격려하는 동지'라는 좋은 연이 중요합니다.

그렇기에 저는 '선의 연대'를 널리 알리기 위해 박사님을 비롯하여 많은 현인·지식인과 대화하고, 깊은 우호를 맺었습니다. 또 최대·최강의 세력인 민중을 더욱 강하고 현명하게 만들기 위해 행동하고 있습니다.

찬드라 이케다 선생님의 그런 행동이야말로 인류의 희망입니다. 민중에게 흔들리지 않는 용기를 보여주고 계십니다.

현실세계에서는 완전성이 달성되는 일은 없습니다. 그러나 계속해서 완전성을 추구해야 합니다. 그렇게 끊임없이 완전성을 추구하며 살아가는 자신의 운명을 '완성된 불완전성'으로 포착할 때 진실한 구제가 실현되는 법입니다.

이케다 말씀하신 대로입니다. 저는 이탈리아 볼로냐대학교에서 강연할 때, 레오나르도 다 빈치의 업적을 언급하면서 지금 박사님께서 말씀하신 관점을 언급했습니다.

"아무리 완성도를 자랑하는 걸작일지라도 개별 세계의 것인 한 미완성인 점을 피할 수 없습니다. 사람은 거기에 안주하면 안 됩니다. 새로운 완성을 목표로 끊임없이 비상하도록 운명 지워져 있습니다. '미완성의 완성'에서 '완성의 미완성'으로, 그러므로 양자의 상승작용이란 역동적으로 생성유동(生成

이케다 SGI 회장은 세계에서 가장 오래된 대학인 이탈리아 볼로냐대학교에서 '레오나르도 다 빈치의 눈과 인류의 의회-유엔의 미래에 대한 고찰'이라는 제목으로 기념 강연을 했다 (1994년 6월).

流動)하는 생명의 움직임, 현실의 움직임 바로 그것이라 해도 좋습니다."(《21세기 문명과 대승불교》)

이것이 보살로서 살아가는 삶의 진수입니다. 계속 투쟁하는 가운데 인간이 추구해 마지않는 '삶의 의미'를 발견할 수 있습니다. 그리고 자타가 함께 참된 충실감과 흔들리지 않는 행복을 얻을 수 있습니다.

찬드라   이케다 선생님은 각각의 개인의 역사가 전 세계의 역사가 된다는 위대한 전통을 훌륭히 구현하셨습니다. 선생님의 사조(思潮)는 모든 인간, 모든 사회 그리고 우주에 생기를 불어넣는 생명의 영원한 리듬입니다.

　'더 높은 가치를 회복하고, 계몽의 길을 활성화하는 힘 있는 전체관에 바탕을 둔 바라밀다(완성된 행동)를 이케다 선생님처럼 스스로 체득한다.' 이것이야말로 초월주의자들의 이상(理想)이었습니다. 서두에 언급한 소로의 메시지는 이케다 선생님이 전개하신 가치창조의 실천으로 실현되었습니다.

주

1 **초월주의자** 미국의 사상가 에머슨을 중심으로 한 로망주의 사상가를 말한다. '오성(悟性)이나 경험을 초월하여, 직관으로 진리를 파악해야 한다'는 정신개혁을 주장했다. 사회개혁에도 적극적이었다.

2 **법화경 일부** 《법화경》 일부(一部) 팔권(八卷) 이십팔품(二十八品), 다시 말해 법화경 전부를 나타내는 말.

3 **뷔르누프** 프랑스의 언어학자, 동양학자. 고대 페르시아어, 산스크리트어, 팔리어로 이어진 인도·유럽어 비교언어학의 권위자.

4 **일념삼천** 순간의 생명을 '일념'이라고 하고, 현상세계의 모든 것을 '삼천'이라고 한다. '중생의 생명에 현상세계의 모든 것이 담겨 있다'는 뜻이다.

5 **칸트**(1724~1804년) 독일의 철학자. 서구 근세의 대표적 철학자다.

6 **십계호구** 십계의 각계에 또다시 십계가 갖추어져 있는 것을 말한다.

7 **십여시** 생명의 작용을 열 가지 측면에서 본 것. 천태대사가 일념삼천의 법문을 세운 바탕이 된 법리다.

8 **삼세간** 오음·중생·국토의 세 가지 세간을 말한다. 세간은 '차이, 구별'을 말한다. 십계의 생명이 활동하는 '장소'에 시점을 맞춰 세 가지로 나눈 것으로, 결코 독립된 존재가 아니다.

9 **반야바라밀** 육바라밀의 하나. 반야는 '지혜', 바라밀은 '열반에 이른다'는 뜻. '지혜를 가지고 생사(生死)의 대해'를 건너 성불의 피안(彼岸)에 이르는 수행을 가리킨다.

10 《**대지도론**》 마하반야바라밀경을 자세히 주석한 것으로 용수의 저작이라

고 추정된다. 총 100권이다.

11 혜사선사(515~577년) 남악대사를 말한다. 천태대사의 스승이다.

12 진나라 중국 남북조시대, 남조 마지막 왕조(557~598년). 진(陳)의 황제와 문무관료가 천태대사에게 귀의했다.

13 무제(543~577년) 북조 제3대 황제. 불교와 도교를 탄압하고, 많은 승려를 퇴속시키고 경상(經像)을 파괴했다.

14 수(隋)나라 중국의 왕조(581~619년). 남북으로 갈라진 중국을 통합하고 통일국가의 기초를 다졌다.

15 장안(561~632년) 천태대사의 제자. 천태대사가 강술한《마하지관》등 천태가 설한 법문을 깨달아 기록으로 남겼다. 크고 작은 책을 합쳐 100여 권을 편찬했다.

16 출세의 본회 세상에 출현한 궁극적 본의, 목적을 말한다.

17 말법시대 정법·상법·말법의 삼시(三時) 중 하나. 석존불법의 공력이 소멸하고 은몰하는 때를 말한다. 일설에는 석존 멸후에 정법 천 년, 상법 천 년을 지나 말법에 들어간다고 한다.

18 상법시대 '정법과 닮은 것'을 뜻한다. 일설에는 석존 멸후의 천 년부터 이천 년까지를 말한다.

19 희유하고 난해한 법 상당히 어지럽고 이해하기 어려운 법이라는 뜻.

20 "오직 부처와 부처만이 곧 능히 제법의 실상(實相)을 구진(究盡)하셨느니라." '유불여불(唯佛與佛) 내능구진(乃能究盡)'이라는《법화경》'방편품' 제2의 문. '제불(諸佛)의 지혜는 제법의 실상을 남김없이 포함하고 있고, 이승(二乘)은 이를 득할 수 없다'는 뜻.

21 일심삼관 '일심'은 중생의 마음을 나타내고, '삼관'은 중생이 일상에서 일

으키는 일념인 마음 안에 공(空), 가(假), 중(中)의 삼제(三諦)가 원융상즉(圓融相即)으로 갖추었다고 관(觀)하는 것을 말한다.

22 **십여실상** 십여시가 제법실상(있는 그대로 진실한 모습)이라는 뜻.

23 **제법실상** 십계 및 삼라만상의 제법이 각각 실상, 다시 말해 묘호렌게쿄(妙法蓮華經)의 당체라는 뜻.

24 **연기설** '연기'는 인연생기(因緣生起)의 약자로 '연에 의해 일어난다'는 뜻이다. 모든 현상과 존재는 독립된 것이 아니라 상호의존 관계에서 일어난다는 불교의 기본원리다.

25 **'묘각'**, 다시 말해 **구경**(究竟)의 여래(如來) 일체의 불과(佛果)를 갖춘 부처를 말한다. 묘각은 오십이위(보살이 수행하는 단위) 중 최고위, 구경은 육즉위(六即位: 천태대사가 세운 보살의 여섯 가지 단위)의 최고위인 구경즉(究竟即), 여래는 부처를 이른다.

26 **이즉의 범부** 아직 정법을 신수(信受)하지 않고 본성에만 불성을 갖춘 중생을 말한다. 이즉은 육즉의 최초위로, '이(理)'에서는 불성을 갖추고 있지만, 아직 정법을 듣지 않은 범부의 위'를 말한다.

27 **축도생**(?~414년) 중국 동진 남북조시대의 승려. 구마라습의 문하 네 명 중 한 사람으로 알려져 있다. 법화경을 해석한《묘법연화경소》를 비롯하여 유마경, 열반경을 주석한 서적이 현존한다. 반야교학 중심의 위진시대에 중국불교를 법화, 열반으로 이끈 커다란 자취를 남겼다.

제 13 장

니치렌 대성인과 법화경

법화경 행자와 사(事)의 불법

이케다 지금까지 장원한 인간철학의 영위를 불교 역사를 축으로 함께 되돌아보았습니다. 이제 니치렌 대성인의 불법에 대해 이야기하고자 합니다.

10월은 니치렌 대성인이 전 세계 민중의 행복을 위한 근본인 '어본존(御本尊)'을 도현(圖顯)하신 달입니다. 그 의의 깊은 때에 찬드라 박사님과 함께 니치렌불법을 이야기할 수 있다니 참으로 불가사의한 일입니다.

찬드라 드디어 핵심에 들어가는군요. 참으로 기대됩니다.

이케다 니치렌 대성인은 심원한 불교사상사를 깊이 고찰하신 뒤, 만인성불(萬人成佛)을 설하는 법화경을 주목하셨습니다. 그리고 스스로 법화경 행자로서 여설수행(如說修行)을 하셨습니다.

찬드라 그렇습니다. 니치렌 대성인은 실천하고 행동하는 사람입니다.

이케다 이미 살펴보았듯이 법화경을 존중한 불교자는 용수(龍樹), 세친(世親), 천태(天台), 전교(傳教)[1]를 비롯하여 많이 출현했습니다.

박사님께서 법화경을 실천한 분들 중에서도 니치렌 대성인에게 깊은 관심을 갖는 이유는 무엇인지요.

찬드라　그 계기는 아홉 살 때로 거슬러 올라갑니다. 지금도 그때의 정경이 떠오릅니다.

　그때 저희 집의 화젯거리는 첫째 영국으로부터 자치를 얻기 위한 인도의 투쟁, 둘째 불교의 미술과 철학이었습니다.

　제 아버지는 인도와 일본이 함께 수 세기에 걸쳐 불교를 신봉한 점, 그리고 당시 유럽의 문화와 정치적 지배에 끊임없이 공격받아온 점을 생각했습니다. 일본은 독립국이고 발전을 이루었지만, 인도는 제국주의의 지배를 받고 있었지요.

　그 무렵 아버지는 아네사키 마사하루 박사가 쓴 《법화경 행자 니치렌》과 《일본종교사》를 경탄하는 마음으로 읽으셨습니다. 니치렌 대성인은 이론과 실천, 옛것과 새로운 것을 융합하셨고, 법화경을 시대의 요청에 맞추어 전개하셨습니다.

이케다　박사님께서 어릴 적에 본 일본의 발전한 모습은 제국주의 체제에 시달리는 아시아 사람들에게는 하나의 희망이었다고 말씀하셨지만, 일본은 스스로 제국주의에 빠져 아시아의 여러 나라를 침략하는 등 그 기대를 저버리고 말았습니다. 참으로 유감스러운 역사적 사실입니다.

'니치렌(日蓮)'이라는 이름의 깊은뜻

찬드라 아네사키 박사는 '니치(日: 태양)'와 '렌(蓮: 연화)'이라는 이름을 가진 인물의 정력적인 정신과 심원한 혼에 대해 말했습니다.

이케다 대성인은 "니치렌(日蓮)이라고 자칭하는 것은 자해불승(自解佛乘)[2]이라고도 해야만 하리라"《어서》, 903쪽)라고 하시며, 자신의 이름에 깊은 의미가 있다고 밝히셨습니다.

　또 "밝음이 일월(日月)보다 더할쏘냐. 청정함이 연화보다 뛰어날쏘냐. 법화경은 일월과 연화(蓮華)이기 때문에 묘호렌게쿄(妙法蓮華經)라고 이름하며, 니치렌 또한 일월과 연화와 같으니라"《어서》, 1109쪽)라고도 말씀하셨습니다.

찬드라 아버지는 이 '태양'을 프라즈냐(반야般若), 다시 말해 '지혜'로, '연화'를 바라밀다(바라밀婆羅蜜), 다시 말해 '철저한 실천'으로 받아들였습니다.

이케다 참으로 예리한·탁견입니다. '니치렌'이라는 이름의 의의에 대해 착안하신 점은 참으로 중요합니다. '니치(태양)'와 '렌(연화)'의 깊은 뜻에 관해서는 나중에 다시 이야기를 나누었으면 합니다.

니치렌 대성인은 '지혜'와 '자비'의 실천으로, 법화경의 근저에 성불의 기반이 되는 궁극의 법이 있다고 밝히셨습니다. 그리고 그 법이 '남묘호렌게쿄(南無妙法蓮華經)'라고 설하셨습니다.

또 그 실천의 간심은 "지용보살(地涌菩薩)이라고 자각하여, 불경보살(不輕菩薩)처럼 인간을 존경하는 행동을 관철하는 데 있다"라고 말씀하시고, 스스로 전 생애에 걸쳐 인난홍통(忍難弘通)³의 행동을 보이셨습니다. 말하자면 '목숨을 건 철저한 실천'이었습니다.

찬드라 지금도 아버지의 낭랑한 음성이 선명하게 들립니다.

"1253년 초여름의 아침, 니치렌은 언덕에 올라 법화경의 정수인 제목을 불렀다. 그때 태평양 수평선에서 떠오르는 태양이 증인으로 입회했다. 얼마나 웅대한 무대 설정인가. 태양의 고동이 생명의 맥동과 공명한다. 떠오르는 태양, 기세를 더하는 창제소리, 흉중을 가득 채운 이상(理想), 산과 바다 그리고 끝없는 수평선, 제목의 사자후(獅子吼)가 만물의 근원과 서로 어우러져 울려퍼진다."

저는 법화경이 간직한 힘에 감싸여 강한 의지를 표출한 니치렌 대성인에 대해 말하는 아버지의 이야기에 귀를 기울였습니다. 아버지는 대성인의 제목을 부름으로써 빛과 힘의 가치를 보았습니다.

이케다 총명하신 부친께서는 니치렌 대성인의 행동에서 인류를 구제할 희망과 용기를 찾아내셨군요.

찬드라 지금도 저는 아버지의 표정과 눈빛을 생생하게 기억합니다. 아버지의 드높은 목소리가 들려오는 듯합니다.

"나는 일본의 기둥이 되겠노라. 나는 일본의 안목(眼目)이 되겠노라. 나는 일본의 대선(大船)이 되겠노라."《어서》, 232쪽)

아버지는 대성인의 이 말씀에 자신을 오버랩하셨습니다. 인도에 대한 똑같은 사명으로 끓어오르셨지요.

니치렌 대성인은 법화경에 바탕을 두고 '아직 모르는 저편의 정토(淨土)⁴가 아닌 사바세계, 다시 말해 우리가 사는 이 현실세계야말로 진정한 부처의 국토'라고 갈파하셨습니다. 그리고 "고뇌가 소용돌이치는 사회를 부처가 꿈꾸는 이상적인 사회로 만들기 위해, 법화경의 정신을 넓히고 맥동시켜야 한다"라고 외치셨습니다.

'세계평화' 실현을 목표로

이케다 그렇습니다. 니치렌불법의 진수에 다가서는 중요한 관점입니다. 대성인은 '일본의 기둥'이라고 말씀하셨지만, 이는 결코 한 나라의 평화주의에 그친다는 뜻이 아닙니다. 법화경 경문대로 '염부제(閻浮提)[5] 광선유포(廣宣流布)', 다시 말해 세계에 생명존엄 사상이 확립되는 것을 지향하셨습니다. 진정한 애국자는 세계적 시야를 가져야 합니다.

불법은 모든 사람이 현실에서 행복해지기 위해 있습니다. 모든 민중의 구제, 인류사회의 번영, 세계평화의 실현이야말로 궁극의 바람입니다.

이를 위해 불가결한 것은 각자 자기가 태어난 향토를 소중히 여기고 발전시켜야 한다는 점입니다. 자기를 낳고 길러준 향토의 특성을 이해하고 발전시킬 수 없으면, 다른 사람들이 나고 자란 지방의 특성도 알 수 없고 살릴 수도 없습니다. 이는 우리의 초대 회장인 마키구치 선생님도 지적[6]하신 바입니다.

찬드라 전적으로 동의합니다. 아버지는 모든 나라가 저마다의 처지에서 최고의 정신적 사명을 짊어진 나라가 되어야 한다는 확고한 신념을 가지고 있었습니다.

아버지에게 대성인은 인간이 역경 속에서 보여줄 수 있는 위대함의 모범이었습니다. 생명이 갖춘 청정함과 영광을 상징하는 인물이었습니다. 대성인은 아버지에게 모든 것을 지탱해주는 근본이고, 용기 그 자체였습니다. 더 나아가 힘을 솟아나게 하는 존재였습니다.

대성인은 법화경에 생기발랄함과 타오르는 뜨거운 마음, 그리고 강력한 간결함을 불어넣어 소생시키셨습니다. 그 결과 강력한 지혜가 불꽃을 내뿜고, 그 불은 민족 전체의 생명에 영향을 끼쳤습니다.

이케다 대성인이 부친의 마음에 불붙인 법화경의 불꽃은 박사님에게로 계승되었습니다. 그리고 더욱 강하게 빛나며 뜨겁게 불타오른다고 느낍니다.

민중 속에서 태어난 대성인은 민중을 구제하겠다는 커다란 정열을 안고, 전 생애에 걸쳐 투쟁하셨습니다. 그리고 대성인은 아쓰하라법난(熱原法難)[7]이라는 민중의 법난을 계기로, 묘법과 일체를 이루는 자기 생명 그대로를 '어본존(御本尊)'으로 나타내셨습니다. 일염부제(一閻浮提: 전 세계)의 민중을 구제하기 위해 어본존을 나타내신 것입니다.

니치렌불법은 이 점에서 '사(事)의 불법'[8], 현대적으로 말하면 실천·실현의 불법이라고 평가할 수 있습니다. 천태와 전교를 집대성자로 하는 그 이전의 불법은 니치렌불법에 비해 아직 이론에 그쳤다고 할 수 있습니다.

찬드라 잘 알겠습니다. 니치렌 대성인은 현실적인 이상주의자입니다. 그 사상은 근대 합리주의를 뛰어넘는 포스트모던(탈현대)입니다. 아니 그 이상의 영원한 진리입니다.

니치렌불법의 특질

이케다 박사님께서는 니치렌불법의 어떤 점에 특히 주목하십니까?

찬드라 몇 가지가 있습니다. 첫째, '보편적인 생명의 존엄'을 설하신 점입니다. '일체중생이 깨달음을 얻을 수 있다'는 주장이 훌륭합니다. 모든 생명은 신성하고, 본래 깨달음의 가능성을 갖추었다고 말합니다. 모든 생명은 원죄(原罪) 등의 악이 아닌 '최고의 선, 존엄성'을 갖추고 있다는 의미이지요.

이케다 그 가르침이야말로 법화경의 진수입니다.

찬드라 둘째, 법화경의 가르침을 믿어야 한다고 명시하신 점입니다. 대성인은 법화경에 '궁극의 법'이 담겨 있다고 간결하게 가르치셨습니다. 다양한 법리에 관심이 있는 사람은 용수·세친·천태·전교 등의 저작을 참고하면 좋습니다.

셋째, 여기부터가 니치렌 대성인의 독창적인 부분입니다. 법화경을 믿고 '남묘호렌게쿄'를 부름으로써 불계를 용현할 수 있다고 밝힌 점입니다.

넷째, 어본존을 나타내어 법화경의 법리를 한 폭의 만다라(曼茶羅)[9]에 담으신 점입니다.

그리고 마지막으로 계단(戒壇)[10]에 상징적인 의미를 부여하신 점입니다. 요컨대 계단 건립을 호소하고, 사회적인 책임을 강조했습니다.

이처럼 대성인이 보편적 가치, 생명의 청정한 존엄성, 구체적이면서도 간단명료한 실천을 설하신 점은 인류 역사상 혁명적인 사건입니다.

이케다　대성인의 독자적인 법문에 관한 참으로 귀중한 견해입니다.

찬드라　사회적 책임을 중요시한다는 말은 이상사회를 이 세계에 실현하고자 한다는 뜻입니다. 니치렌불법은 개개인의 구제뿐 아니라 사회 변혁을 설합니다. 사람들이 살아가는 국토에 불계를 현현(顯現)한다는 목표가 있습니다.

이케다 그것이 바로 입정안국(立正安國)¹¹, 즉 '세계평화'입니다. 박사님께서 지적하신 대로 입정안국은 일념삼천 법문의 국토, 사회적 차원에서의 실현이라고 말할 수 있습니다. '사람들의 행복을 실현하기 위해, 모두가 살고 있는 사회를 변혁한다.' 그 행동과 실천도 당연히 '사(事)의 불법'에 포함됩니다.

찬드라 그렇습니다. 니치렌 대성인은 천태와 전교의 '이(理)의 불법'과 자신의 '사의 불법'을 비교하면서, '행동함으로써 이 경(經)을 살리게 한다'고 주장하셨습니다. '색독(色讀)', '신독(身讀)'입니다.

이케다 경문에 나와 있는 대로 색독·신독은 '대난을 두려워하지 않고 악세에 묘법을 홍통하는 일'을 뜻합니다.

니치렌 대성인은 "천태와 전교 등의 시대에는 이(理)이고 지금은 사(事)이며, 관념이 이미 뛰어났으므로 대난(大難) 또한 더하니라. 그는 적문(迹門)의 일념삼천(一念三千), 이는 본문(本門)의 일념삼천이니, 천지와 같이 아득히 다르다는 것"(《어서》, 998쪽)이라고 말씀하셨습니다. 불법의 진수를 자신의 생명상에서 더욱 깊이 받아들인 자부심을 표명하신 말씀이라고 할 수 있습니다. 그 자긍심과 책임감이 전대미문의 대난을 견디고 홍통하신 원동력이 되었다고 할 수 있습니다.

찬드라 앞에서 확인했듯이 대성인은 '우주의 모든 것이 서로 관련이 있다'는 '일념삼천'의 사상 중에서 불계와 구계가 서로 포섭하고 있다는 '십계호구(十界互具)'를 강조하셨습니다. '이상과 현실 사이를 가로막는 벽을 타파하고, 이상을 실현해야 한다'고 주장하셨지요.

대성인은 두 팔을 벌려 우리에게 이렇게 외치셨습니다.

"인간성을 짓밟는 역경이 있기에 인간은 몸에 간직한 초월적인 경지를 개현(開顯)할 수 있다. 살아라. 계발(啓發)하라. 창조하라. 한 사람 한 사람의 내면에 잠든 힘을 일깨워라. 그리고 온갖 색채의 빛으로 세계를 비추어라."

니치렌 대성인의 정신과 혼을 생생하게 계승하신 이케다 선생님은 대성인의 불꽃 같은 정열과 문명 변혁의 의지를 되살리고 계십니다.

이케다 고마운 말씀입니다. 창가학회 초대 회장이신 마키구치 선생은 니치렌 대성인의 생애를 배우고, 당신 스스로도 법화경의 학자나 신자가 아닌 '행자(行者)'를 목표로 삼으셨습니다. 법화경의 본질이 그 실천에 있다는 사실을 아셨기 때문

고뇌하는 사람들의 한복판으로 솔선하여 들어가서 위대한 창가의 길을 개척한 마키구치 초대 회장(사진 오른쪽 얼굴 보이는 이. '대선생활실험증명좌담회'에서. 1942년).

이라고 확신합니다.

　제2대 회장 도다 선생도 민중의 한복판에서 민중과 함께 법화경을 철저히 실천하고, 현실의 많은 고뇌를 해결하셨습니다. 저는 초대 회장과 제2대 회장의 마음을 받들어, 모든 사람이 평화롭고 풍요롭게 생활할 수 있는 세계를 바라면서 일본과 세계를 두루 돌아다녔습니다.

보탑과 남묘호렌게쿄

찬드라 니치렌 대성인은 법화경의 진수를 '남묘호렌게쿄(南無妙法蓮華經)'라는 한마디에 요약해서 설하셨습니다.

이미 보았듯이 대성인 이전에는 혜문(慧文)[12]·혜사(慧思)·천태·전교 등이 법화경의 교설을 '철학적인 이념, 관상(觀想)의 실천, 헌신적인 기원'으로 전개했습니다.

남묘호렌게쿄에는 많은 의미가 담겨 있는데, 어떻게 짧게 설명할 수 있겠습니까?

이케다 참으로 난문(難問) 중의 난문입니다. (웃음)

'남묘호렌게쿄'는 단순한 경전의 제명(題名)이 아닙니다. 천태가 《법화현의》에서 '명체종용교(名體宗用教)의 오중현(五重玄)'[13]으로 설명했듯이, 불교의 지혜와 법리의 모든 것이 담겨 있습니다.

또 법화경이 가리키는 궁극의 부처는 모든 사람의 생명에 대한 존엄성입니다. 생명에 갖추어진 부처의 경애를 '무작(無作)의 삼신(三身)'[14]이라고 합니다. 대성인은 《어의구전御義口傳》에서 그 이름을 '남묘호렌게쿄'라고 밝히셨습니다.

찬드라 명쾌한 답변입니다. 우주 만물에 갖추어진 존엄한 본성 그 자체를 뜻하는군요. 또 그것을 표현한 것이 만다라인 '어본존'이군요.

이케다 그렇습니다. 니치렌 대성인은 대성인 자신의 생명에 대한 존엄한 불계의 생명을 법화경의 허공회(虛空會) 의식[15]을 빌려 나타내시고, 사람들의 수행을 위한 본존으로 삼으셨습니다. 허공회는 석가와 다보가 함께 앉은, 즉 이불병좌(二佛竝座)한 보탑을 중심으로 하는 의식입니다.

찬드라 허공회는 보탑의 출현[16]으로 시작됩니다.《묘법연화경》에서는 제11장입니다. 그때까지 열 개 장에서 설한 전대미문의 심원한 진리의 법문이 올바름을 증명하기 위해 다보여래(多寶如來)[17]가 보탑을 타고 출현합니다.

다보여래는 과거세에 '법화경을 설할 때 반드시 출현하여 찬탄하겠다'고 서원했고, 그 서원을 지켰습니다. 다보여래는 보정세계(寶淨世界)[18]라는 저편의 국토에 산다고 되어 있습니다. 무한한 과거에 성불한 부처이지요.

그림 한 장을 보더라도 몇 세기를 거친 뒤에는 그 풍격과 중후함이 더해지는 법입니다. 마찬가지로 다보여래의 등장은 법화경의 심원함에 더욱더 깊이를 더합니다.

이케다 다보여래는 법화경에 나타난 법이 시간적으로 영원하다는 사실을 드러냅니다. 이에 비해 허공회에 모인 시방제불(十方諸佛)은 법의 공간적인 보편성을 상징합니다. 허공회는 묘법(妙法)의 시공을 초월한 영원·보편성을 나타냅니다.

영원한 진리와 무한한 복덕

찬드라 다보여래의 출현은 영원한 진리가 현실이 되는 것을 표현합니다. 다보여래는 다른 경전에는 등장하지 않는 것 같습니다. 또 석가와 다보라는 두 여래가 대등하게 나란히 앉아 있는 모습이 획기적입니다.

이케다 바로 이불병좌 의식입니다.

찬드라 법화경의 독창적인 부분이지요. 이 보탑을 중심으로 행해지는 허공회야말로 법화경의 독자적인 법문을 보여주는 장면이라고 할 수 있습니다. 현재의 부처인 석가와 아득히 먼 과거의 부처인 다보가 완전히 동등합니다. 이는 '영원한 진리와 무한한 복덕'이 지금 각각의 한 생명에 나타난다는 의미로, 즉신성불(即身成佛)의 원리를 나타냅니다.

니치렌 대성인은 법화경을 눈으로 읽었을 뿐 아니라 체험하고 실행하셨습니다. 이 다섯 글자 제목(묘호렌게쿄)이 '성불로 향하는 직도(直道)'임을 몸으로 증명하셨습니다.

　다보여래탑은 법화경에 나오는 각각의 교의를 가리킨다기보다는 법화경 전체에 흐르는 가르침과 정신의 탁월성을 강조합니다. 그러므로 보탑은 제목이고 법화경 그 자체입니다.

이케다　훌륭한 탁견입니다. 니치렌 대성인은 '허공회 보탑'이라는 표상이 나타내는 의의에 대해 "묘호렌게쿄 이외에 보탑은 없으며, 법화경의 제목이 보탑이고 보탑이 또한 남묘호렌게쿄이니라"(《어서》, 1304쪽)라고 가르치셨습니다. 그리고 "말법(末法)에 들어와서 법화경을 수지하는 남녀의 모습 이외에 보탑(寶塔)은 없느니라. 만약 그렇다면 귀천상하(貴賤上下)를 가리지 않고 남묘호렌게쿄라고 봉창하는 자는 자신이 보탑이고 자신이 또한 다보여래이니라"(《어서》, 1304쪽)라고 말씀하셨습니다. 보탑은 남묘호렌게쿄이고, 우리 생명에 갖추어진 근원의 법입니다.

찬드라　그렇습니다. 제목을 부르고 실천하는 신앙자 모두가 살아 있는 보탑입니다. 실천으로써 신앙자는 탑이 되고, 그 마음은 법의 보배가 됩니다.

'칠보(七寶)'는 풍부한 인간성의 빛

이케다 박사님께서는 니치렌불법의 증명자이시며, 21세기의 다보여래이십니다.

찬드라 송구스럽습니다. (웃음) 저는 이론으로 증명하지만 이케다 선생님은 행동으로 증명하고 계십니다.

이케다 박학다식한 박사님의 이론적 증명에 그저 감명할 따름입니다.

찬드라 '보(寶)'는 청아한 빛을 발산하는 무한한 창조력을 의미합니다. 불교에서는 초기부터 '보'는 깨달음을 체현(體現)하는 세 가지를 상징했습니다. 바로 '불(佛: 부처)·법(法)·승(僧)'이라는 삼보(三寶)입니다. '부처'는 깨달은 사람입니다. '법'은 깨달은 진리입니다. '승'은 원래 깨달음을 목표로 깨달음의 길에 들어선 사람들의 공동체입니다. 이 '보'들도 흉중에 있는 연화 외에서는 찾아낼 수 없습니다.

이케다 그렇습니다. 보탑을 장식하는 보배는 묘법의 실천으로 연마된 마음이 발산하는 '풍부한 인간성의 빛'입니다.

니치렌 대성인은 보탑을 장식하는 칠보는 '문(聞)·신(信)·계(戒)·정(定)·진(進)·사(捨)·참(慚)'의 일곱 가지 덕목이라고

해설하셨습니다.(《어서》, 1304쪽)

'문'은 올바른 가르침에 귀를 기울이는 것, '신'은 그 가르침을 믿고 받아들이는 것, '계'는 가르침에 바탕을 두고 몸을 규율하는 것, '정'은 확고한 마음을 확립하는 것, '진'은 꾸준히 한눈팔지 않고 정진하는 것, '사'는 온갖 집착을 버림과 동시에 사람들에게 올바른 가르침을 아낌없이 주는 것, '참'은 반성하고 향상을 구하는 것입니다.

또 보탑의 사면(四面)에서 불어 나오는 훈풍(薰風)은 '생로병사를 나타내는 생명'이 발산하는 '상락아정(常樂我淨)의 사덕바라밀(四德波羅蜜)'[19]이라는 복덕의 향기(《어서》, 740쪽, 통해)라고 설합니다. '상락아정의 사덕바라밀'이란 '영원히 무너지지 않는 청정한 행복경애'를 단호히 완성하는 것입니다. 남묘호렌게쿄는 생명의 존엄성을 말하며, 그것이 개화하면 풍요롭고 확고한 인격적 가치로 나타납니다.

찬드라 '보탑을 향한 신앙의 실천으로 모든 사람이 생명의 최고법을 찾아내고, 자신을 빛낼 수 있다.' 우리는 이러한 깊은 차원에서 자신의 인생을 풍요롭게 만들어야 합니다. 이케다 선생님은 우리 안에 있는 활력을 불러일으켜 법화경과 생명이 공명하도록 이끌고 계십니다.

이케다 과찬이십니다. 그럼 앞서 언급한 '니치렌(日蓮)'이라는 이름에 대해서 조금 더 이야기했으면 합니다. 박사님께서는 일본에서 강연하면서 법화경의 제목에도 포함되어 있는 '연화'를 논하셨습니다. 저도《법화경의 지혜 - 21세기 종교를 말한다》에서 '용출품'을 논할 때, 연화의 문화사(文化史)에 대해 이야기했습니다. 고대 인도에서 태양과 달 그리고 연화는 여러 가지 중요한 철학적 개념을 내포했습니다.

찬드라 그렇습니다. 천공에 떠 있는 태양과 달은 인간이 놀랄 만한 자연의 힘을 지니고 있습니다. 그 힘은 우리를 매료시키는 웅대한 시(詩)로 다가옵니다.

태양은 그 풍부한 특성 때문에, 예부터 수리아(Surya)[20]를 비롯한 여러 신으로 숭배받았습니다. 황금빛으로 빛나는 태양은 신과 사람 그리고 모든 생명에 활기를 주는 존재입니다. 그러므로 사비트르(북돋우는 존재)라고 불렸습니다. 또 태양은 이른 아침에 떠서 어둠을 몰아냅니다.

이케다 법화경에는 '악세(惡世)에 홍통하고 사람들을 격려하는 지용보살'의 작용을 해와 달의 빛에 비유하는 장면이 이렇게 나옵니다.

"해와 달의 광명이 능히 모든 어둠을 제거하는 것과 같이,

이 사람이 세간(世間)에서 행하여 능히 중생의 어둠을 멸하고."《법화경》, 575쪽)

니치렌 대성인은 이 경문에 바탕을 두고 대성인 자신이 상행보살(上行菩薩)[21]의 재탄(再誕)이라고 밝히셨습니다. 그럼으로써 말법의 어본불(御本佛)임을 시사하셨지요.

찬드라　인도의 왕족을 종종 태양이나 달의 후예라고 칭합니다. 곧 왕족 출신인 석존도 태양의 후예라고 경전에 쓰어 있습니다.

이케다　한역경전에는 '일종(日種)', 다시 말해 '해를 종성(種姓)으로 한다'라고 표현되어 있습니다.

찬드라　태양과 연화는 종종 함께 연결되어 표현됩니다.《우파니샤드》문헌에서는 태양을 '천공의 연화'라고 부릅니다. "태양신은 종종 연화에 앉아 있다"고 나옵니다.

이케다　태양과 연화의 개념이 겹쳐 있는 상징으로 '황금의 연화', 우주의 근원으로서《리그베다》에도 등장하는 '히란야가르바(黃金의 모태 태아)'가 있습니다. 이들은 인도의 여러 철학에서 중요한 사상을 나타냅니다.

찬드라　산스크리트어의 '가르바'라는 말에는 '모태와 그 속에 있는 태아'라는 뜻이 있습니다. 또 연화의 꽃받침도 연꽃의 종자를 내포하므로, 가르바라고 부릅니다. 즉 히란야가르바는 '아트마다', '생명을 주는 것'이고 만물의 근원입니다.

석존은 만물의 근원에 바탕을 두고 있으므로, 불교경전에는 '우주적인 연화'의 기반 위에 있다고 묘사되어 있습니다. 그 연화의 줄기는 세계의 심층부에 뿌리를 내리고, 세계의 중심축이 되었습니다.

이케다 불교의 여러 경전에는 '부처의 지혜와 자비가 황금빛을 발산하고, 거기에 바퀴 크기의 황금 연화가 생기는데, 그속에서 부처와 보살이 나온다'라는 설이 종종 등장합니다.

《근본설일체유부비나야잡사根本說一切有部毘奈耶雜事》[22]에는 이 연화를 '묘연화(妙蓮華)'라고 부르는데, '부처가 나타내는 궁극의 신변(神變: 신통력을 보이는 것)'이라고 쓰여 있습니다.

찬드라 '백련화(白蓮華)와 같은 자비'라는 제목의 경전이 있는데, 한역에서는 비화경(悲華經)[23] 등으로 일컬어집니다. 이 경전은 고뇌와 악이 소용돌이치는 사바세계에 출현해서 깨달음을 얻고, 일체중생을 구제하는 데 헌신한 석존의 최고 자비를 강조하고 있습니다.

다른 부처들과 마찬가지로 석존은 정토(淨土)를 고르지 않고 굳이 이 예토(穢土)[24]를 골랐습니다. 바로 이 점에 석존의 자비가 크다는 사실이 나타나 있습니다. 그래서 석존은 연화 중에서도 최고로 치는 백련화에 비유되고, 그 밖의 부처는 다른 꽃에 비유됩니다.

백련화(푼다리카)는 최고의 가치로 다른 사람들을 위해 온 힘을 다하는 존극한 자비를 상징합니다. 또한 모든 것에 내재하는 깨달음을 일깨우게 하는 것을 뜻합니다.

아시는 바와 같이 묘법연화경(妙法蓮華經)의 연화[25]도 백련화입니다. '묘법연화'는 석존 멸후를 위한 가르침입니다. 낙엽 뒤에 찾아올 봄을 부르는 가르침이지요. 이는 사람들의 생명에 갖추어진 '종자(種子)'를 일깨우고, 훌륭한 꽃을 피우게 합니다.

연화가 나타내는 이상, 존엄, 향상

이케다 연화의 의의에 관해서는 세친의 《법화론》과 그 영향을 받은 천태대사의 《법화현의》 등에 상세히 전개되어 있습니다. 그중에서도 니치렌불법은 특히 '어니불염(淤泥不染)의 덕', '인과동시(因果同時)의 덕', '종자불실(種子不失)의 덕'을 주목합니다.

'어니불염의 덕'은 고뇌가 소용돌이치는 현실세계에서 지용보살이 청정한 마음을 실천하며 사람들을 가르치고 이끄는 덕성을 의미합니다.

'인과동시의 덕'은 지금 어떠한 경애를 나타내더라도 모든 사람의 생명은 본연적으로 청정한 '부처의 생명'을 갖추었다는 덕성을 의미합니다.

'종자불실의 덕'은 생명에 본연적으로 갖추어진 청정한 '부처의 생명'은 어느 때에도 손상되지 않고 인연이 닿으면 반드시 발현한다는 덕성을 의미합니다.

찬드라 훌륭한 착안입니다.

첫째, '어니불염의 덕'은 보살의 이상을 사회에 실현하는 것으로, 가치를 창조하는 행동을 말합니다.

둘째, '인과동시의 덕'은 생명존엄, 인간존엄의 선언으로, 사람들을 숭고한 경지로 이르게 하기 위한 희망의 메시지입니다. 모든 사람이 '자기 자신에게 눈뜨고, 일어서고, 깨닫고, 자신의 미래를 자유롭게 결정할 수 있는 주체자'가 되어야 함을 의미합니다. 또 그렇게 될 수 있음을 나타냅니다.

셋째, '종자불실의 덕'은 무한한 향상을 향한 촉구를 말합니다. 어떠한 상황에서도 깨달음과 행복을 향해 도전할 자격이 있음을 나타냅니다.

이케다　멋진 분석과 전개입니다. 연화의 경인 법화경은 실로 영원한 희망의 경전, 격려의 경전입니다.

찬드라　이렇게 연화의 비유로 나타낸 사항은 현대문명의 문제에서 인간이 나아가야 할 방향을 나타냅니다.

이케다 선생님은 지혜와 자비와 행동으로 향하는 길을 보여주고 계십니다. 깊은 통찰력과 풍부한 창조력으로 우주와 인간이 조화롭게 발전하는 새로운 시대로 인류를 이끌고 계십니다.

견보탑품의 마지막에 이렇게 쓰여 있습니다.

"두려운 세상에서 능히 잠깐만이라도 설하면, 일체의 천인(天人)이 모두 마땅히 공양하리라."《법화경》, 394쪽)

선생님의 목소리는 마음속 깊은 곳에 가라앉아 있던 생각과 잃어버린 가치를 되살립니다. 선생님의 미래를 향한 전망과 시심(詩心)에서 생명의 기초가 되는 자연의 양식을 얻고, 인류의 소망을 표현하는 새로운 말이 생깁니다. 깊은 고뇌에서 '숭고한 정신의 연화'가 개화합니다.

1 **전교**(767~822년) 사이초(最澄). 일본 천태종의 개조로 꼽힌다.《법화수구法 華秀句》,《현계론顯戒論》등을 저술했다.

2 **자해불승** '스스로 불승을 안다'는 뜻. 스스로 부처의 경지를 깨닫는 것을 말한다.

3 **인난홍통** '난을 견디며 홍통한다'는 뜻.

4 **정토** 보살이 수행을 거쳐 부처가 되는 때에 완성되는 국토.《제대승경諸大 乘經》에는 아미타불의 서방극락정토, 아축불의 동방묘희세계 등 현실세계와 동떨어진 국토로 묘사되어 있다.

5 **염부제** 고대 인도의 세계관. 세계의 중심에 위치한 수미산 남쪽에 있는 주 (州). 사대주(四大洲)의 하나다.

6 **마키구치 선생님도 지적** 마키구치 초대 회장은 향토 연구의 중요성을 지적 하고,《인생지리학》에 이렇게 썼다. "누군가는 향토 관찰을 비천하고 천박하 다고 말한다. 그래서 나는 거듭 이렇게 말한다. 인간이 훗날 대사회로 나아가 는 데 갖추어야 할 지덕의 요지는 바로 이 소세계를 망라한다. 능히 세밀하게 주위의 사물을 관찰하거나 훗날 세계를 이해해야 할 원리는 여기에 확정되어 야 한다."

7 **아쓰하라법난** 1278년부터 약 3년 동안 스루가 지방의 후지군 아쓰하라향 에서 니치렌 대성인의 신도가 받은 법난.

8 **사의 불법** 사(事)는 이(理)에 반대되는 말. '이'는 법리·법칙이고, '사'는 그 법리의 실현·증명을 말한다. 천태의 법문이 말하는 법체는 일념삼천의 법문

이라는 '이'인 데 반해, 대성인의 법문에서는 일념삼천의 법리를 남묘호렌게 쿄의 어본존으로 구체적으로 나타냈기 때문에 '사의 불법'이 된다.

9 만다라 산스크리트어 '만다라(mandala)'의 음사(音寫). 도량(道場), 단(壇), 공덕취(功德聚), 윤원구족(輪圓具足) 등으로 번역한다.

10 계단 수계(授戒)의 의식을 행하는 장소. 불법에 귀의하는 사람은 이 의식으로 정해진 계율을 수지할 것을 서원한다.

11 입정안국 '정을 세워 나라를 안온케 한다'는 뜻. 정법을 근저에 둠으로써 나라(사회)의 평화와 번영을 수립하는 것을 말한다.

12 혜문 중국 남북조시대 북제의 승려. 남악대사 혜사(慧思)의 스승이다.

13 명체종용교의 오중현 천태대사는《법화현의》에서 묘법연화경을 석명, 변체, 명종, 논용, 판교(명, 체, 종, 용, 교)라는 다섯 가지 면으로 해석했다. 석명은 경제(經題)를 해석하여 이름을 밝히는 것, 변체는 일경(一經)의 법리를 극(極)하는 것, 명종은 일경의 종요를 밝히는 것, 논용은 일경의 공덕과 역용을 논하는 것, 판교는 일경의 교상을 판석하는 것을 말한다.

14 무작의 삼신 '무작'은 있는 그대로라는 뜻이고, '삼신'은 부처의 이체(理體: 법신), 지혜(보신), 육체(응신)라는 뜻이다. 이 삼신의 덕을 한 몸에 갖춘 가장 근원적인 부처를 '구원원초(久遠元初)의 본불(本佛)'이라고 한다.

15 허공회 의식 법화경 설법의 회좌 중 하나.《법화경》'견보탑품' 제11부터 '촉루품' 제22까지의 설법은 공중에서 행해졌기 때문에 '허공회 의식'이라고 한다.

16 보탑의 출현《법화경》'견보탑품' 제11에는 다보탑이 대지에서 용현했다고 쓰여 있다.

17 다보여래 과거 동방세계 보정국의 부처.《법화경》설법의 장소에 출현하

여 법화경이 진실하다고 증명한 부처다.

18 **보정세계** 동방에 있는 다보불의 본국. 동방보정세계라고 한다.

19 **상락아정의 사덕바라밀** 줄여서 '사덕'이라고도 한다. 보살이 깨달음을 얻으려고 닦는 행을 바라밀이라고 한다.
상바라밀(常波羅蜜)은 부처와 중생이 갖춘 불성이 불변불개(不變不改)인 것, 낙바라밀(樂波羅蜜)은 괴로움이 없고 편안한 것, 아바라밀(我波羅蜜)은 자유자재로 외부에 속박되지 않는 것, 정바라밀(淨波羅蜜)은 번뇌의 더러움이 없는 것을 말한다.

20 **수리아** 고대 인도의《리그베다》에 나오는 태양신.

21 **상행보살**(上行菩薩)《법화경》'종지용출품' 제15에 나오는 '대지에서 용출한 지용보살'의 상수(리더).

22 **《근본설일체유부비나야잡사》** 전40권. '율'에 관해 판정한 배경 등을 설명한 것으로 당나라 의정이 번역했다. 비나야는 '율'을 말한다.

23 **비화경** 전10권으로 담무참이 번역했다. 비화는 '자비로운 백련화'라는 뜻으로, 사바세계의 중생에 대한 석존의 자비를 여러 꽃 중에서 가장 뛰어난 백련화에 비유한 것이다.

24 **예토** 더러운 국토. 정토에 반대되는 말로, 범부가 사는 사바세계를 가리킨다.

25 **묘법연화경의 연화** 백련화. 묘법연화경은 산스크리트어로 '삿다르마 푼다리카 수트라'인데, 푼다리카는 백련화를 말한다.

제 14 장

문명 간 대화를 향해

마키구치 학설과 듀이 사상의 공통성

찬드라 이케다 선생님이 집필하신 논문 〈존 듀이와 마키구치 쓰네사부로 ― 공명하는 사상과 행동〉을 읽었습니다.

이케다 박사님께서 읽으셨다니 영광입니다.

찬드라 이케다 선생님은 마키구치 선생의 위대한 이념을 알기 쉽게 소개해주셨습니다. 또 심금을 울리는 표현으로 소개하면서, 그 이념을 보급하는 데 인생을 바치고 계십니다. 이를 통해 마키구치 선생이 제시하신 가치의 개념이 시대를 초월하여 유효하며, 시대의 추이 속에서도 가치창조가 영속적으로 이어진다는 사실이 구체적으로 증명되었습니다.

이케다 저는 이 논문에서 동시대를 살아간 마키구치 선생의 가치사상과 듀이 박사의 프래그머티즘[1]의 공통성을 밝혔습니다.

찬드라 마키구치 선생은 제국주의적 지배로 생명이 경시되던 시대에 살았던 분입니다. 그 시대에 마키구치 선생은 교육의 질을 향상시켜 개방적인 문화와 다양한 의견을 수용하는 사회를 실현하고자 하셨습니다. 그리고 젊은 세대가 혁신과 지속의 인생을 살 수 있도록 분투하셨습니다.

이케다　그렇습니다. 인간의 무한한 가능성을 이끌어내는 개방적 문화와 다양한 사상의 존중이 이번 장의 주제입니다.

찬드라　마키구치 선생은 인간의 무한한 가능성을 확신하셨습니다. 그런 관점을 가져야 비로소 타자(他者)의 여러 생각들을 이해할 수 있습니다.

　듀이 박사도 교육을 '과거의 사상(事象)만 수용하는 것'에서 해방시키려고 했습니다. 그리고 학생의 흥미를 중시하는 교육방식을 도입하려고 했습니다. 듀이 박사는 학생들이 생활 현장에 있는 직업과 실제로 관계 맺기를 바랐습니다. 또 예술과 역사, 과학의 본질을 경험하기를 바랐습니다.

이케다　마키구치 선생은 학생 한 명 한 명의 생활을 중요하게 생각했기 때문에 '향토과(鄕土科)'를 교육의 기반으로 삼으셨습니다.

찬드라　마키구치 선생과 이케다 선생님은 듀이 박사와 마찬가지로, "교육은 진리를 발견하고 인생을 창조하게 한다. 그럼으로써 인류는 혁신과 지속 속에 살아갈 수 있다"라고 주장하셨습니다.

　'인류의식'을 만들기 위해 인간이 새로운 출발점에 서 있는 현재, 두 분 모두 그 스승 역할을 하고 계십니다.

이케다　저에 관해서는 차치하더라도, 마키구치 선생과 듀이 박사는 새로운 의식 형성을 지향하는 인류의 스승이심이 분명합니다.

찬드라　이케다 선생님도 '인생을 아는 것', 요컨대 '어떻게'라는 사실적 지식뿐 아니라 '왜?'라는 가치관을 가르쳐주셨습니다.

다양한 가치의 세계를 향해

이케다　다양한 가치의 창조야말로 인생의 목적인 동시에 모든 문화의 내실(內實)이 되어야 한다고 생각합니다.

우리가 이 대담을 시작할 때 공통의 21세기관을 꿈꾸며 확인한 바는, '물질적 가치'라는 단일 가치관에 지배당한 20세기 지구문명이 한계에 봉착했다는 점과, 여러 문명의 대화와 관용의 정신에 바탕을 둔 다양한 가치의 세계가 요청된다는 점이었습니다.

박사님께서는 그러한 미래세계를 향해 "21세기는 '동양이 서양의 지표를 추구한 시대'에서 '서양이 동양의 지표를 추구하는 시대'로 변화해야 한다"라고 주장하셨습니다.

찬드라　그렇습니다. 막스 베버[2]와 같은 서양의 사상가들은 "서양의 문명과 문화는 독보적인 가치가 있으며, 세계에서 중요한 위치를 차지한다"라고 주장했습니다.

그들이 말하는 '문화의 다양성'은 '비유럽적인 방식과 제도는 서양의 발전과 반대되는 부정적인 이미지를 가지고 있으며, 뒤떨어져 있다'는 관념적 개념이었습니다. '다양성'이라는 개념을 인지하고 존중하는 것이 아니라 '유일(唯一) 정통적 발전, 유일 과학적 발전을 이룬 유럽문명의 특질'을 표현하기 위한 보조적 개념으로 사용했을 뿐입니다.

이케다　근대 물질문명에서는 인류와 사회는 계속 진보한다는 역사관이 보편적이었습니다. 그리고 '중심부인 서양세계가 앞장서서 나아가고 있으며, 비서양세계는 이를 추종하는 주변부'라는 문명관이 생겨났습니다.

이를 받아들인 근대 일본도 메이지 시대에 '탈아입구(脫亞入歐)'라는 슬로건을 외친 이래, 근대 물질문명의 선두를 쫓아가는 것이 목표였습니다. 스스로를 '아시아의 일원'이 아닌, '준서양'이라고 평가했지요. 근년에도 남아프리카공화국에서는 "일본인은 명예백인(名譽白人)이다"라는, 인도적 견지에서 보면 그야말로 불명예스러운 평가를 받고 있었습니다.

찬드라 서양에서는 서양 이외의 모든 문명은 과학기술을 만드는 사회적·역사적 기반이 없기 때문에 발전하지 못했다고 생각했습니다.

'인생의 목적을 달성하려면 노동이 필요하다.' 이것이 베네딕트회[3]의 사고방식입니다. 이러한 사고방식은 생산과 노동의 현장에 상류계급이 참여하도록 이끌었습니다. 노동은 신성한 행위로, 노동이 가져다주는 물질적 성공은 신의 은총을 상징한다고 역설했습니다.

사회에 변화를 가져오는 원동력은 완성과 파괴 그리고 위기입니다. 그 위기는 후퇴가 아닌, 변화와 발전을 위한 추진력이 되었습니다. 하지만 한편으로 서양 이외의 전통을 그대로 유지하던 사회기구와 가치관은 멸시당하고 세계시스템의 하위로 내몰렸습니다.

인간의 정신은 진보했는가

이케다 흔히 물질문명에 의해 인류가 진보했다고 말합니다.

하지만 이 말은 참으로 조잡한 표현입니다. 문명의 중심부에 있는 사람들은 물질문명의 혜택을 받고 있지만, 주변부의 사람들은 기아와 빈곤과 전염병으로 고통받고 있습니다. 또 유례없는 물질적 번영과 함께 유례없는 살육이 일어난 시기가 모두 20세기였다는 사실을 잊으면 안 됩니다.

과학기술의 편향된 진보 속에 인류는 '도대체 인간의 정신은 진보했는가'라는 물음에 직면했습니다.

찬드라 대기오염과 수질오염은 천연자원과 에너지 자원의 고갈, 기후변화 등 극심한 변화를 일으키고 있습니다. 인류는 이러한 환경위기 속에 총체적인 목표를 잃었습니다. 문명의 붕괴를 목전에 둔 '자기불신의 시대'가 도래한 듯합니다. 영원히 경쟁하는 서양형 파우스트[4]적 인간은, 지구 생명권의 발암물질과도 같은 존재라고 생각합니다.

이케다 환경위기는 진보를 보편적 가치로 삼는 근대 물질문명의 한계를 분명히 드러낸 현상입니다. 물질문명에서 보면 자연은 인간의 지배를 당해야 할 존재였습니다.

데카르트[5]의 기계론(機械論)[6]이나 프랜시스 베이컨[7]의 자연지배 개념은 이를 뒷받침하지만, 더 깊은 근저에는 '인간－자연'이라는 인간 중심의 자연관이 있었습니다.

근대 물질문명에서 극복해야 할 자연은 외적인 자연만이 아닌 내적인 자연, 다시 말해 식욕과 성욕, 지배욕 등의 욕망이기도 했습니다. 이러한 내적인 자연은 인간의 이성으로 극복해야 한다고 생각했습니다.

요컨대 "인간의 밖에서도 안에서도 자연적인 상태는 '야만'이고, 자연을 극복한 '문명(근대 물질문명)'의 방향으로 계속 '진보'해야 한다"라는 것이 근대 물질문명의 역사관, 세계관입니다.

환경위기는 이러한 근대 물질문명의 인간중심주의에 대해 '자연'이 보내는 경고라고 할 수 있겠지요.

찬드라 환경보호를 외치는 사람들은 "인간이야말로 이 세상의 암적 존재다"라고 말하지만, 서양은 여전히 자신들의 가치관을 포기할 수 없습니다. 그것이 서양문명의 추진력이기 때문입니다.

이케다 환경문제의 본질을 찌르는 발언입니다. 근대문명을 발전시키는 추진력이 그대로 문명 붕괴의 주된 원인이 된다는 점에 환경문제의 어려움이 있습니다.

그러므로 환경문제를 해결하려면 '자연관, 역사관, 인간관, 문명관'이라는 인간의 정신을 근본적으로 변혁해야 합니다.

아널드 토인비 박사는 저와 대담하면서, 환경문제라는 관점에서 일신교적인 자세를 비판하고 범신교적 종교의 필요성을 강조하셨습니다.

찬드라 본래 서양에서 '문화'라는 개념은 지적 활동, 종교, 윤리와 관련한 모든 정신생활을 표현하는 수단으로 베이컨이 고안했습니다. 그것은 그리스·로마 세계를 표현하려는 필사적인 노력이었고, 외래 사상은 이 '문화'에 포함되지 않았습니다.

이케다 오리엔트 문명, 그리스 문명, 지중해 문명의 직계가 유럽 문명이라는 사고방식이군요. 지중해 문명을 계승한 쪽은 이슬람과 비잔틴이지만, 서양에서는 이 둘을 지중해 문명과 유럽 문명을 잇는 '촉매' 정도로밖에 평가하지 않았다는 사실이 그러한 역사관을 상징합니다.

하지만 제1차 세계대전의 비극을 계기로 유럽에도 유럽 중심의 역사관을 타파하고 이겨내려는 인물이 등장했습니다. 바로 슈펭글러 박사와 토인비 박사입니다. 저는 문명론을 말할 때, 사반세기(25년) 전에 이야기를 나눈 토인비 박사를 떠올리지 않을 수 없습니다.

토인비 박사의 문명론에 대해서는 여러 가지 평가가 있습

런던에 있는 토인비 박사의 자택을 나서는 20세기 최대의
역사가 토인비 박사와 이케다 SGI 회장(1972년 5월).

니다. 그러나 서구 문명과 다른 문명을 평등하게 두고, 다원사
관(多元史觀)으로 향하는 길을 연 공적은 오늘날 특히 강조되
어야 한다고 생각합니다.

　세계사의 구성단위를 나누는 방식에 차이가 있었지만, 두
박사 모두 문명과 문화를 여러 종류로 유형화했습니다. 그리
고 그것들 모두 탄생, 성장, 좌절, 사멸의 과정을 순환한다고

생각했습니다.

찬드라 서양에서는 문명은 탄생, 성장, 쇠퇴, 해체라는 직선 궤도를 나아간다고 생각합니다.

한편 아시아적 사고방식에서는 문명은 탄생, 성장, 쇠퇴 그리고 더 나아가 '고차원으로의 재생'이라는 순환형 궤도를 이룬다고 생각합니다.

이는 '문명의 하강국면은 마치 수레바퀴처럼 상승국면으로 이동한다.' 즉, 회전운동을 반복하면서 수레바퀴는 앞으로 나아간다는 사고방식입니다.

동양과 서양의 역사관 차이

이케다 역사는 일직선으로 진행하여 최후의 심판에 이른다는 기독교적 역사관과 인도의 윤회사상으로 대표되는 아시아적 순환사관의 차이입니다.

역사는 순환한다는 사고방식은 아시아뿐 아니라, 플라톤을 비롯하여 고대 그리스·로마에서도 볼 수 있습니다.

한편 기독교적 역사관은 헤겔[8], 랑케[9], 마르크스[10]로 대표되는 서양 중심의 일원적 역사관, 요컨대 '역사는 오리엔트 문명에서 시작하여 근대 서양문명으로 나아갔고, 이 근대 서양문명이 전 세계에 침투했다'는 사고방식으로 이어졌습니다. 토인비 박사와 슈펭글러 박사의 '다원문명사관'은 이 일원적 역사관을 비판한 것입니다.

어쨌든 지금까지의 일원적 역사관은 환경문제, 핵무기, 생명윤리 문제를 들 것도 없이, 20세기 들어 근본적인 한계에 봉착하고 말았습니다.

지금 일어나고 있는 세계화가 이 문제들에 대한 진지한 물음도 없이 인간중심주의, 과학기술 만능주의, 시장주의 등을 보편적 원리로 여긴다면, 인류는 20세기와 똑같은 실패를 반복할 수밖에 없습니다.

찬드라 그렇습니다. 세계를 일원적으로 통제하는 등의 보편적 사고방식은 없어져야 합니다. 오히려 다원성을 받아들이고, 다양성을 존중해야 합니다. 이질적인 타자(他者)의 존재는 인류에게 꼭 필요한 조건이기 때문입니다.

이케다 인류를 구성하는 다양한 개개인의 생명활동 속에 숨 쉬고 있는 '가치'가 바로 '진정한 보편'이라고 할 수 있습니다.

진정한 보편은 다양성을 부정하고, 획일화를 꾀해 외부에서 억압하는 것이 아닙니다. 풍부한 다양성 속에 존재하고, 또 공유되고 있는 가치입니다. 그 가치를 기반으로 삼아야 다양성도 성립하는 법입니다.

찬드라 인류는 기존의 '현실의 다원상태'에서 '진정한 다원주의'[11]로 이행해야 합니다. 진정한 다원주의는 각자의 입장을 서로 존중하는, 인간 본래의 풍부한 다양성에 있습니다. 구체성을 수반하지 않은 추상적인 '대원리'를 강요하면 안 됩니다.

이케다 다양성이 대립을 가져오는 현상(現狀)에서 대원리로 세계를 일원적으로 통제하는 방향으로 나아갈 것인가, 아니면 다양성이 풍부함을 가져오는 세계로 전환할 것인가. 우리는 그 선택의 기로에 서 있습니다.

찬드라 인간은 다양성을 살려야만 마음껏 힘을 발휘할 수 있습니다. 우리는 각 문화의 독자성을 유지하면서, 다원적 세계에서 인류의 연대의식을 높일 수 있다고 생각합니다.

이케다 무척 동감합니다. 우리는 대원리로 일원화된 세계도 아니고 모자이크처럼 분단된 세계도 아닌, '다양성 속에서의 조화'라는 제3의 길을 찾아야 합니다.

법화경 '약초유품'에 이런 구절이 있습니다.

"비록 한 땅에서 나고 한 비가 적셔줄지라도 모든 초목에 각각 다름이 있느니라."《법화경》, 242쪽)

대지에는 다양한 식물이 자라고 있습니다. 비는 대지에 있는 모든 초목에 평등하게 내립니다. 모든 초목이 똑같은 비를 맞아 윤기를 띠지만, 각각의 초목은 특질과 개성에 따라 다채로운 꽃을 피우고 다른 열매를 맺습니다.

삼초이목(三草二木)의 비유[12]는 직접적으로는 부처가 일체 중생을 차별하지 않고 성불로 이끈다는 뜻입니다. 저는 법화경이 여기에서 중생의 다양성을 강조하는 부분에 주목합니다. 자연계가 다양한 것과 마찬가지로 인간의 문화와 문명도 다양합니다. 이렇듯 문화와 문명은 다양한 가운데에서도 생명적 차원, 우주적 차원에서의 일체감을 공유하면서 함께 번영할 수 있습니다. '삼초이목의 비유'는 그 올바른 모습을 이야기한다고 생각합니다.

과학도 '상호의존 관계'에 착안

찬드라 인도에서 가장 오래된 고전인《리그베다》에도 "진리는 하나다. 현인들이 그것을 여러 이름으로 부를 뿐이다"라고 쓰여 있습니다.

또 아소카 대왕의 기르나르법칙 제12장에는 "화합만이 선(善)이다"라고 나와 있습니다. 이 조화의 관점이 미망(迷妄)에 빠진 인간을 열고, 한 사람이 가진 관용의 태도를 '인간관계의 미질(美質)'로 확장시킵니다.

이케다 니치렌 대성인도 조화와 인간의 다양성을 대우주라는 영원한 공간에서 자라는 초목에 비유하여 "앵매도리(櫻梅桃李)"라고 표현하셨습니다.

벚꽃은 벚꽃, 매화는 매화, 복숭아는 복숭아, 자두는 자두의 꽃을 피우듯이, 서로 개성을 존중하고 그 내포된 가능성을 최대로 발휘하면서 자체(自體)를 현조(顯照)하는 삶의 방식을 명확하게 나타내셨습니다.

찬드라 우리는 조화에 바탕을 둔 가치관을 창출해야 합니다. 하지만 유감스럽게도 기존의 보편주의는 패권적인 생각을 담고 있습니다. '문화적 일체성'이라고 해도, 다양성이라는 내실이 없는 뼈대만으로는 실제로 기능할 수가 없습니다.

이케다 인도는 이미 고대에 그리스 문명과 만났고, 중세에는 이슬람 문명과, 근대에는 불행한 형태이지만 서양 문명과 만났습니다. '다양성 속의 조화'를 모색해온 인도의 역사는, 앞으로 그것을 구축하려는 인류사회에 중요한 경험으로 작용할 것입니다.

찬드라 인간의 행동지침이 한 가지밖에 없다는 것은, 역사라는 현실을 거스르는 것입니다. 모든 시대, 사조(思潮), 국토, 언어를 하나의 표현체계로 통일하는 것은 불가능합니다.

'새로운 과학'은 확률론적인 비결정론, 복수(複數)의 논리학 체계 등의 성과를 일구었습니다. 이를 보아도 인류에게 범신교적(汎神敎的)인 의식을 이해하는 감수성이 필요하다고 생각합니다.

이케다 기계론, 이원론(二元論)[13], 환원주의(還元主義)[14]의 관점에서 생명과 자연현상을 분리·대립하는 것으로 세분화하고, 물질로 환원해서 해명한 것이 근대과학이었습니다.

하지만 오늘날에는 예를 들어 물리학에서 말하는 장(場)의 양자론(量子論)[15]과 생물학에서 말하는 게놈[16]처럼 물질의 상호작용과 상호의존 관계에 착안할 수밖에 없게 되었습니다.

관계성을 중시하는 사고방식은 불교, 힌두교 등 범신교적 의식의 문화권에서 나타나는 특징입니다.

찬드라 가치관은 수 세기에 걸쳐, 수백에 이르는 현인의 해석,

수백만에 이르는 사람들의 신앙에 의해 성립하는 것입니다. 인도는 그러한 가치관을 하나로 정리해서 버리지 않고, 다양성의 조화 속에 포함시켰습니다. 이렇듯 일극(一極) 중심에서 벗어난 삶의 방식만이 21세기에 추진해야 할 의의 있는 운동이 될 수 있겠지요.

'인도적 경쟁'의 시대로

이케다　저도 그렇게 생각합니다. 유감스럽게도 지금 세계는 일극 중심의 세계화가 진행되고, 그 반작용으로 민족주의가 고조되는 혼란 속에 있습니다. 문명과 문명의 접촉은 20세기까지의 군사·정치·경제력을 배경으로 한 '대립', '억압과 피억압'이라는 도식을 질질 끌고 가고 있습니다.

창가학회의 마키구치 초대 회장은 이미 20세기 초에 이러한 현상을 변화시켜야 한다고 주장하셨습니다. 다시 말해 "군사적·정치적·경제적 경쟁에서 인도적 경쟁으로 이행해야 한다"라고 말씀하셨습니다. 또한 '인도적 경쟁'에 함축된 의미에 대해 이렇게 말씀하셨습니다.

"요컨대 그 목적을 이기주의가 아닌, 자기와 함께 타인의 생활도 보호하고 증진하는 데 두어야 한다. 반대로 말하면 타인을 유익하게 하면서 자기에게도 도움이 되는 방법을 선택하는 데 그 목적이 있다."《인생지리학》하,《마키구치 쓰네사부로 전집》2)

'현재의 세계화는 대립인가, 아니면 하나의 가치관으로의 통합인가'라는 양자택일이 아닌 문명과 문명이 서로를 고양시키는, 요컨대 '경쟁'에서 '공동 창출'로 향하는 의식혁명·인간혁명을 동반해야 가치가 있습니다. 저는 마키구치 회장의 주장이 백 년 후의 우리에게도 시사하는 바가 크다고 호소하고 싶습니다.

찬드라 찬성합니다. 인류는 정신을 위대하게 만듦으로써 진정으로 위대해지는 법입니다.

각각의 문명과 문화는 각 민족의 꿈이자 인간이 존재하는 목적입니다. 문명과 문화는 수 세기에 걸친 시간과 공간에 의해 형성되고, 그 형성과정에서 인간정신이 활동하는 장면(場面)은 그야말로 다방면에 걸칩니다. 어느 하나의 개념으로 그 경험을 규정할 수는 없습니다. 인류의 미래는 다양성을 공유하면서 광범위한 통합을 실현하는 총체적 사고를 가져야만 열린다고 생각합니다.

이케다　박사님께서는 지금 '다양성 속의 통합'을 말씀하셨습니다. 석존은 "진리는 하나이지 둘이 아니다. 그것(진리)을 아는 사람은 다투는 일이 없다"(《붓다의 말》, 나카무라 하지메 역)라고 말씀하셨습니다.

이는 다양한 문명, 종교, 민족의 가치관에는 공통적으로 흐르는 '진리'가 있음을 시사합니다. 제 스승이신 도다 제2대 회장은 더 솔직한 표현으로 "여러 종교의 개조(開祖)가 한자리에 모여 이야기하면, 여러 차이를 넘어 일치할 수 있다"라는 취지의 말을 하신 적이 있습니다.

지금이야말로 여러 문화적·종교적 기반을 가진 다채로운 인지(人智)를 결집해야 합니다. 문명 간의 대화만이 하나의 지구에 사는 세계시민의 창조적 문명을 만들어내고, 빛으로 넘치는 21세기를 여는 열쇠입니다.

그렇다면 박사님께서는 다양한 문명에 공통적으로 흐르는 진리가 무엇이라고 생각하십니까?

찬드라　인류는 인간 중심의 세계를 훨씬 능가하는 우주관을 공유하고 있습니다. 광대한 우주 그리고 그 속의 작은 행성에 사는 우리. 그 사실을 생각하면 겸허한 마음이 됩니다. 인류가 다른 생물보다 뛰어나다거나 우리 민족이야말로 선택받은 존재라는 생각은 들지 않습니다.

인류는 지구에서 태어난 우주인

이케다 말씀하신 대로 어느 문명과 종교도 우주관이 있고, 우주와 인간생명의 관련성에 관심을 가지고 있습니다. 우주는 인종이나 민족의 차이를 넘어 인류 전체를 크게 감싸고 키웁니다.

모스크바대학교 전 총장인 로그노프 박사와도 대화했지만, 우주 차원에서 보면 모두 똑같은 지구인이고 지구에서 태어난 우주인입니다.

찬드라 만물은 끊임없이 생기고, 부서지고, 한순간도 멈추지 않습니다. 만물의 본질은 '움직임'입니다. 인간은 개아(個我: 개별적인 사람으로서의 자아)라는 틀을 타파하고, 그러한 직관적 통찰로 '진리'를 각지(覺知)합니다. 요컨대 우주의 운행이야말로 진리 그 자체라는 사실을 각지합니다.

이케다 인도에서 생긴 불법도 '성주괴공(成住壞空)'[17], 다시 말해 우주는 성겁(成劫), 주겁(住劫), 괴겁(壞劫), 공겁(空劫)의 네 단계를 반복하고, 그 안에서 인간을 비롯한 모든 생명과 삼라만상이 생성유전(生成流轉)한다고 설합니다.

우주 전체는 삼라만상이 유기적으로 하나로 결합한 것이기 때문에, 생사를 반복하는 영원한 생명이라고 말할 수 있겠지요. 삼라만상은 우주를 꿰뚫는 '이법(理法)'이 각각의 조건에 따른 형태로 열매를 맺어 나타난 것이라고 할 수 있습니다.

찬드라 본래 최고의 가치와 인간은 불가분의 관계입니다.

이케다 그렇다면 개체와 전체를 결합하는 것은 이법입니다. 묘법(妙法)입니다. 불법은 이렇게 설합니다.

"개체와 전체를 유기적으로 결합하는 '이법'이 일관하고 있고, 이 '이법'이 매순간 우리의 생명에 갖추어져 작용한다. 그리고 일체(一體)이므로, 개개의 생명에 우주의 삼라만상이 들어가고, 개개의 생명이 우주로 크게 열린다." 아즉우주(我卽宇宙), 우주즉아(宇宙卽我)라는 우주관이고, 생명관입니다.

이 우주관과 생명관을 단적으로 나타낸 것이 법화경의 '제법실상(諸法實相)'입니다. '제법', 다시 말해 삼라만상이 '실상', 다시 말해 구극의 진리와 일체이고 불가분이라는 사상입니다.

그리고 천태대사가 그 '제법실상'의 경문을 바탕으로 정교하고 치밀한 이론을 전개한 것이 일념삼천의 법문입니다.

찬드라 우리는 '무한한 지혜'라는 대해와 청정한 의식으로써 이 지구를 깨끗하게 만들어야 합니다.

'삼세간(三世間)', 즉 자신의 생명과 다른 생명, 생명이 사는 국토라는 관점이 있어야 비로소 인생의 생기 넘치는 핵을 만들 수 있습니다. 우리는 법화경에서 그것을 위한 장대한 패러다임을 찾을 수 있습니다.

이케다 아시는 바와 같이, 그 '진리'를 체계적으로 밝힌 것이 천태대사가 설한 일념삼천이라는 법리입니다. 생명을 구성하는 요소인 '오음세간(五陰世間)', 이 오음이 연(緣)에 따라 가화합(假和合)하여 개개의 생명이 된 '중생세간(衆生世間)', 그리고 중생이 활동하는 장으로서의 환경세계인 '국토세간(國土世間)', 이 삼세간 각각에 십계의 생명을 나타냅니다.

불교의 목표는 '이 삼세간 위에 불계를 나타내, 지혜와 자비로 전 세계와 전 우주를 감싸는 것'입니다. 모든 사람이 충분히 가능성을 발휘하고, 모든 사람이 안온하게 살 수 있는 세계를 구축하는 일이야말로 일념삼천의 실천입니다. '자신을 변혁하고, 사회를 변혁한다.' 이것이 니치렌 대성인이 설하신

'사(事)의 일념삼천'입니다.

찬드라　절도(節度) 없는 소유욕과 포식 때문에 세계, 특히 도시에 사는 사람들은 내면부터 야만적인 상태가 되고 있습니다. 소비제일주의는 도덕심을 더욱 쇠약하게 만들고, 인간의 지혜가 만든 파동을 분쇄하고 말았습니다.

인류사회는 '탐욕'을 근본으로 행동하는 사회에서 '필요'에 의해 행동하는 사회로 바뀌어야 합니다. 천연자원을 약탈하면 안 됩니다. 소비제일주의와 욕구를 적절하게 억제하는 방향으로 개선해야 합니다.

이케다　중요한 지적입니다. '의정불이(依正不二)'[18]는 생명의 실상입니다. 그러므로 다른 생명에 상처를 입히거나 국토와 사회가 혼란해지면 결국 인간의 생명이 혼탁하게 됩니다. 반대로 인간의 생명이 혼란해지면 사회와 국토가 혼란하게 됩니다. 법화경의 눈으로 보면 지구의 사막화 현상과 인류 마음의 사막화는 표리일체입니다. 따라서 환경 변혁을 실현하려면 먼저 우리의 마음을 바꾸고 자신을 바꿔야 합니다.

법화경이야말로 '인간부흥'의 열쇠

찬드라 이케다 선생님은 지금까지 인류 미래의 지표를 '공생의 에토스(도덕적 기풍)'로 교시하셨습니다. '억압'이 아닌 '협조'를, '나'가 아닌 '우리'를 중시하는 생각으로써 말입니다.

불교의 사명은 모든 분야에서 인간에게 활력을 주고 진정한 가치를 실현하는 방향으로 향하게 하는 것이라는 선생님의 생각은 명쾌하고 통찰력이 넘칩니다. 법화경의 메시지는 그야말로 '인간부흥'의 메시지입니다.

이케다 깊은 이해에 감사합니다. 과학문명이 세계화하고, 인간이 개별화되고, 물질이 중시되고, 자연과 분리된 현대만큼 인간의 정신이 병든 시대는 없었습니다. 이러한 시대에 법화경은 '인간부흥'의 빛으로 가득 넘칩니다. 법화경 '수량품'에는 석존의 본질에 대해 "영원한 부처"라고 쓰여 있습니다.

수량품의 "아실성불이래(我實成佛已來) 무량무변(無量無邊)"[19]이라는 구절에 관해 니치렌 대성인은 "이(已)란 과거(過去)이며 내(來)란 미래이니라. 이래(已來)의 말 속에 현재는 있느니라"《어서》, 753쪽)라고 말씀하셨습니다.

구원(久遠)[20]의 과거에서 영원한 미래로 이어지는 생명, 그 흐름 속에 '현재의 생'이 있습니다. 그런 의미에서 현재 속에 과거와 미래가 집약되어 있습니다.

요컨대 자신의 생명과 지구와 우주생명이라는 '공간축(空間軸)', 구원의 과거에서 영원한 미래를 향하는 '시간축(時間軸)', 이 장대하게 펼쳐진 '생명'의 무량무변한 가치를 설한 것이 법화경입니다.

생명의 다양성, 생명과 생명의 연관성, 생명의 연속성…. 저는 생명이야말로 인류의 '다양성 속의 조화', '자연과의 공존'을 위한 키워드라고 생각합니다.

찬드라　이케다 선생님과 마키구치 선생은 인간을 개인으로 나누어 생각하는 것을 반대하십니다. 그리고 "집단에 자기를 맡기는 것이 아닌, 자기가 주체적으로 사회에 관여해야 한다"라고 주장하십니다. 인간은 현상태의 자기에 얽매이지 말고, 스스로를 다시 만들어 해방시켜야 합니다.

이케다　그렇습니다. '인간혁명 즉(即) 사회혁명', '인간혁명 즉 환경혁명'을 목표로 삼아야 합니다.

불교는 인간에게 내재하는 보편적 가치로 지혜와 자비를 듭니다. 지혜는 전 인류에게 평등한 존엄을 깨닫게 하고, 그 신념을 계속 품게 하는 힘입니다. 자비는 그 신념을 지키고,

자타가 함께 생명의 존엄을 실현하기 위해 불굴의 정신의 힘으로 투쟁하는 용기입니다.

지혜와 자비로써 무한한 가치를 창조하는 인생이 곧 '인간혁명'입니다. 그것이 마키구치 사상의 근간입니다.

찬드라 이케다 선생님은 마키구치 선생의 사상적 영역을 지구상의 모든 사람이 체험할 수 있는 범위로 확대하셨습니다. 그 결과 이 사상은 언제나 창조 활동을 계속할 수 있는 근원이 되었습니다.

마키구치 선생이 창시하시고, 도다 선생이 추진하신 '가치 창조의 사상'은 이케다 선생님의 힘으로 세계 각지에 전 지구적 규모로 펼쳐졌습니다.

이케다 선생님은 보편적 인도주의를 세계적 규모로 추진하고 계십니다. 그리고 각 민족이 생활양식, 탁월한 분야, 각각의 가치관을 창조적으로 교류해야 한다고 강하게 주장하십니다. 바야흐로 선생님의 주장은 이상을 실현하는 하나의 전망이 되었습니다.

1 **프래그머티즘** 실용주의를 말한다. 19세기 말부터 20세기에 걸쳐 미국에서 전개된 철학운동으로, '경험을 통해 인간의 목적에 유효하다고 검증된 것'이라면 진리나 관념이 될 수 있다는 사상이다.

2 **막스 베버**(1864~1920년) 독일의 사회학자, 사상가. 사회과학과 종교사회학을 개척하여 학계에 큰 영향을 미쳤다.

3 **베네딕트회** 공동생활을 기반으로 하는 수도회로, 이탈리아 중부 누르시아 태생의 성 베네딕트(480~547년경)가 몬테카시노에서 창시했다. 이곳의 계율은 오랫동안 유럽의 정주형 수도생활의 원점이 되었다. 베네딕트의 여동생 스콜라스티카를 중심으로 결성한 수녀회를 말하기도 한다.

4 **파우스트** 16세기 무렵의 독일 민간 전설의 주인공. 실재했던 연금술사 파우스트에 갖가지 전설이 결합하여 창조된 인물로, 후일 괴테에 의해 작품화되었다. '모든 것을 알고, 모든 것을 경험하고, 자아를 무한히 확대하려고 하는 사람'을 파우스트적 인간이라고 한다.

5 **데카르트**(1596~1650년) 프랑스의 철학자, 과학자. 정신과 물질의 철저한 이원론을 주장했다. 기계론적 자연관으로 근대과학의 이론적 틀을 최초로 확립한 사상가로, 근대철학의 아버지로 불린다.

6 **기계론** 우주와 생물의 운동원리를 정신적인 존재에서 구하지 않고 물리적 법칙에 따라 기계적 운동으로 설명하려는 관점.

7 **프랜시스 베이컨**(1561~1626년) 영국의 철학자, 정치가. 이성에 바탕을 둔 연역법(演繹法)으로 세계를 이해하려고 한 스콜라 철학을 비판하고, 경험의

관찰에 바탕을 둔 귀납법으로 새로운 경험과학을 형성하려고 했다.

8 헤겔(1770~1831년) 독일 관념론을 집대성한 철학자. 변증론으로 일대 학문 체계를 확립했다.

9 랑케(1795~1886년) 독일 근대사의 시조. 엄밀한 사료비판적 방법과 사실의 객관적 서술로 새로운 학풍을 확립했다.

10 마르크스(1818~1883년) 독일의 사상가, 사회운동가, 마르크스주의의 시조. 자본주의제도를 비판하고 국제적 사회주의운동을 전개했다. 저서로《자본론》이 있다.

11 다원주의 일원론(一元論)을 반대하는 사상으로, 세계를 구성하는 기본적 요소가 다수 있다는 관점.

12 삼초이목의 비유 법화경에 나오는 칠비(七譬) 중 하나. '약초유품' 제5에 쓰여 있다. 뿌리를 내리고 있는 토지도, 내리는 비도 동일하지만 자라나는 초목에 상·중·하 세 종류의 약초, 대·소 두 종류의 수목이라는 차별이 생긴다고 설명한다. 초목의 종류가 천차만별인 것은 민중의 기근에 갖가지 차이가 있음을 의미한다.

13 이원론 세계를 두 개의 대립하는 원리와 요소로 파악하는 관점.

14 환원주의 복잡하고 다양한 세계의 사상을 단일 차원의 기본적인 요소로 환원하여 설명하려는 관점.

15 장의 양자론 공간에는 일정의 물리량(장의 양)이 있다는 관점에서, 물리계의 구성요소 생산과 소비를 양자역학으로 기술하는 이론 체계.

16 게놈 생식세포 또는 생물체를 구성하는 세포에 포함되는 염색체 혹은 유전자의 총칭.

17 성주괴공 불교의 우주관 중 하나로 사겁(四劫)을 말한다. 하나의 세계가 성

립하여 거기에 생명체의 세계가 형성되는 기간을 성겁(成劫), 그 세계의 안정기를 주겁(住劫), 그 세계가 괴멸하는 기간을 괴겁(壞劫), 괴멸하여 다음 세계가 만들어질 때까지를 공겁(空劫)이라고 한다.

18 **의정불이** 의보(依報)와 정보(正報)는 둘이지만 불이(不二)라는 것. 과거 업의 과보로서 받는 심신(心身)을 정보라 하고, 정보가 기반으로 삼고 있는 환경 세계를 의보라고 한다. 정보(생활 주체인 자기)와 의보(생활환경)는 관념상으로는 구별할 수 있지만, 실제로는 상의상관성(相依相關性)을 가지고 있기 때문에 분리할 수 없다는 뜻이다.

19 **아실성불이래 무량무변** '나는 실로 성불한 이래 무량무변'이라는 뜻. '석존이 금세(今世)에 처음으로 성도(成道)했다'라는 시성정각(始成正覺)의 관점을 깨고, '석존의 성도가 구원의 과거였다'라는 사실을 나타낸 문장이다.

20 **구원** 머나먼 영원한 과거를 이르는 말.

제 15 장

SGI 운동과 보살도(菩薩道)

21세기의 개막에 일어난 사건

이케다 21세기의 개막에 우리는 이제껏 보지 못한 희생과 전화(戰火)를 목격했습니다.

찬드라 2001년 9월 11일, 뉴욕의 세계무역센터에 가해진 테러는 역사상 가장 흉악한 범죄입니다. 생명을 파괴하고, 인간으로서의 실재(實在)를 훼손하는 부조리를 조장한 비열한 사건입니다. 파괴적인 힘을 원하는 자는 생명 자체를 부정하는 자입니다.

이케다 우리는 '인간의 생명은 우주의 어떤 보물보다도 존귀하다'라는 불법자(佛法者)의 관점에 서 있습니다. 따라서 모든 테러는 절대악이며, 어떠한 말로도 정당화할 수 없습니다. 인간의 생명을 빼앗는 살상행위를 결코 용서하면 안 됩니다.

찬드라 이러한 즉시성(卽時性)을 추구하는 과격주의는 다른 사람들에 대한 '불관용', 즉 '타자(他者)는 적이고, 정복할 수 없다면 말살해야 한다'는 사고방식입니다.

이케다 본래 종교는 인간의 생명을 구제하고, 비폭력으로 평화공존을 향해 나아가는 사명을 가지고 있습니다. 종교가 파괴적인 폭력을 써서 인간을 죽이고, 불행에 빠뜨리면 안 됩니다. 그런 의미에서 이 사건은 박사님께서 말씀하신 대로 '생명 자체를 부정하는 가장 흉악한 범죄'입니다. 평화롭게 살아가야 할 인류의 권리를 파괴했습니다.

찬드라 앞으로 '긴장과 보복행위', '충돌과 충돌'을 피하려면 지구상에서 인권을 빼앗긴 모든 사람들을 존중하고 인정해야 합니다.

이케다 그러려면 생명존엄과 인권존중의 이념에 바탕을 둔 대화가 꼭 필요합니다.

제 곁에는 유대 문화권과 이슬람 문화권의 벗들도 있습니다. 세계의 여러 사람들과 끊임없이 대화해본 저의 경험에 비추면 종교·문화·역사가 다르더라도 서로 공감할 수 있는 부분이 반드시 있습니다. 어쨌든 열심히 대화하는 수밖에 없습니다.

찬드라 이케다 선생님은 스스로 내적인 조화를 이루고, 세계시민이 되어 '자연'이라는 위대하고 생기 넘치는 전당에 자리잡고 계십니다. 그리고 우리에게 "모든 인간 속에 맥동하는 '심층(深層)의 심식(心識)'을 실감하고, 생명에 대한 깊은 경외심을 시대정신·세계정신으로 높이는 노력을 하라"라고 촉구하고 계십니다.

이케다 박사님과의 대담에서 세계 여러 종교와 철학, 민족, 인류, 젠더¹라는 다원성을 살리면서 인류를 관통하여 맥동하는 '영원한 생명'을 논할 수 있었습니다.

찬드라 인류는 보편적이고 무한한 것에 뿌리내려야 합니다. 자연계에 서로 대립하는 현상이 많다는 것을 통해 세계는 그 대립물들의 조화 속에서 성립한다는 사실을 깨닫게 됩니다. 서로 대립하는 것들이 절대적인 조화를 유지하고 있는 셈입니다.

다양한 문명과의 대화를 위한 전환

이케다 지금 박사님께서 영원한 것을 바탕으로 '서로 대립하는 것의 조화'라고 제시한 관점에서 다시 한 번 오늘날의 '글로벌리즘'²을 생각해보고자 합니다.

역사적 맥락에서 볼 때 이 사태는 냉전 후 빠르게 진행된 글로벌리즘을 다시 되돌아볼 필요가 있음을 시사합니다.

글로벌리즘이 물질문명에 의한 세계의 획일화를 강요하면서, 민족과 종교를 방패로 삼은 '고립주의'라는 반작용을 낳 있습니다. 또한 구심력에 대응하는 '원심력'을 낳았다는 사실도 부정할 수 없습니다. 부트로스-갈리 전 유엔 사무총장과 대화했을 때, 사무총장께서 이 점에 강한 문제의식을 제기했던 일이 생각납니다.

2001년이 시대적인 전환점이 된 것은 확실합니다. 문제는 어떠한 시대로 전환해야 하느냐입니다. 이 전환이 '전쟁과 폭력의 형태'가 되어서는 안 됩니다. 오히려 '전쟁과 폭력의 해결'을 위한 출발점으로 삼아야 합니다.

그러려면 반드시 '세계의 획일화'에서 '다양한 여러 문명과의 대화'로 방향을 전환해야 한다고 생각합니다. 그런 의미를 담아 창가학회는 2002년을 '대화 확대의 해'로 정했습니다.

찬드라 지금 제 머릿속에는, 1936년에 자와할랄 네루와 앙드레 말로[3]가 나눈 대화가 떠오릅니다. 이 대담에서 말로는 다음과 같은 발언으로 끝맺었습니다.

"그 사람들이 끊임없이 찾은 곳은 바로 인도였습니다. 이곳이야말로 유럽이 찾던 성배(聖杯)입니다. 인도는 당신들만의 나라가 아닙니다. 네루 씨, 당신은 자신의 나라라고 말하겠지만, 인도는 저의 나라이기도 합니다…"

이케다 말로 씨는 저에게도 잊지 못할 벗입니다. 도쿄와 파리

에서 만났고, 대담집도 발간했습니다.(《인간혁명과 인간의 조건》)

말로 씨의 말에는 현대 물질문명의 한계를 응시하면서 '어떻게 하면 인간은 인간으로 돌아갈 수 있는가'라는 근원적인 질문과 씨름한 정신투쟁이 스며들어 있습니다. 유럽이 찾던 것은 인도의 위대한 정신, '영원'에 기인하면서 서로 대립하는 것을 살릴 수 있는 정신적 토양이었습니다.

찬드라 그렇습니다. 물질계를 돌고 있는 삼사라(Samsara: 윤회輪廻)의 바퀴 깊은 곳에는 평안한 경지가 있습니다. 하지만 그 경지는 현재 '예, 아니요', '이것인가, 저것인가'라는 양자택일적인 지식으로 향하게 하는 '수식화된 거대한 분석 수단' 앞에 여지없이 굴복당하고 있습니다. 이것이 물질문명으로 뒤덮인 지금의 현황입니다.

이케다 말씀하신 대로 현대문명의 사고방식에는 이원론적인 측면이 있습니다. '물질'과 '정신'을 대립시키고, 오로지 물질적 가치를 추구해온 현대에서 정신적 가치는 뒷전으로 쫓겨났습니다.

그러한 의미에서 20세기는 철학이 위기를 맞은 시대였습니다. '철학의 패배'라고 해도 좋을지 모릅니다. 저는 그 패배의 상징으로서 가장 먼저 핵무기를 들 수 있다고 생각합니다.

인간은 자신이 만든 과학기술에 의해 스스로 멸망할 위기에 처했습니다. 인류를 수천 번이나 멸망시킬 수 있는 핵무기를 쌓아놓고 있습니다. 물질적 가치를 추구한 결과 인류라는 '종(種)의 죽음'에 직면했습니다. 은사이신 도다 제2대 회장은 이 핵의 본질을 "인간생명이 낳은 마성의 산물"이라고 갈파하셨습니다.

찬드라 양자택일을 강요하는 삶의 방식은 '그에 대한 반발'이라는 악순환의 소용돌이도 거세게 만듭니다. 이것은 어떤 의미에서 핵무기보다도 무섭게 인간의 마음속에 깊은 상처를 준다고 생각합니다.

이케다 그러므로 산업혁명, 정보혁명에 이어 21세기 인류에게는 '정신혁명'이 요구됩니다.

20세기가 맞닥뜨린 '현실'의 도전에 강력하게 응전할 새로운 철학이 필요합니다. 거기에 불교자로서 저 자신의 도전이 있습니다. 말로 씨가 저에게 하신 말씀이 생각납니다.

"지금부터 백 년 뒤에는 20세기와 완전히 다른 문명이 일어난다고 생각할 수 있겠지요. 그 경우, 일찍이 기독교가 유럽에 가져온 정신혁명이 이번에는 불교를 통해 일어나지 말라는 법은 어디에도 없습니다."《인간혁명과 인간의 조건》)

인간과 우주를 하나로 보는 생명관

찬드라 인간과 인간의 싸움, 인간과 환경의 마찰에서 발생하는 고난과 위기를 피하려면 갈등을 부추기는 이원론적 사고를 버려야 합니다.

인간은 단순히 숨만 쉬며 살아가는 존재가 아닙니다. 타인에게 한 행위의 결과를 스스로 받고, 그 행위의 방법에 가치를 부여해야 합니다.

인간의 깊은 의식은 '초월적 의식'과 일체이고, 그 초월적 의식과 일체인 의식은 인간이 선택한 것에 대한 책임을 짊어집니다.

원자, 세포, 신체, 개인, 사회, 행성, 성운. 이것들은 각각 '전체'이면서도 상호의존 시스템을 형성하고, 더 큰 '전체'의 일부를 이룹니다.

이처럼 만물이 다양성과 통일성을 동시에 충족시키는 상호의존관계에 있다는 사고방식은 '선과 악', '진실과 거짓', '신과 인간'이라는 고대 그리스나 유럽의 이원론적 사고에서는 도출되지 않습니다.

이케다 '한 개인의 생명이 대우주와 하나가 되어 넓혀진다'는 생명관은 인도가 낳은 우파니샤드 철학이나 석존의 가르침으로 열매를 맺었습니다.

박사님께서 말씀하신 생명관은 생명을 표층의식에서 시작하여 우주와 일체인 심층의식까지 규명한 불교의 '구식론(九識論)'[4]을 떠오르게 합니다.

타인에 대한 행위를 '업(業)'으로 각인시키고 생사를 넘어 기억해가는 제8식 '아뢰야식(阿賴耶識)', 제8식까지 포함하는 제9식 '근본정식(根本淨識)'은 '생명은 개별성에서 해방되어 우주생명과 하나가 된다'는 생명관입니다. 그리고 우주생명과 융합한 각 생명은 '일념삼천'의 당체로서 우주대의 자비와 지혜 그리고 용기를 내포하게 됩니다.

이 일념삼천의 장대한 생명관이야말로 동양사상의 정화(精華)입니다. 이는 서양이 르네상스와 종교개혁을 거치면서 길러온 '개인주의적 휴머니즘'과 비교해볼 때, '우주적 휴머니즘'이라고 할 수 있는 생명관입니다

찬드라 '전체', 다시 말해 '인류', '지구'라는 새로운 의식은 각국이 국가 간의 돈독한 상호의존관계가 자국의 이익보다 우선한다는 자각에 눈을 뜰 때 비로소 가능합니다. 인간은 부분적 의식에서 전체성의 의식으로 전환해야 합니다.

끊임없이 변화하는 세계 속에서 새로운 가치관이나 주장이 나오는 법입니다. 하지만 그것들은 인간을 가로막는 것이 아닌, '전체성'에 대한 의식을 일깨우는 기능을 해야 합니다.

우리 모두는 우주라는 전체 속에 인류라는 하나의 무리로 맺어진 존재입니다. 그리고 '현재와 미래', '개체와 복합체', '우주의 율동과 그 생성·흐름'이라는 맥동하는 체제 속에서 살고 있습니다. 따라서 '개(個)'라는 한정된 틀에서 벗어나 많은 것을 통합하고 만인을 윤택하게 하는 가치를 추구해야 합니다.

달리 표현하면 '자기'의 개념을 다시 정의할 필요가 있다는 말이겠지요. '나는 전 인류이자 모든 생명이고, 전 우주다'라는 식으로 말입니다.

이케다 전적으로 동감합니다. 물질적 가치관에 의한 정복과 종속이 아닌, 현상으로서 나타나는 민족·종교·문화의 차이를 인정하면서도 동시에 '인류는 하나', '지구는 하나'라는 철학을 공유해야 합니다. 그것이야말로 진정한 글로벌화입니다.

저는 그런 21세기의 철학을 창조하는 데 불교가 가장 많이 기여하리라고 확신합니다. 비교신화학자(比較神話學者)인 조지프 캠벨[5] 박사의 말을 소개하겠습니다.

"세계가 바뀌면 종교도 바뀔 수밖에 없습니다."

"현대에는 경계선이 없습니다. 오늘날 가치를 가진 유일한 신화는 지구를 하나로 생각하는 신화이지만, 우리는 아직 그러한 신화를 만들지 못했습니다. 제가 알고 있는 한 전 지구적인 신화에 가장 가까운 것은 불교입니다. 불교는 만물에 불성(佛性)이 있다고 봅니다. 중요하면서도 유일한 문제는, 그 점을 인식하는 일입니다."

찬드라 동감합니다. 인류가 '전체성'이라는 의식 위에 서면, '힘과 자원을 최대한 절약하면서 꼭 필요한 일만 한다'는 방향으로 이어질 수 있습니다. 그렇지 않고 '더 많은 이익을 얻자'는 사고방식을 고집한다면 더 큰 환경 위기를 야기할 것입니다.

이케다 지금까지 대화했듯이 환경문제도 핵무기처럼 인류의 '정신혁명'이 없이는 극복할 수 없습니다.

찬드라 자연을 적대시하는 물질문명은 자연에게 과학기술과 공업력으로 싸움을 걸고 있습니다.

그와 반대로 불교는 모든 생명의 '평등'과 '무상(無常)'을 강조합니다. 모든 생명 형태로 전생(轉生)할 수 있다는 불교의 사상은 모든 현상이 상호의존하고 있음을 강력히 나타냅니다.

물질문명은 지금 문화적 우위를 자랑하고 있지만, 자연과 대립하지 않는 삶의 '조화'와 '지혜'에 눈을 떠야 합니다. '인공적으로 만든 허상의 행복이 자연계의 질서를 대신할 수 있다'는 생각은 전 지구적인 환상이라고 생각합니다.

조금 오래된 데이터이기는 하지만 1991년 8월 21일 영국의 일간지 〈데일리 텔레그래프〉가 여론조사를 실시했습니다. 그 결과 응답자의 42퍼센트가 "오염이 없는 세계를 만들고, 자연과 조화된 삶을 살 수 있다면 화학기술이 주는 혜택을 포기해도 괜찮다"라고 대답했습니다.

소박한 생활을 바탕으로 하는 가치관은 소비제일주의를 대체할 수 있습니다. 우리는 우리가 본래 가져야 할 모습과의 접점을 찾아낼 필요가 있습니다.

동양 휴머니즘과 서양 휴머니즘의 차이

이케다 서양의 휴머니즘은 그 발전과정에서 자연을 그저 인간이 이용하는 대상으로 규정했습니다. 그 물질문명이 과학기술이라는 수단을 얻어, 인간에 의한 자연 정복이 단번에 진행되었습니다.

한편 제가 '우주적 휴머니즘'이라고 부르는 새로운 휴머니즘은 '인간과 인간', '인간과 자연'의 '관계성'을 중시합니다.

불교에서 보면 '연기(緣起)'나 의정불이(依正不二)' 사상을 들 수 있습니다. 그 사고방식의 본질은 "타인의 행복 없이는 나의 행복도 없다"라는 말에 응축되어 있습니다. 인간도 자연과 동일한 우주생명에 근원을 둔 생명의 당체(當體)이고, 그 깊은 곳까지 들어가면 불가분의 관계에 있습니다. 그러므로 자연이 병들면 인간도 병든다고 생각합니다.

서양의 많은 지성인들이 이미 지적했듯이, 동양적 자연관이 환경문제 해결에 기여하리라는 점은 분명합니다.

찬드라 석존은 피팔라⁶라는 나무 아래에서 깨달음을 얻었습니다. 이 나무는 나중에 보리수(菩提樹)라는 이름으로 알려졌습니다. 그 당시 동식물을 소중히 여기던 전통은 인간사회와 식물군, 동물군의 절묘한 생태적 관계를 나타냈습니다. 수목이나 동물에도 '삶을 영위하는 권리'가 있음을 인정했지요. 숲은 신들과 평화로운 관계를 맺고 조화를 유지하는 장소로서, 정신적 생활이 개화하는 곳이었습니다.

진정한 정신성은 환경의 일부를 이루는 법입니다. 내면성을 잃으면 우리 문화는 겉모습만을 좇게 되고, 결국 잘못된 목적으로 이용되는 법입니다. 우리는 자신이 얻은 것을 자연으로 돌려보내야 할 상황에까지 이르렀습니다. 마하트마 간디는 이렇게 말했습니다.

"지금 유럽인은 '쾌적한 생활'에 홀려 자멸할 위기에 처했다. 이에 대해 나는 단언한다. 유럽인은 사고방식을 바꾸어야 한다고."

이케다 이제 유럽뿐 아니라 일본을 포함한 전 세계가 간디의 비판을 주목하기 시작했습니다.

찬드라 이케다 선생님께서는 간디의 말에 "모든 중생은 부처다"라고 정확하게 답변하셨습니다.

그 중생은 인간뿐 아니라 동물, 식물, 돌, 물, 공기 등을 의미합니다. 모든 생명에 내재하는 불성(佛性)을 일깨우면, 환경·사회·정신 각각의 차원에서 평화를 확실하게 이룰 수 있습니다. 인생은 속세의 더러움에 얼룩진 소비제일주의의 길이 아닌, 정신적인 순례 여행이 되어야 합니다.

'소아'를 살리는 '대아'의 자각을

이케다 박사님께서 말씀하신 만물에서 불성을 발견하고 그 것을 불러 일깨우는 삶은, 소아(小我)를 깨고 대아(大我)⁷를 살 아가는 삶이라고 생각합니다.

이는 무상(無常)한 현상에 시선을 빼앗기고 자기에 집착하 는 '소아'에 사로잡힌 삶이 아닙니다. 그렇다고 소아를 없애 버리지도 않습니다. 우주생명의 법인 '대아'를 깨닫고 그 '대 아'를 바탕으로 '소아'를 살려 가는 삶입니다.

찬드라 카를 루트비히 뵈르네⁸는 이렇게 말했습니다.

"영원히 살 수 없는 인간 내면에서 영원성을 볼 수 있는 까 닭은, 인간이 인류라는 개념 속에 있기 때문이다."

우리는 하나의 종합된 생명체라는 의식을 가져야 합니다. 각 지역의 다양성을 유지하면서 다원적으로 모든 것을 포함 하는 세계를 만들어, 인류의 연대를 구축해야 합니다. 얼굴 없 는 추상화된 획일적인 인간이 되어서는 안 됩니다.

앙리 보스코⁹가 "내 안에 또 하나의 허무한 공간이 퍼지고 있다. 나는 사막 한가운데 있는 또 하나의 사막이었다"라고 말했듯이, 지구 전체를 강제로 통합하는 국가가 생긴다면 그

국가는 정신의 사막이 되겠지요.

우리는 '다양한 인간의 가치'라는 원칙을 유지해야 합니다. 세계를 제패하겠다는 따위의 생각을 허용하지 말고, 다양성을 보장하는 세계를 만들기 위해 인간의 마음은 '무수한 파도에서 태어난 하나의 파도' 같아야 합니다.

이케다 박사님의 결론에 동의합니다. 다양성과 연대가 꽃피는 세계를 실현하려면, 어떻게 해야 하는지를 생각해야 합니다.

니치렌 대성인은 인류가 규범으로 삼아야 하는 덕(德)으로서 '주사친(主師親)의 삼덕(三德)'을 말씀하셨습니다.

주덕(主德)은 '사람들을 지키는 힘'입니다. 한 사람이라도 악도(惡道)에 떨어지게 하면 안 된다는 강한 '책임감'입니다.

사덕은 사람들을 이끄는 덕입니다. 사덕에는 사람들을 행복으로 이끌기 위한 지혜가 빛납니다. 친덕은 사람들을 육성하고 사랑하는 덕입니다. 친덕에는 엄하지만 따뜻한 자비가 있습니다.

책임감과 지혜와 자비, 이 삼덕을 겸비한 사람이 부처이고, 삼덕을 심간(心肝)에 물들이고 행동하는 사람이 보살입니다.

찬드라 저는 대성인이 나타내신 '인간이 기본으로 삼아야 하는 세 가지 덕'만큼 사람들의 마음을 감동시킨 것은 없다고 생각합니다. 그리고 이케다 선생님은 이 세 가지 덕에 해석을 덧붙여, 현대의 세련된 감성으로 말씀하셨습니다.

인생을 숙지하게 하는 '주사친의 삼덕'은 인간 애정의 시적(詩的)인 표현입니다. 또한 선조들의 영감(靈感)이고, 인생의 기본입니다. 공포로부터의 해방(주덕), 지혜(사덕), 애정과 자비(친덕), 이 세 가지가 있으면 풍요로운 인생을 살 수 있습니다.

이케다 미국 컬럼비아대학교에서 강연할 때 이야기했지만, 저는 이 삼덕을 바탕으로 하는 보살도(菩薩道)의 삶이야말로 21세기 지구시민의 조건이라고 생각합니다.

첫째 조건은 모든 인간을 평등하게 지키는 '주덕'입니다. 인종·민족·문화의 차이를 두려워하거나 거절하지 않고 그 차이를 존중하고 이해하여 성장의 양식으로 삼는 용기 있는 사람이 되어야 합니다.

찬드라 용기란 다양성을 받아들이고 존중하며, 다양성 속에서 성장하는 것입니다. 또한 모든 것이 평등하다고 인정하는 것입니다.

이케다 그렇습니다. 그리고 세계시민의 둘째 조건은 생명의 상관성을 깊이 인식하는 지혜입니다. 그 지혜는 전인격적인 관계에서 사람들의 생명 개화를 촉구하는 '사덕'에 통합니다.

마지막 조건은 모든 사람을 자기 자식처럼 아끼고, 자신과 같은 높은 곳으로 육성하는 '친덕'입니다. 친덕은 자신과 가까운 곳만 아니라, 먼 곳에서 괴로워하는 사람들과도 연대를 맺는 자비로운 사람이 된다는 뜻입니다.

보살은 이 삼덕을 중심으로 사회 속에서 사람들을 구제하고자 하는 존재입니다.

법화경에는 문수(文殊:지혜)[10], 보현(普賢: 학문의 원리)[11], 미륵(彌勒:자비)[12], 약왕(藥王:의료·간호)[13], 관세음(觀世音:민중의 소리를 듣다)[14], 묘음(妙音: 음악·예술)[15] 등의 다양한 보살이 등장합니다. '대아'에 서서 '소아'라는 각각의 특질을 살려 사람들 속으로 뛰어들어갑니다.

찬드라 법화경에 등장하는 많은 보살은 인간정신의 우주적 확대와 활동장소인 거대한 공간을 나타냅니다.

보살은 어려움·망설임과 맞서 싸우는 중생을 돕기 위해 영원히 분투하는 존재입니다(주덕). 우리를 혼돈에서 올바른 의식으로 이끌어갑니다(사덕). 자비의 힘으로 중생을 구제합니다(친덕). 보살은 스스로 깨달음에 도달했지만, 다른 사람을 구제하겠다는 위대한 이상을 가졌습니다.

이케다 그렇습니다. 그리고 인류와 지구를 위해 행동하는 용기, 배우려는 도전, 동고(同苦)하는 자비를 가진 사람은 누구나 세계시민입니다. 그렇지 않다면 진정한 세계시민이 되기에는 부족하다고 해야겠지요.

찬드라 삼덕으로 계발된 세계시민이 등장함으로써, 인종·과학기술·군사·경제를 우선시하다가 궤멸상태에 빠진 인간정신의 영역을 재생할 수 있게 되었습니다. 인간은 더 이상 미혹의 바다에 휩쓸려 미쳐 날뛰는 존재가 아닙니다.

SGI운동은 '삼덕'의 전개

이케다 창가학회의 평화·문화·교육 운동도 이 삼덕을 가치 창조의 원리로 삼아 사회에 실천하고 있습니다.

니치렌 대성인은 자신의 주덕에 대해 "무간지옥(無間地獄)의 길을 막았느니라"(《어서》, 329쪽)라고 말씀하셨습니다. 대성인은 올바른 사상·철학을 사회의 규범으로 삼아(입정立正), 사회에 평화와 안정을 이룬다(안국安國)는 '입정안국'의 원리를 말씀하셨습니다.

이케다 SGI 회장은 많은 학술·교육·문화기관을 설립하고, 세계와 끊임없이 교류했다. 사진
은 미국 소카대학교(SUA) 오렌지군 캠퍼스.

SGI는 이 입정안국의 정신을 바탕으로 핵무기와 지구환경
문제에 대처하고, 문화·교육의 교류를 통해 국가와 국가의
우호를 추진하는 등 세계평화를 위해 행동했습니다. 이것은
'주덕'을 목표로 한 실천임이 틀림없습니다.

그리고 사덕을 키우는 실천은 '교육'입니다. 나아가 문화
는 '친덕'이 아닐까 합니다. 문화는 사람들의 내면을 가꾸고
자양분을 주기 때문입니다.

우리가 소카대학교, 소카학원 등의 교육기관과 민음(民音),
후지미술관 같은 문화기관을 설립하여 세계와 교류를 추진

한 일은 각각 '사덕', '친덕'을 목표로 하는 실천이라고 할 수 있습니다.

학문분야에서는, 박사님께서 인도센터의 고문으로 계시는 동양철학연구소와 보스턴21세기센터(현재 이케다국제대화센터), 도다기념국제평화연구소 등을 설립했습니다.

박사님께서도 관람하신 '법화경전'을 비롯하여, 사본의 출판 등도 세계의 불교학자와 법화경학자에게 공명을 넓히며 많은 관심을 받고 있습니다.

찬드라 이케다 선생님은 위대한 보살이십니다.

모든 분야를 비롯하여 세계 대부분의 나라에서 인간 내면의 '존재의 불'을 밝히기 위해 혼신의 힘을 다하셨습니다. 수많은 세력이 뒤섞인 혼란상태를 해결하기 위해, 신세기의 시작과 함께 법화경의 메시지를 전하고 계십니다.

선생님은 시인으로서, 성자로서, 사상가로서 젊은 세대에게 희망을 주고 자기변혁의 길을 보여주셨습니다. 또 자신에게 내재하는 가능성을 깨닫게 하고, 정신의 가치체계를 나타내셨습니다.

이케다 아닙니다. 저는 '도다 제2대 회장의 구상을 반드시 실현하겠다'는 서원을 실천했을 뿐입니다. 스승에게 맹세한 서원을 관철하는 일 자체가 저의 행복입니다. 평가는 후세에 맡기겠습니다.

찬드라 타인을 향한 관심, 그리고 의무와 책임이라는 가치체계를 갖춘 질서는 사회에 기여할 수 있습니다. 그 질서를 통해 몰개성화(沒個性化)와 관료화의 흐름을 역전시킬 수 있습니다.

보살의 모습은 우리가 완수해야 할 의무를 나타냅니다. 이는 영원히 계승해야 할 근본적인 인간의 가치에 바탕을 둔 것입니다.

'산다는 것은 무엇인가'라는 물음에 직면하다

이케다 지용보살들이 이 우주를 가득 메우고 있는 모습에 대해, 법화경에는 "무량백천만억 국토의 허공에 널리 가득 차 있는 것을 보느니라"(《법화경》, 455쪽, 통해)라고 쓰여 있습니다. '총(總)'[16]의 관점에서는 본래 살아 있는 모든 존재가 보살입니다. 또 '별(別)'의 관점에서는 스스로 '우주즉생명(宇宙卽生命)'의 법을 깨닫고, 만물을 깨우치게 하려고 행동하는 사람을 보살이라고 부릅니다.

"모든 생명은 우주라는 위대한 생명의 자식입니다. 차이가 있는 생명 하나하나는, 그 모습 그대로 둘도 없는 존재입니다." 이것이 법화경의 마음입니다. 보살은 그러한 생명의 존엄을 칭송하고 지키면서 '자타불이(自他不二)'의 절대적 행복을 지향하는 사람입니다.

방대한 정보가 범람하는 물질문명이 한계에 다다른 지금, 인류는 '산다는 것은 무엇인가', '생명이란 무엇인가', '가치란 무엇인가'라는 정신적 물음을 진지하게 생각해봐야 합니다.

찬드라 19세기의 가장 위대한 철학적 업적은 '가치론(價値論)'의 발견입니다. 가치론은 사상계의 최고점에 위치하며, 건설적인 인생의 여러 원칙이 되는 사상입니다.

아리스토텔레스는 "가치는 모든 속성에 우월하는 최고위를 말한다"라고 주장했습니다.

칸트는 인생과 행동이 옳은 방향으로 나아가려면 가치가 반드시 필요하다고 생각했습니다. 또 가치에는 '유효성'과 '구체적 현실'이 있어야 한다고 말했습니다.

니체[17]와 리츨[18]은 가치를 가장 중요한 것으로 파악하고, 철학의 궁극으로 삼았습니다.

가치는 인간의 정신과 행동에 작용합니다. 또한 모든 것의 통합에 기여하고, 궁극적인 사회의 기준을 만들어줍니다.

이케다 마키구치 초대 회장은 제2차 세계대전 때, 옥중에서 칸트의《가치론》을 읽으셨습니다. 그리고 자신만의 독창적인 가치론을 세상에 발표하여 그 평가를 구하셨습니다.

창가학회(創價學會)의 '창가(創價)'는 '가치창조(價値創造)'입니다. 도다 선생 역시 옥중에서 법화경을 신독(身讀)하고, "경전에 기록된 부처는 바로 생명"이라고 갈파하셨습니다. 저는 21세기가 가치로 삼아야 하는 것은 '생명' 그 자체라고 생각합니다.

백화요란(百花燎亂)한 생명, 생사를 초월하여 영원히 유전(流轉)하는 생명, 서로 무수한 실로 연결된 생명. 이 생명을 '수단'으로 삼은 역사를 단절하고, 생명의 불가사의한 '존엄'을 일체의 근본으로 삼아 정치·경제·사회의 틀을 재구성해야 합니다. 그러기 위해 저는 앞으로도 동양사상의 파수꾼이신 박사님과 함께 인류를 위해 말하고, 쓰고, 행동할 계획입니다.

찬드라 창가학회는 이케다 선생님의 계발력 넘치는 행동으로써 현실사회에 '가치'를 주고 있습니다. 생명의 본질적 가치를 창조한다는 의미에서, 창가학회는 현대세계에서 그 무엇과도 비교할 수 없는 존재입니다.

놀랄 만큼 간결하고 솔직한 이케다 선생님의 표현에 의해,
법화경의 메시지는 인류를 향한 외침이 되었습니다. 그 외침
은 "인간이라는 기쁨을 실감하고 정신을 개화시켜, 세계가 가
족처럼 고락을 서로 나눈다"라는 외침입니다. 이케다 선생님
이야말로 인류에게 만다라화(曼陀羅華)[21]의 비를 내리시는 분
입니다. 마치 수량품의 게(偈)[22]처럼.

나의 이 땅은 안온하고 천인(天人)이 항상 가득하니,

원림(園林)과 많은 당각(堂閣)은 갖가지 보물로 장엄하고,

보배나무에는 꽃과 열매가 많아 중생이 유락(遊樂)하는 곳
이니라.

제천은 천고(天鼓)를 쳐서 항상 여러 가지 기악을 울리고,

만다라꽃을 비처럼 내리게 하여 부처와 그리고 대중에게
뿌리느니라.

《법화경》, 491쪽)

1 **젠더** 사회적·문화적으로 형성된 성별을 뜻하는 용어. 섹스(sex)는 생물학적인 성별을 가리키는 경우에 사용한다.

2 **글로벌리즘** '지구공동체주의'라는 개념. 교통과 통신수단 등의 발달로 국경을 초월한 교류가 활발해지고, 나라 간의 상호의존관계가 긴밀해진 결과 인류 공동체 의식이 확산되는 한편, 강자(强者)가 여러 가지 면에서 세계를 획일화하려는 현상도 일어나고 있다.

3 **앙드레 말로**(1901~1976년) 프랑스의 작가, 정치가. 스페인 내전과 제2차 세계대전 때 반파시즘 투쟁을 펼쳤다. 드골파 정치가로서 정보부 장관과 문화부 장관을 역임했다. 주요 저서에 《왕도》, 《인간의 조건》 등이 있다.

4 **구식론** 사물을 식별하는 마음의 작용에 아홉 가지가 있다는 설. 안(眼)·이(耳)·비(鼻)·설(舌)·신(身)·의(意)의 육식(六識)에 제7의 말나식(末那識), 제8의 아뢰야식(阿賴耶識), 제9의 아마라식(阿摩羅識)이 있다. 아마라식은 청정식(淸淨識)과 근본정식(根本淨識) 등으로 번역되고, 모든 미혹이 사라진 인간 본연의 모습을 말한다.

5 **조지프 캠벨**(1904~1987년) 뉴욕 출생의 신화학자(神話學者). 뉴욕 소재 명문 여자대학 사라로렌스대학교 교수로 재직했다. 대표 저서로 《천의 얼굴을 가진 영웅》, 《신의 가면》 등이 있다.

6 **피팔라** 뽕나뭇과 상록수인 인도 보리수. 산스크리트어로는 '피팔라' 또는 '아슈바타'다. 인도에서는 예부터 신성한 영험이 있는 나무로 여겼다. 서양 보리수(린덴바움)와는 다르다.

7 소아 · 대아《대열반경大涅槃經》에 "대아가 있으므로, 열반경이라고 이름을 붙였다. 열반은 무아대자재(無我大自在)이므로, 이름하여 대아라고 한다"라고 쓰여 있다. '대아'는 생명의 영원함과 자유자재의 작용을 나타낸다.《승만경 勝鬘經》에는 상락아정(常樂我淨)의 사바라밀이 나오는데, '아바라밀은 절대적 대아를 뜻한다'고 해석되어 있다. '소아'는 '대아'의 상대되는 말이다.

8 카를 루트비히 뵈르네(1786~1837년) 독일의 저널리스트. 프랑크푸르트의 유대인 거주구역에서 태어나 파리로 이주했다. 시인 하이네와 함께 독일의 급진적 작가그룹 '청년독일파'의 리더로 활약하며 독일의 현상을 엄격하게 비판했다. 공화주의적 신념을 관철하면서 혁명가로서 일생을 보냈다.

9 앙리 보스코(1888~1976년) 프랑스의 작가. 이탈리아와 모로코 등에서 고전문학 교사로 생활했다. 노년에는 프랑스 동남부의 니스에서 살면서《반바지 당나귀》,《암초》등을 발표했다.

10 문수 대승불교의 깨달음의 지혜(반야般若)를 체현한 보살.

11 보현 사람들을 깨달음으로 이끄는 마음의 작용을 체현한 보살. 이치(理致)의 덕(德)을 관장한다고 한다.

12 미륵 미륵은 산스크리트어 '마이트레야(Maitreya)'에서 유래했다. 이 말은 벗(미트라), 자애(마이트리)와 관련하여 '자씨(慈氏)'라고도 번역한다.

13 약왕 중생에게 좋은 약을 주어 심신의 병고를 덜어주고 고쳐준다는 보살. 《법화경》'약왕품(藥王品)'에 나온다.

14 관세음 '세음', 다시 말해, 세간 사람들의 소리를 듣고 바로 구제하는 보살.

15 묘음《법화문구》에 "묘한 음성으로 법화경을 홍교(弘敎)하므로 묘음이라 이름한다"라고 쓰여 있다.

16 총 전부, 전체라는 뜻. 별(別)의 상대되는 말. 총별의 이의(二義) 중의 총판

(總判)으로, 총체적 · 표면적인 경우를 말한다.

17 니체(1844~1900년) 독일의 철학자. 기독교적 가치관이 무력하던 시대에 니체는 모든 가치의 전도(轉倒)를 제기하고, 인간이 인간으로 있기 위한 궁극의 근거를 '근원의 생'에서 구했다.

18 리츨(1822~1889년) 19세기 후반 독일의 신학자. 칸트의 영향을 강하게 받아, 실천적이고 윤리적인 노력을 중시하는 한편 정신력을 인간의 가치로서 강조했다.

19 만다라화 산스크리트어 '만다라(mandala)'의 음역으로, 천묘화(天妙華) 등으로 한역한다. 색깔과 향기가 좋아 보는 사람의 마음을 기쁘게 한다는 천계의 꽃이다.

20 수량품의 게 게(偈)는 불교의 교리를 시로 표현한 것으로, 수량품의 게는 '자아득불래(自我得佛來)'로 시작하는 부분부터 '자아게(自我偈)'라고 부른다. 본문에 소개한 부분은 '부처에 귀의한 자로 인해 이 현실사회는 늘 불국토다'라는 내용이다.

로케시 찬드라 Lokesh Chandra 인도문화국제아카데미 이사장. 1927년 인도 암발라에서 태어났다. 아버지는 산스크리트어의 권위자 라구비라(Raghu Vira) 박사. 산스크리트어, 팔리어, 라틴어 등 22개 언어에 정통하며, 불교와 인도 예술 분야의 저명한 학자이다. 라호르 편자브대학교에서 언어학 석사학위, 네덜란드 위트레흐트대학교에서 박사학위를 취득했으며, 인도 국회의원(1974~1986년)을 역임했다. 2006년에는 인도에서 가장 권위 있는 파드마 뷰산(Padma Bhushan)상을 수상했다. 불교에 관해 400권 이상의 저서를 집필했으며, 주요 저서로《샤타피타카》,《불교도상학》등이 있다.

이케다 다이사쿠池田大作 1928년 도쿄 출생. 창가학회 명예회장. 국제창가학회(SGI)회장. 소카대학교(創價大學校)와 미국소카대학교(SUA), 소카학원, 민주음악협회, 도쿄후지미술관, 동양철학연구소, 도다기념국제평화연구소 등을 창립했다. 세계 각국의 식자·지성인과 대화를 거듭, 평화·문화·교육 운동을 추진했다. 유엔평화상, 모스크바대학교, 글래스고대학교, 베이징대학교 등 세계 대학·학술기관의 명예박사, 명예교수 칭호, 세계 각 도시의 명예시민 칭호, 계관시인·세계민중시인의 칭호, 세계계관시인상 등 다수 수상했다. 저서는《인간혁명》(총12권),《신·인간혁명》(간행중),《나의 세계교우록》등이 있다. 대담집도《21세기를 여는 대화》(A. 토인비),《우주와 지구와 인간》(세레브로프),《20세기 정신의 교훈》(고르바초프),《희망의 세기를 향한 도전》(조문부) 등 다수가 있다.

동양철학을 말한다

초판 1쇄 2016년 7월 3일
　　32쇄 2016년 9월 7일

지은이 이케다 다이사쿠, 로케시 찬드라 | 옮긴이 화광신문사

발행인 이상언 | **제작책임** 노재현 | **편집장** 서금선 | **에디터** 한성수 | **디자인** 김진혜
마케팅 오정일 김동현 김훈일 한아름 이연지 | **발행처** 중앙일보플러스(주)
주소 (04517) 서울시 중구 통일로 92 에이스타워 4층 | **등록** 2007년 2월 13일 제2-4561호
판매 (02) 6416-3917 | **제작** (02) 6416-3988 | **홈페이지** www.joongangbooks.co.kr
페이스북 www.facebook.com/hellojbooks

ISBN 978-89-278-0078-0 03100

중앙북스는 중앙일보플러스(주)의 단행본 출판 브랜드입니다.